GUSHI
HANWUBUSHENG
JUNGUI
HAOGUYINGJIA DE
BUERFAZE

一本书
精通股市

苏渝 著

重庆出版集团 ◎ 重庆出版社

股市

战无不胜的军规

——炒股赢家的不二法则

图书在版编目（CIP）数据

股市战无不胜的军规/苏渝著.—重庆:重庆出版社,2008.1
ISBN 978-7-5366-9148-3

Ⅰ.股… Ⅱ.苏… Ⅲ.股票－证券投资－通俗读物
Ⅳ.F830.91-49

中国版本图书馆 CIP 数据核字（2007）第 157091 号

股市战无不胜的军规
GUSHI ZHANWUBUSHENG DE JUNGUI
苏 渝 著

出 版 人：罗小卫
责任编辑：陈 慧 陈红兵
责任校对：谭荷芳
装帧设计：钟丹珂

重庆出版集团
重庆出版社 出版

重庆长江二路 205 号 邮政编码:400016 http://www.cqph.com
重庆出版集团艺术设计有限公司制版
四川自贡新华印刷厂印刷
重庆出版集团图书发行有限公司发行
E-MAIL:fxchu@cqph.com 电话:023-68809452
全国新华书店经销

开本:787mm×1 092mm 1/16 印张:20.5 字数:300 千
2008 年 1 月第 1 版 2008 年 3 月第 1 版第 2 次印刷
印数:8 001~13 000 册
ISBN 978-7-5366-9148-3
定价：38.00 元

如有印装质量问题,请向本集团图书发行有限公司调换:023-68809955 转 8005

序

旧 金 山 的 联 想

趁国庆黄金周股市休市之际,我去美国西部进行了一次商务之旅。此次美国之行,听到或谈起最多的一个词就是CHINA(中国),无论是白种人,黑种人或黄种人,都用不同的声音发出对中国的关注、赞美、惊讶甚而是恐惧。随着中国的国际地位空前提升,在飞机上、汽车上、餐饮、咖啡馆、商务活动中无论谈论什么,最终都会落脚到谈论中国。人们在关心人民币汇率,人民币还能升多少?中国商品、玩具食品风波、十七大的人事安排、中国的房价和股市。从一个个华人漾溢着自信的目光读出,他们从来没有象今天一样对自己是一个黄皮肤的中国人而感到自豪。正是中国的崛起让他们挺直了腰板,说话有了底气。在考察中还惊奇地发现,许多美国人早已是中国股民。为赌人民币增值,他们早就成群接队地组织起来,将美元换成人民币资产,炒大陆、香港股市、房市。分享着中国经济高速发展的成果和人民币增值的利差。他们称中国股市为充满活力的"激情市",在这里充满了梦想和机遇。他们几乎都预测大陆股市很快就会见到一万点。

毫无疑问,从美国华人的激情中能看到中国股市正不可逆转地由一个封闭的地区市场走向全球瞩目开放的国际市场。正在成为吸引全球"淘金者"的乐土。面对一波又一波如钱溏江潮涌的"淘金者",我突发奇想,这些参与各方都准备好了吗?真的有那么多真金白银在等着所有的人来开采吗?他们最想知道或得到什么有价值的衷告?我能给他们什么呢?

当我站在旧金山——圣弗朗西斯科,一个早年实现了"美国淘金的梦"的城市,站在这座充斥着占城市三分之一人口的当年淘金者华人后裔的城市,旧金山与其说像一个硬朗的"美国牛仔",莫若说更像一个有如玛利丽

1

莲·梦露般妖艳无比的金发碧眼女郎。在早已成为世界旅游胜地的"渔人码头"一个废弃的栓船桩旁,眼前掠过当年"淘金者"登陆时的兴奋和空手而归的沮丧表情,我联想起了那个经典的故事。成就旧金山今日辉煌的,不是那些载兴而来,空手而归的淘金者,而是那些为淘金者提供淘金工具和提供摆渡船的船夫们。我突然悟到了我该为中国股市做点什么了。这本书就是淘金者的工具和"摆渡船"。

原本打算按一般出书的路套,请国内的著名经济学家或享誉股坛的著名教授来作序,漂漂亮亮地包装一番,靠名人来提升销路。但后来仔细一想不对,请名家来说什么呢?面对作者蘸着血与泪,用自己的亲身经历和采访了上千的投资者的成功和失败故事中提炼出的精华,任何名家的点评和推荐也许都会显得苍白。或许你看了第一篇《股民入市必须牢记的二十一条军规》你就会爱不释手,一口气读下去。因为作为中国活得最长的股民之一和最早的散户主义股市文化倡导者,作者本人就创造了诸多个中国股坛的第一:中国第一个因写报告文学《股票,挡不住的诱惑》而下海成为第一批股民的作家;第一个在当时发行量最大之一的证券周刊《中国金融信息》开专栏的股民(该刊三次读者调查,专栏阅读量都排名第一);第一个因写了《关于B股是酸葡萄的十条理由》而上了最高层内参的投资者;第一个提出"不动股"的投资理念,引起证券业界大范围争鸣;第一个因写了《点一盏股市明灯》获"十年风雨,股市人生"万元一等奖;第一个作为中小投资者代言人被中国证监会和中央电视台邀请成为联合举办的《走向证券法》大型晚会的策划和撰稿人;第一个预测千点是五年熊市的终结,到2008年股指将攀上8000点上高峰的市场人士;第一个在新浪财经、赢时通开个人专栏;第一个因写了《炒股与不炒股的十条理由》、《股市开心辞典》等作品被股民当做手抄本的作者。当然,还有N个第一在这里没法列举。

中国股市从小平同志喊"试一试"开始,已经"试"了十五年了。十五年来,我同股市中的弱势群体——中小散户一起经历了股市中的风风雨雨,并用自己的拙笔,记录下了我们走过的每段历程。其中有三个铭心刻骨的关于股市贫与富生与死的故事不得不在此一提。

故事一：自己的故事

十五年前,我在一家大型企业党委宣传部从事新闻工作,并利用业余时间发表了上百万字的作品,并顺理成章进入了省文学院,成为了一位合同制专业作家。1992 年,还不知股票为何物的我,在深圳红岭大楼 16 楼,亲眼目睹了著名的"8·10"事件。随后,为了采写报告文学《股票,挡不住的诱惑》,结果,自己也没经受住一级市场买中签表暴利的诱惑,开始了走南闯北的一级市场的"博彩"。并从申购长印、武凤凰、重庆万里、泸州老窖、猴王、武汉中商等股票中挖到了第一桶金。可后来自己从股市挖到了第一桶金,又性连"金"代"桶"还给了股市,所不同的是,差点搭进了自己的生命。1995 年 1 月 6 日,这一天因是作者的生日,故记得特别清楚。"西藏明珠"在拉萨发行,因是西藏发行的第一只股票,被全国股民普遍看好,当时,发行方式是采取向银行存入半年期定期存款,然后视存款数决定中签率。中证报曾报道,一架飞往西藏的飞机上的申购现金达 200 多亿,超过了飞机的价值。我也是飞机上的乘客之一,但后来才知道我是其中最不幸的乘客。谁会料到此行竟成为一生中最铭心刻骨的之旅。从券商处透支了数百万现金前去申购。一生中第一次携带了那么多现金,足足装满了一个登山包和两个密码箱。当搭乘着淘金者民航班机在距市区十公里的雅鲁藏布江边抛锚时,一位同行者倒吸一口冷气言:"要是这时跑出一帮抢匪,可就中了头彩了。"这一车足足拉了几十亿的人民币现钞啊!在拉萨市农行,目睹了一生中见到的最多的钱——堆积在六张乒乓桌上如山的现金。当所有的点钞机都因超负荷数钱数坏了之后,最后就省略为大致检查一下万元一扎的钱没开封就 OK。钱多得就根本不能一张一张数。饿着肚子等了三个小时,终于存完钱,终于走进了宾馆。当陡步攀上六层楼高的宾馆房门前时(当时拉萨很少有电梯),双眼一黑便什么也不知道了。后来才知道自己困缺氧导致严重脑水肿躺在医院的急救病床上。后来,才知道,几乎与自己同时送进这家医院的两位山东、上海"申购"兄弟,永远再没走出医院。噩运也许从抬进医院开始。我在一级市场和一级半市场用平均价 7.6 元认购的西藏明珠股票,2 月 17 日,竟以 5.5 元让人不可想象的低价开盘,当时市场流传着邓公逝世的利空,在一天的交易中,抛盘汹涌,临收市,券商急了,要保住自已的本金,不停催我们卖票,并特许让我们看"龙虎榜"(一种监控交易的软件),暗示全国的机构大户都在抛这只股票,因多持一天股,每天要付出万分之五的透支利息,我只好在收盘前以 5.6 元的价格全部卖出,冒着生命危险去一趟西藏,结果赔了个倾家荡产。更让人欲哭无泪的是,三日后,美国主谈世贸的代表坎特访华,邓公逝世谣言不攻自破,引起股市反弹,西藏明珠一枝独秀,领涨大盘,一口气涨到了 23 元。逃离股市站在没有扣盖的长江边上,此岸是数十万债务而彼岸是数百万财富,而命运之神却把我留在了此岸,眼睁睁看着财富大江东去。心中只有一个念头:死!每天彻夜难眠,脑子里想的都是死。之所以最终没死成是想到自已一死固然痛快,而妻女从此将背负沉重的债务枷锁。这对她们太不公。为了家人,我选择了活,并远离家乡到深圳去打工。三年后,当我还清最后一笔亲戚朋友的债务后。我跳进了长江,在畅游中实实在在体验了万劫不复之后获得再生的感觉。感谢股市,给我了人生最有意义的一次体验,让我的生命从此无比精采。

我手里现在还保存着一张券商印制的"当日平仓协议",早上开市时,你只要在协议上签了字,就能动用数百万的资金买股票,倘若股票当日涨了,赚了归己,当日跌了,不管什么价,收盘前由券商强行平仓。股友们戏称为"上午开皇冠车入市,下午骑自行车出市"。中国第一代股民,大都是因这类透支而被无情地"扫地出门"。在这里,祝福他们!祝福他们拥有这段宝贵的人生历炼,获得像我一样受用终身的财富。

读到这里,相信读者已明白作者为什么为中小投资者读懂股市苦口婆心,笔耕不止。

故事二:别人的故事

1999 年,因股市持续低迷,我在当时作为武汉标志建筑的湖北建行的证券营业厅大户室认识了陈先生。陈先生是位憨厚而血气方刚的汉子,炒股前自己经营出租车,最多时拥有九辆的士,随着股市的下跌,他不断卖掉汽车,将资金投入股市,殊不知陷入恶性循环,越套越深,后来居然卖掉了最后一辆,眼看着全部家当一天天缩水,他承受不了巨大的心理压力,患上了严重的抑郁症。在一个阴雨绵绵的中午,陈先生突然进入证券营业厅包间,紧握我的双手口中念念有词说:道别!他那异样的神情引起了笔者的警觉。道什么别?从他那满脸写满的绝望来判断,不是好兆头。我把他拉到走廊上,打破沙锅问明原由。这一问,尽让我惊出一身冷汗。原来陈先生已写好遗书,准备从这标志性大楼上跳下去。我抓住陈先生对他不厌其烦地讲自己经历的西藏明珠的故事,并告诫他一句话:死很容易,也很痛快,但你的亲人从此也会死,活着比死还难受。只要活着就有机会翻本。我马上叫证券公司员工,想法尽快通知他爱人来,直到把他亲自交到他爱人手上。而今,陈先生已是开着宝马的职业投资者,成为了超级大户。我们也成了忘年交,每每回武汉他都要为我接风,且老是重复那句话:我的命是你捡回来的。我却说:不是我捡的,原本你的命就不该丢。

故事三:刚刚发生的故事

股市火爆,叠创新高"全民皆股",波及社会方方面面,当然大学校园也不是一片净土,大学生炒股已成时尚。2007 年 5 月,在笔者的 QQ 上加进了一位某高校大四学生,据他自己说,还是位学生会的干部,他在"5 · 30"前听消息在 13 元多买进了中国嘉陵,赚了一元多没卖,岂料,天有不测风云,"5 · 30"后,中国嘉陵跟大多数题材股一样,遭遇垂直打击,他没能幸免也不懂逃顶,股价被腰斩,最低跌至 6.45 元。他赔钱不打紧,我的麻烦却来了,只要笔者一打开 QQ,就看见他的留言,他说自己炒股的钱都是并不富裕的家长寄来的日常生活费和借同学的钱,现在亏了已走投无路,生活拮据。字里行间,流露出轻生的念头。笔者反复劝告:既然投身股海,就该有承受亏损的心理能力。并一再强调:钱财如粪土,生命值千金的套话。其实,说得容易做则很难。扪心而问,自己不也萌生过走绝路的念头吗?这位同学还是一个劲地求笔者解救他于苦海。笔者在反复核实了他不是骗子的前提下,按照他提供的卡号,给他汇去了 500 元作为生活费(笔者无意在这里炫耀慈悲心,资助出去的不知有多少个 500 元)。我知道这杯水车薪,不能解燃眉之难,但对他毕竟是一种安慰。他一再表示,倘若解套要加倍还我。可后来再没看见他在 QQ 上现身，不是不好意思，而是解套无门，中国嘉陵在 5 500 之上才 8 元多，离他的 13 元多还差一大截。或许他已经认亏出局，金盆洗手了，如真那样不啻是福音。笔者任何时候都没埋怨过这位大学生，他们进入股海不是他们的错，而是这个疯狂的市场让他们失去了理智。

茫茫股海，潜伏着多少暗礁、险滩。从原野"地震"到"3·27"国债风波，从琼民源的"制假源头"到红光的"回光反照"；从大庆联谊的"虚情假谊"到东方锅炉的"东方锅漏"，从苏三山的"山中陷阱"到郑百文的"一文不值"，从"银广夏"大厦的坍塌到"蓝田"的一畦"烂田"，中国的散户经历了多少不平和欺诈？亿安科技的纳米、银广夏的萃取、数码测绘的数码、蓝田的生态都像"蒙汗药"，一样不知麻翻了多少人？作为见证人和受害人，我不再沉默。有市场人士认为炒股是"零和"游戏，庄家要赚钱，上市公司要圈钱，券商要赚佣金，国家财政要赚税金，"大小非"要变现，甚至卖报纸的、卖盒饭的、看自行车的都要赚钱，因此，才有了股市"一赚二平七赔"的不公平的"公式"。为了把这个颠倒的公式再颠倒过来，在茫茫股海中为中小散户"点亮一盏灯"。我只有拿起手中的笔，为中小投资者指明投资航向。于是，来了个"战略转移"，把写小说的笔，变成写证券文化的笔。试图创造一种新文体，把那些高深莫测的经济学、证券理论"翻译"成一种轻松幽默的通俗文化信息传递给百姓投资者，拉近灰色理论与百姓投资者的距离，使他们在套牢的痛苦中能尝到"开心果"，在绝望中能看到希望，增强心理承受能力，并能从其他高手的成功故事中领悟到炒股的精髓。几年来，我坚持在各交易厅最底层同散户交朋友，了解他们的投资的苦与乐，倾听他们的呼声。我几乎牺牲了所有的节假日时间为证券报刊的专栏写稿，这些年，我在为中小散户防范股市风险、辨别信息真伪和法律救助方面，何如进行价值投资，寻找翻十倍的黑马，做了一些实实在在的事。只要自己的作品能受到广大的读者的喜爱，能成为中小散户的知心朋友，用自己微弱的光，为他们点亮一盏灯，这就是我从十五年风风雨雨的股市中得到的最大一笔财富。

市场上关于炒股的书实在太多了。为什么我们读了那么多技术分析的基础读物后仍然会输钱呢？道理与诗人写诗一样，功夫一定会是在诗外。读懂了技术分析，就好比大学生完成了中文专业学业一样，你可以有了一个扎实的文字功底，但这并不等于你就能写出好诗。要成为诗人，还得有赖于你对诗歌的热情、你的才气、生活经历、阅历、孜孜不倦的演练、灵感、运气等综合因素。这就是为什么我们培养出了那么多文学博士、硕士，大诗人大作家依然寥寥无几的原因。炒股同写诗一样：都想成为赢家但赢家永远是少数。怎样才能跻身"少数一族"呢？是股民最希望弄明白的。炒股是世界上风险最高且收益最大的行当之一，要想成为赢家，绝不是掌握了几招技术分析就能胜券在握，它是一个人综合素质和实力的集中体现，从微观自我来讲，它涉及到人的心理行为意志态度等诸多方面，其中悟性起着至关重要的作用。想当年秦始皇发动数百童男童女去日本找长生不老的药，而今九千余万入市者也像当年秦始皇一样在找一味药——后悔药。后悔药是股市中最珍贵最可遇而不可求的药。踏破铁鞋无觅处，得来全不费功夫。我们无法求得与长生不老术等值的后悔药，但我们能够从少数身怀绝技，练就十八般武艺的高手和上千名饱尝了成功与失败的投资者那里淘得少一些后悔与遗憾的《股市战无不胜的军规》。

我坚信，只要你读到了这本书，并悟出其中的道理，你一定会成为一位成熟的"淘金者"，你一定会在股海中赢得更多，活得更久。

目录
contents

第四章　初刻拍案惊奇

第五章　二刻拍案惊奇

后记:我为中小投资者鼓与呼

第一章
喻世明言

第一章

命田用言

股民入市必须牢记的二十一条军规

　　二十一条军规是美国西点军校的校训,每一个进入西点的军人,要像背《圣经》一样地熟背校训。在这一校训下,西点成为了世界上荣耀至高无上的军校。罗斯福总统曾经这样评价西点:"在这整整一个世纪中,我们国家其他任何学校都没有像她这样在刻有我们民族最伟大公民的光荣册上写下如此众多的名字。"在西点军校200多年历史中,培养了3 800位将军。仅1915届的164名学员中,就有59名成为准将以上军官,其中3位四星上将,2位五星上将和陆军参谋长,1名当了美国总统。西点的教育是恪守"职责、荣誉"的价值观,培养学员坚强的意志,克服障碍、挑战不可能的毅力和勇气。

　　下面我们来看看西点浓缩的二十一条军规:

　　第一条,你不是超人

　　第二条,如果一个愚蠢的方法有效,那它就不是愚蠢的方法

　　第三条,无条件执行

　　第四条,细节决定成败

　　第五条,以上司为榜样

　　第六条,如果你的攻击很顺利,那你一定是中了圈套

　　第七条,将服从训练成习惯

　　第八条,所有5秒的手榴弹的引线都会在3秒内烧完

第九条,装成无关紧要的人,因为敌人的弹药可能不够了

第十条,那支你不加注意的敌军部队其实是攻击的主力

第十一条,重要的事总是简单的

第十二条,简单的事总是难做的

第十三条,好走的路总会被布上雷

第十四条,如果你除了敌人什么都不缺,那你一定在交战中

第十五条,飞来的子弹有优先通过权

第十六条,如果敌人在你的射程内,别忘了你也在他的射程内

第十七条,团队致胜

第十八条,无线电总会在你急需火力支援时断掉

第十九条,你做的任何事都有可能让你挨枪子儿——什么都不做也一样

第二十条,唯一比敌方炮火还精确的是友军的炮火

第二十一条,专业士兵的行为是可以预测的,但世上却充满了业余玩家

股市如战场,股民如士兵,你如果想做股市赢家,也必须牢记如下二十一条军规:

第一条,你不是超人

点评:任何时候都要记住,你不是超人;股市涨跌不由你说了算,也不由任何人说了算,而是由市场说了算。

第二条,用自己的闲钱炒股

点评:这是最直白又最简单的至理名言。借贷炒股甚至拿养命钱炒股,弄不好会要了你的命。据《新民晚报》2007 年 8 月 3 日披露,上海一位股民因借钱炒股,买了 ST 亚星,亏了 6.2 万,从上交所大楼顶上抛下遗书,要往下跳,被民警劝阻。

第三条,上路前请系好安全带

点评:股市风险和收益成正比。应把本金安全放在首位。投资大师巴菲特说:第一是安全,第二还是安全,第三是牢记前两条。

第四条,炒股要有个好心态

点评:炒股盈亏乃家常便饭,盈了不昏昏然、飘飘然,得意忘形;亏了不

沮丧,骂骂咧咧,应摆脱失败的阴影,将盈亏一笑置之,保持身心健康,保证资金安全,做到两全其美。

第五条,以成功者为榜样

点评:熟读大师成功经典案例,对于技巧的培养、理念的研判都要付诸实践,真正地掌握各种知识、工具、软件的运用。善坐而论剑者,未必能亮剑出招。只有精于实践者才能生存于市场。

第六条,如果你很容易赚钱,结果你可能输钱

点评:股市没有常胜将军,一个周期下来,最终能赚钱的只是少数,如果赚钱很容易,就会放松警惕,忽视风险,也许只有几个交易日就吞噬了你一年的利润。拿破仑只是在滑铁卢失手过一次,但失去的却是整个帝国。

第七条,要战胜市场,先战胜自己!

点评:股市中最大的敌人就是自己,贪婪和恐惧无时不在缠绕着你,束缚着你的手脚。股市中该贪时一是要贪够,恐惧时一定要远离市场。当别人恐惧时你要贪婪,当别人贪婪时你要恐惧,这样才能克敌制胜。

第八条,不要轻信和趋势做朋友

点评:朋友是人生最大的财富,股市里早有和趋势做朋友的格言。然而,趋势是变幻无常不可捉摸的,正可谓:在上涨趋势时,要紧握朋友的手;在下跌趋势时,要和朋友一刀两断。

第九条,选好股票不如选好公司

点评:这是投资大师巴菲特的理念,把股票当做企业来做。好股票可以涨一时,但涨得快跌得也快;好公司可能一时不涨,但能涨一世,即使在熊市来临之时。

第十条,正视股市中的"马太效应"

点评:股市中的"马太效应"即强者恒强,弱者恒弱。应该看到所谓强者,是其身后有庄家大资金推动;所谓弱者,多半已被庄家抛弃。汰弱留强,就是最佳选择。

第十一条,炒股其实很简单

点评:炒股之所以简单,不外乎囊括了股票的能、价、量、时四大要素,懂一点技术分析,轻轻一敲键盘就能成交,连老太太也会,现在还有人喊出了炒股要从娃娃抓起,可以说是最简单最轻松的活。

第十二条,炒股看似很简单其实很难

点评:炒股除了股票的能、价、量、时四大要素,技术分析后面还蕴涵了无限的玄机,需要哲理和大智慧,囊括了宏观微观的诸多信息。据说基金经理选一只股票,要多次去上市公司调研,开数十次分析会。选股难,难于走蜀道。

第十三条,康庄路上随时会踩响地雷

点评:你手里持有的绩优股票,突然有一天业绩预亏,股价应声而落。好端端的一只绩优股,老总因贪污受贿而东窗事发,股价必受拖累。前不久,一家化工上市公司厂房失火,股票也烫手。地雷总是在你不经意间踩响。

第十四条,如果你除了钱什么都不缺,那你一定要进入股市

点评:在当今本币增值,物价上涨,银行负利率,投资渠道少之又少的格局下,进入股市就成了时尚,在十年难遇的牛市中,你不仅能分享中国经济的成果,积累财富,还能改变你的人生。在通胀初期,股市一定是最坚固的"避弹所"。

第十五条,飞来的消息不能有优先通过权

点评:中国股坛历来有"消息市"之说,即使在信息十分透明的今天,"消息"也没有因此而休息。你每天都必然受到消息的左右,然而,实践已无数次证明,听消息炒股,必输无疑。单从字面上看:"消"就是要消灭你,"息"就是要你休息。所以,对于四面八方飞来的消息,我们的耳朵一定要堵上,不能让其通过。

第十六条,如果你想战胜庄家,别忘了庄家也想战胜你

点评:谁见过庄家啥模样?庄家就是股市中资金雄厚的主儿。庄家用上亿的资金做一只股票,你用很少的钱做 N 只股票。庄家做一只股票要几年,你做一只股票也许只有几天。你可以跟庄赚钱,但你战胜庄家是非分之想,庄家可以让你赚钱,但要战胜你易如反掌。

第十七条,股市里没有后悔药卖

点评:只要你人在股市,每天都会为股票买了就跌,卖了就涨而后悔。后悔成了股市最恼人的字眼,让你茶饭不思,夜不能寐。如果有谁发明了后悔药,其价值无法估量。很遗憾,股市没有后悔药,唯一能医治后悔的就是不犯或少犯追涨杀跌的错误。

第十八条,大调整总是在你期望值最高时到来

点评:从股市运行的规律来看,每当股市火暴,交易厅人声鼎沸,个股鸡犬升天,新股民开户数屡创新高,你期望值最高时,大调整便从天而降了。这时,逆向思维十分重要,在你想买股票时卖出,或许你能躲过一劫,成功逃顶。

第十九条,勇于认错自我疗伤

点评:每个人都会在股市里犯错,即使像索罗斯那样的投资大师,但索罗斯能很快地察觉错误。他认为人类对事情的认知是不完整的、有缺陷的,所以人类思想天生就容易出错,成功往往是瑕不掩瑜。有的投资者,错买了题材股,损失了50%,如果及时换成地产龙头,很快就弥补了损失。有了伤痛,自我疗伤也是一种成功。

第二十条,从垃圾里找黄金

点评:众多中小投资者专爱捡便宜货,却往往是买到了假货。廉价的股票由于缺乏业绩支撑,跌起来比大盘要快得多。然而,巴菲特就独具慧眼去找到低价而有潜力的股票。中石油在不足2元港币时,巴菲特大量吃进,而今市值已翻了7倍。深沪股市第一高价股中国船舶,其前身就是ST重机,股价也从5元涨到了300元,而湘火炬改为潍柴动力后也翻了20倍,看一看所有的券商借壳的公司,清一色都是垃圾股,垃圾里面有黄金,这要凭借慧眼去寻找,我们不能倒垃圾把黄金一起倒掉。

第二十一条,不做专业投资者,但要做一个成熟的投资者

点评:把投资当做一种业余爱好,承认自己不是股神。判断一个投资者成不成熟就是看其面对涨跌能否处之泰然。不要一赚了就三呼万岁,一亏了就骂娘、怨这怨那。就像你不需要什么人来保护一样,亏了钱也要稳得起,输得有志气。老子云:为无为,事无事。无为无不为,无事无不事。手中持有的股票,只要不是价值高估的或假冒伪劣的,就放心持有,是真钞放多少年也花得出去。相信你自己,坚强些!

作为股民,要把上述二十一条军规印在脑子里,融化在血液中,每天开市前,默诵一遍,没准你也能成为股市里的将军。

如何围住翻十倍的股票

　　某超级券商为在日趋白热化的股民争夺战中立于不败之地,一改往常送电脑,送专业分析软件的营销方式,突发奇招,重拳出击:悬赏十万,征集形象代言人。要求此人必须是散户中的炒股高手,凭交割单为证,其炒股方法必须是对散户炒股有普遍指导意义的、可操作性的、简单适用的方法。这次征集活动完全由散户根据交割战绩公开投票,得票最多者胜出,以绝对体现散户意志。此次活动大获成功,开户人数和投票人数都创下了破天荒的纪录。散户欣喜券商真正在为自己着想了。下面就是胜出者攻播时与股民的一段对话:

　　主持人:今次参播的是一个炒股合作社的代表,他们利用集体智慧,创造了一种全新的"围股"法,并人人从散户"围"成了百万级大户。

　　股民甲:散户能成百万富翁,这听起来就像天方夜谭,请问你们是怎样的一个集体?"围股"又是一种什么样的投资方法?

　　播主:我们以前也是散沙一盘,为了变散为聚,合伙成立"股票合作社"。社员有的是退休工程师,有的是下岗职工,有的是不愿受国企约束而跳槽到股市当"打工皇帝"的大学生。

　　股民乙:"围股"听起来耳熟,你们是不是从电脑福利彩票的"围注"中得到启发的?

　　播主:也是,也不是。与"围注"的相同之处,就是用包围方式选股。

股民乙：我听起来越来越悬，包围能选中靓股吗？

擂主：我们总结的炒股最基本的要素就是坚持四项基本原则，把握一个中心、两个基本点。四项基本原则为：绝不追高；绝不杀跌；坚持自己的投资理念，不为外界的诱惑和利空利多因素所动；坚持做中线，因为中国的每一次大行情都恰好是一个中线周期。一个中心就是以选股为中心，两个基本点就是买点和卖点。

股民乙：这个道理我们都知道，但面对深沪股市上千只股票，我们选哪只呢？总不能瞎猫撞死耗子吧？

擂主：这就是散户同机构的区别。机构选股有专门的研究机构，可对个股进行全方位长时间追踪，还有内幕消息和指南针、投资家等超级选股软件帮助。散户除了公开的中报、年报和F10资料库，其他一无所有，选股如同45选6的六合彩一样靠碰命打彩。

股民丙：不一定吧，散户还有经验丰富的股评家作选股指南，君不见每周涨幅排行榜前几名都是由股评家的"金手指"点出的。

擂主：不错。股评家有点石成金的特异功能，但点出的大多是已跑得精疲力竭的黑马。比如中信证券，我们在9元多"围中"时，没有任何一位股评家推荐，而当它涨到了62元了，推荐的股评家却排起了长队，结果是股评家抢着一推荐，该黑马就冲向了终点，疲惫地栽倒了，我们也借势在高位获利出局。

股民丙：你聊了半天，只字未提怎样"围股"，难道此方法需要保密吗？

擂主：不，要保密我们就不会来打擂了，我们的方法就是永远比庄家快一拍，永远比股评家慢一拍。比庄家快一拍即在庄家准备建仓的股票上提前建仓，比股评家慢一拍即在股评家集中火力推荐时卖出股票。

股民丁：开玩笑，你们不是神仙，怎么能发现庄家会在哪只股上建仓？

擂主：这就是"围股"方法的奇效了。我们根本无须去发现庄家，而是要让庄家来发现我们所选的股票。社员们的所有精力都围绕着选股这个中心，严格专业分工，每天工作16小时以上，根据所列选股条件对所有个股进行甄别、分类、排队，真正做到了工夫在盘外。有时深沪股市收盘了，我们夜里却在网上关注纳斯达克的走势。说穿了漏水，其实我们采用的就是既难又易的"四围法"。

股民丁：请问是哪"四围法"？

擂主：其一是"围外法"。我们通过研究，发现国内所有的概念都是克隆华尔街、欧洲、香港股市，在看清了纳市生物科技股疯涨后，从国外围向国内，我们在低位吃进了天坛生物等，就采用了此法。其二是"围优法"，我们从上千只股票中，根据业绩、现金流量、行业前景、公积金等，缩小了包围圈，优选出苏宁电器、沪东重机等。其三是"围劣法"，我们从围住的所有绩差股中筛出基本面恶化或重组无门的股票，选出已经重组或有可能重组的"金壳股"，买进了脱胎换骨的成都建投、S前锋等。其四是"围冷法"。我们笃信在资金空前宽松的今天，庄家收集筹码肯定要捡便宜货，越是该涨不涨的股票越有戏，新庄进场，首选冷门股，先下手为强，就抢在了庄家前面。由此，我们选中了驰宏锌锗、太钢不锈等"冷面杀手"。这些股从低位买进几乎都翻了十倍。

股民丁：此"围股"法看起来既高深又实用，使广大散户看到了类似国外共同投资基金的雏形。也许这就是未来散户投资的方向。请问你们的"股票合作社"近期又围住了什么股票？

擂主：我们已在高位暂时清光了全部A股，现在正满仓杀入B股。我们的研究方向已转向H股，并深信H股必然会产生新的投资机会。

一位老股民对新股民的十条忠告

　　尊敬的新股民,我的新朋友,在这里接受笔者躬身一拜,祝福你们来股市发财。中国股市从小平同志喊"试一试"开始,已经"试"了15年了。十多年来,我同股市中的弱势群体——中小散户一起经历了股市中的风风雨雨,并用自己的拙笔,记录下了我们走过的每段历程。十多年前,我在一家大型企业从事新闻工作,并利用业余时间发表了 200 万字的作品,创作有中央电视台拍摄播出的 13 集电视连续剧《钢花村的故事》,并顺理成章进入了文学院,成为了一位专业作家。1992 年,还不知股票为何物的我,在深圳红岭大楼 16 楼,亲眼目睹了著名的"8 • 10"事件。随后,在采写报告文学《股票,挡不住的诱惑》的过程中,自己也没经受住一级市场买中签表暴利的诱惑,拿出了全部积蓄,开始了走南闯北的一级市场的"博彩",并从申购长印、武凤凰、重庆万里、泸州老窖、猴王、武汉中商中挖到了第一桶金。可后来谁也没料到,自己从股市挖到了第一桶金,又连"金"代"桶"还给了股市。

　　茫茫股海,潜伏着多少暗礁、险滩,从原野"地震"到 327 国债风波,从琼民源的"制假源头"到红光的"回光返照",从大庆联谊的"虚情假谊"到亿安科技的"百元幻灭",从苏三山的"山中陷阱"到郑百文的"一文不值",从"银广夏"大厦的坍塌到"蓝田"的一畦"烂田",中国的散户经历了多少不平和欺诈?作为见证人,我在此向新股民提出如下忠告:

（1）辨：辨清趋势，要分析本轮牛市上涨的根本动因，是上市公司的业绩提升，还是因流动性过剩引发的资金推动。世界上没有只涨不跌的股市，尽管我们没有理由动摇对中国股市未来前景看好的信心，但目前股指已被人为推动得很高，趋势在悄然发生变化，多一份警惕不会吃眼前亏。

（2）堵：即要堵住自己耳朵，不要听小道消息炒股，也不要听股评买股。不知你发现没有，股评家翻来覆去推荐的都是那几只题材股票，庄家拿钱买吆喝，你去跟风买股，一不留神就充当了别人的轿夫。

（3）稳：牛市中股指上蹿下跳，慢涨快跌，起伏跌宕。面对暴涨暴跌，心态一定要稳，不要盲目追涨杀跌，不要期望去寻找快速翻番的牛股，分散投资，实在把握不准就购基金，让专家去帮你决策。

（4）慢：即开车时必须牢记的，一看二慢三通过。选股时要看上市公司的基本面，选准了个股买入时不慌不忙，不急不躁，逢回调或股指大跌时买入，这样才不至于撞红灯出意外。

（5）避：规避非系统风险，选股要回避地雷。不要以为股市遍地都是弯腰就能捡起的黄金，有时费了老大力捡起的却是镀了金的废铜。因而，不碰老庄股、问题股、亏损股、预警股、戴帽披星股、退市边缘股。万一不幸投资失误，踩上地雷，就应逢反弹减磅或清仓，止损避险。

（6）短：牛市中，也切忌满仓操作，要抓住每一次回调机会做短差，打"游击战"，做"T+0"，买入手中持有的股票，在反弹中当日卖出，既不损失中长线持有的筹码，又博取了短线差价。把手中不涨的僵尸股票，换成能跑赢大盘的股票，即弃劣换优，踩准节奏才有大收获。

（7）读：要加强学习多读书。要读懂股市与宏观经济、政策与财富、股市与社会人生、股市与文化、股市与赌博、股市与家庭、股市与腐败、股市与骗术等股市与各种社会利益的关系。只有读懂了这些关系，你才可能成为赢家，而不会掉入早已为你量身打造的陷阱。

（8）戒：贪，股市中最忌讳的字眼。笔者曾形象地比喻为："贪"表示"今"天有"钱"（贝：古时钱为贝）今天赚。因为"贪"过了头，就变成了"贫"，别人要"分"你的"钱"（贝）。《圣经》中"摩西十诫"的第十诫，即戒贪，"贪心过度，将损财富"。

（9）捂：牛市中，在低价位买到好股票，要敢捂，不被短线的大幅波动所

动摇，好股票不会天天涨，只有长线投资才能使利润最大化，捂股就是短期不看股票，忘记股票。

（10）感：即要感恩。股票赚了，要感谢政府，要感谢中国经济持续发展，感谢市场参与各方，感谢好公司的高回报，更要感谢自己赶上了好年代。亏了也不要怨天骂娘。感谢命运，才能感天动地。

以上"十条忠告"，是笔者多年的经验教训凝结成的，现奉献给新股民朋友。广大新股民也切莫将其当成包治百病的仙丹妙药，权作参考。最后，祝新股民不仅在股市中挖到第一桶金，还能保护好自己的桶！

还有个太阳，比这更美

——为缅怀世界著名男高音帕瓦罗蒂去世而作

要不是世界著名男高音帕瓦罗蒂的仙逝，要不是他的《我的太阳》震撼了全球听众，要不是我的太阳陨落了，笔者是不会含着热泪写出如下文字。

高雅艺术在中国已经很久没有市场了，玩酷的一代只知道周杰伦、刘德华、谢霆锋，而不知道李光曦、吴雁泽、戴玉强，高雅艺术就像股市里的绩优成长股一样被打入冷宫，把舞台让位给庄股一族。直到近日听到央视"同一首歌"由刘欢、莫华伦、廖昌永举办的《震撼》音乐会，音乐会不仅震撼了我们的耳朵，还震撼了我们的心灵。不仅让我们中国人亲眼看到了高雅艺术的大市场，还让笔者回想起五年前世界三大男高音帕瓦罗蒂、多明戈、卡雷拉斯放歌紫禁城情景，作为亲临现场的听众之一，笔者每每回放起现场录像都激动不已。那场音乐会让国人领略了高雅艺术的不朽魅力，成为了人们心中永恒的记忆。来看一组数据吧：出场费 380 万美元，最高票价 2 000 美元，4 万张现场票全部售罄，中央电视台向 100 多个国家直播，全球有 33.6 亿观众收看。更有人把能亲临现场当做毕生的幸事。最让人慑服的是：帕瓦罗蒂当时已 66 岁，多明戈 60 岁，卡雷拉斯也有 55 岁，可以想象周杰伦、刘德华、谢霆峰 60 岁能上台唱吗？即使能唱，还有追星族为之倾倒吗？最后一次见到帕瓦罗蒂也是在最近的央视荧屏上，71 岁帕老不幸患上了胰腺癌，坐在轮椅上，身体瘦了不少，但精神犹在，他微笑着说他还在教学生,尽管他的生命已进入了倒计时,但我相信他的歌声像太阳永远不落。没想到先生说走就走,世界上失去了一位歌唱家,天堂里却升起了一轮太阳!帕瓦罗蒂演唱,没有扭捏作态的噱头,有的只是货真价实的声音,就如同股市里永恒的主题——绩优。提到高雅和绩优,就不能不提到股市中的常青树沃伦·巴菲特,这位与帕瓦罗蒂同龄的老者,用其优良的业绩,成为了雄霸股坛数十年的"海 C 之王"。据《福布斯》统计,巴菲特在世界富豪榜上多年位居前列。在美国近日股市一泻千里的背景下,巴菲特的伯克希尔公司股价却逆势上升。"世人皆醒我独醉",巴菲特取得了骄人业绩,今年可谓是其从业以来最为艰难的一年,不是因为股市的下跌,而是因为他要拿出前所未有的力量来战胜自己;一度他成为股市中最后一个老朽形象,遭新派人物大肆嘲笑,一度他几乎动摇,怀疑自己崇尚绩优的理念是否过时。巴菲特最终挺了过来,笑到了最后。他长期持有的中石油股票,已翻了 7 倍,赢利超过 240 亿港元。现在回头来看,巴菲待之所以没有毁掉自己的一世英名,得益于他从事的是高雅艺术。那是一种不朽的艺术!

时下中国股市庄股纵横投机风盛行,重提巴菲特投资理念,听一听三高的演唱,都是发聋振聩的。一个健康的市场,业绩是永恒的主题,这个重组,那个题材也好,都要经受业绩的检验。ST 金泰不是 40 多个涨停吗?还不是因为业绩不能到位,股价也向其价值回归,一切没有主业支撑或拿不出现金分红的 100 元股、200 元股,都只能像通俗歌曲所唱的"像雾像雨又像风",炒过之后便成过眼云烟。而投资绩优成长股,却像永远萦绕在耳边的《我的太阳》一样,让你时时感受着温暖。无疑,早期持有绩优股的长线投资者都取得过辉煌。然而可悲的是,中国股市值得长线投资的绩优股凤毛麟角,且上市公司大都以圈钱为目的,极少考虑怎样给投资人长期回报。就像我们出不了世界级男高音一样,一些绩优公司舍不得分红,一些慷慨大方的公司又成为股价高企、参与者极少的庄股。一大批像长虹、春兰那样的绩优公司如通俗歌曲般速朽。一些像中石油、中移动那样的绩优成长股又去了香港,给他人做嫁衣裳。眼下,那些炒高的股票,不管包装得多漂亮,美化声音的设备有多高档,都要接受业绩这个"滤声器"的考验。我们期待中移动尽快回来。我们呼唤发行具有值得长线投资的"三高"股票,即高成长、高回报、高业绩的股票,哪怕只有三只,就像全世界只有三大男高音一样。

还有个太阳,比这更美,啊,我的太阳,那就是你!

中国股市何时能走出政策市的怪圈

若干年前,有一位伟人曾发出"政策和策略是党的生命"的豪言。若干年后,另一位伟人在南方讲话时,提出"让一部分人先富起来"的思路,催生了第一批白手起家的富翁。政策不仅是生命,而且是财富。中国证券市场的成长史,也就是一个政策不断制造财富的发展史,吃透了政策就等于发现了"金矿",把握住了政策与策略这一股市的生命,也就掌握了"点石成金"的炼金术。浏览一下快速闪回的历史镜头,就能感受到政策的"魔力":1992年5月21日,取消涨跌停政策出台,当日沪市以617点开盘以1 266点收盘,使流通市值翻了一番,让石头都发出了金色的光芒。1992年11月25日,中国证监会成立,四条救市政策出台,指数从386点冲高至1 558点;1994年7月29日三大救市政策出台,指数从325点上升至962点;随后从1996年5月1日第一次降息到1999年6月10日的第7次降息,每降一次息,股指就上一个台阶,政策的推动力可谓势不可挡。用一句篡改了的"说你行,你就行"的顺口溜来形容:要你涨你就涨,不涨也涨;要你跌你就跌,不跌也跌。2000年4月1日转配股上市的政策出台,唤醒了沉睡的转配股矿山,使承销转配股的券商金银满仓;2001年2月19日的B股对内开放政策出台,一夜诞生了无数个亿万富豪,一举改写了内地的富豪排行榜,有资料称,这次B股的"炼金术",催生了几位10亿美元级的大户,挤进了世界级的富翁行列。这一切并不是靠劳动创造或靠六合彩的幸运数字赢来的,而只是破译了政策"炼金术"的秘方。然而,哪些人能获得政策的"秘方"呢?

(1)政策制定者身边的核心人物。一项政策的出台,不管保密性有多高,都会有意无意地泄露出来,就像保护层再密再厚的核反应堆也有泄漏一样。B股对内开放获准,已被提前泄露了就是最直接的证明。最为惊心动魄的典型案例有:327国债风波时,隶属财政部的中经开得到了327国债按148.5的保值利率兑付的消息,积极做多,推高债价,而远在上海的证券界舵主管金生自恃财大气粗,判断失误,拼死做空,与政策较量,结果赔了夫人又折兵,不仅拱手让出了万国在证券王国的霸主地位,自己还进了高墙。

(2)政策制定者外围的寻租者。由于中国股市是一个典型的政策市,打探政策风向标,揣摸政策动向,就成为了超级机构、投资基金、庄家最重要的课程,而各类寻租者为了防范资金的风险和最大限度的增值,更是全天候地寻找政策面上的变化,这也是每一次利好利空消息发布前,市场都会提前反应的原因。本轮牛市的爆发性行情,就是在股改后一次证券业年会上,券商得到了即将推出五大利好消息后,大举建仓,随后走出了一波持续时间最长,令全世界惊讶的牛市。

(3)政策的研究者。善于研究政策的先知先觉者,通过各种渠道,正道的或小道的,国内的或海外的,捕捉政策变化的蛛丝马迹,他们或通过宏观经济分析,或研究海外股市热点,或跟踪决策者的言行,通过在资本市场博杀中培养出来的灵敏嗅觉,透过细微的闪电,意识到了政策面的春雷。这次B股市场的大赢家,就是从一位证券要人的一次非官方谈话所流露出A、B股有可能合并的信息中感悟到了机遇,冒着被套的风险抢先介入而称雄的。

(4)政策的赌博者。能与政策制定者链接的人必定有限,面对一次又一次暴富的机遇同自己失之交臂,于是,抓下一个机遇,猜政策就成为了时尚。由于猜与估有很大的盲动性,故赌的成分极大,譬如,解决了国有股、法人股的流通症结后,人们又英雄所见略同地把目光瞄准B股、H股,形成了B股、H股的开采热。特别值得一提的是,最近创业板的设立信息又频频传出,由于创业板是全流通,其法人股半年后可上市,一些准创业板的法人股炙手可热,而众多的骗子却打着能够在创业板上市的幌子,在全国范围大肆推销未上市的法人股,把无知者大量的钱先圈进了腰包。倘若创业板无期限推迟,或这些公司不能在创业板上市,投资者将会倾家荡产,血本无归,这就是赌的代价。

(5)撞上政策的幸运者。这多少有点像中福彩和体彩,幸运者始终是少数。老天要你发,躲也躲不脱。当初转配股权证跌到几分钱,谁也不敢去捡,B股跌到21点,几分钱的股票比比皆是,没人敢拿。这无异于已经填好了中奖号而没有下注。笔者在几年前鬼使神差地参与了长印的转配,结果赚了十倍。笔者的一位股友,在中科健转配权证跌到几分时买进后花二块多钱参与转配,结果赚了近20倍,汽车洋房都来自股市,叫他怎不三呼政策万岁?

最近,政策又发出了哪些信号,值得每一个投资者细细掂量,因为破译政策密码,关系到你的钱包的瘪与鼓。2007年5月30日财政部半夜提高证券交易印花税,由于个别官员违反纪律,这一消息被提前走漏,很多提前得到内幕消息者成功逃顶,这无疑是对股市"三公原则"的践踏。中国股市什么时候走出了政策市的怪圈,中国资本市场才算真正走向了成熟。

最后,笔者借用一句"近朱者赤、近墨者黑"的格言作为结尾:近政策者赚,远政策者赔!

如何做牛市的最大赢家

短线是金，中线是银，长线是"水银"，这是先前股市流行的世说新语。中国股市鲜有长线投资者（长线投资基本上是套牢的同义语），是因为这个市场投机风盛行，赌性十足。其间，上市公司的速朽生命周期和"出老千"，是投资人赌一把就走，无心恋战的根本原因。因为他们无法从投资对象那儿通过分红分享国民经济持续增长的硕果，而只能从二级市场的上涨中搏点差价。然而一个赌性十足的市场最终会丧失融资功能。从世界股市发展成长史上看，股灾的出现往往就是赌性登峰造极的时刻。所幸的是我们能读到太平洋彼岸的新版世说新语：长线是金，中线是银，短线是水（卖了就如同覆水难收）；美国人在股市中挣汽车洋房，中国人在股市中种大豆高粱。汽车洋房与大豆高粱的区别在于投资理念的截然不同。美国佬手头最值钱的财产是股票——长期持有，滚雪球般膨胀的股票；中国人手头持有的是一大把今夜赢回来明朝又输出去的筹码。为了让习惯于种大豆高粱的也拥有汽车洋房，该到了培育长线投资者的时候了！因为一个健康成长的市场必然是一个长线投资者主宰的市场！

中国股市在熊了多年后，终于牛了起来，且牛得让全世界都喊看不懂，真可谓三十年河东三十年河西。今次牛市的诞生，恐怕不能简单归结为股改和本币的增值。不知投资者注意到没有，本次行情是由沉寂了数年的大盘权重绩优股来发动的，它有着深层的原因和划时代的意义。它其实在向我们揭示了一个崭新的投资理念——"不动股"投资；中国股市投资"不动股"时代已经来临。提到"不动股"，大家会联想到不动产。像李嘉诚一样跻身世界富豪榜的华人巨富，当年就是靠不动产投资增值后发迹的，而美国数以百万计的百万富翁的产生，则来自投资股市中的不动产——"不动股"。

顾名思义，"不动股"就是买了就不打算再卖的股票。它不是简单意义上的绩优蓝筹股。为什么以前股市中的绩优蓝筹股被投资者戏称"积忧难愁股"，是因为这些上市公司要么是昙花一现，要么是少有分红。绩优只是"水中月"，投资者像猴子捞月亮一样到头来只是"一场空欢喜"。而"不动股"却是可持续发展和可持续分配的股票。请注意："可持续分配"才是根本。就像美国的可口可乐、麦当劳、强生和微软等信息产业类科技股票，当初买入后持有不动者而今很多人都是百万富翁。不动产造就富翁的方式是房地产年年增值，"不动股"造就富翁方式却是可持续的分配。美国有的公司不是按年分配，而是半年或每季分配，经过不断分红拆细后，有的股票翻了上千倍。拥有这些股票的投资者就等于拥有了帝国大厦一样的"不动产"，谁还舍得抛弃呢？

有人会问：中国股市具有明显的"中国特色"，不能同美国股市类比。我们的股市投机短炒风盛行，有庄就是草头王，上市公司做假习惯成自然，有的绩优公司更是一毛不拔，凭什么依据来证明"不动股"时代的到来？

不知大家注意到没有，这个"中国特色"正在悄无声息地改变。最近，证监会修改游戏规则：将上市公司是否分红作为再筹资的必备条件。这看似温柔的一刀，却是切中要害的一刀，它将宣告证券市场一个新时代的诞生和一个旧时代的终结。"分红"问题是老生常谈，并不重要，关键是把后面的能否分红，列为"再筹资"的条件，无形中斩断了不分红者向股市再圈钱的手。股票上市的基本功能就是融资，一旦这一功能丧失，将是一钱不值，就像威猛的男人被阉割了一样。同时，股改后大股东资产注入，整体上市，也扭转了先前把上市公司当提款机的陋习。一旦新的投资理念确立并被市场普遍认同，将引发短炒投机风的终结，炒题材炒概念的终结，炒垃圾股的终结，上市公司做假的终结。以上市公司为例，不管你假做得多漂亮，你拿不出现金来分红，照样没有"繁殖"能力。它将带来的是上市公司的公积金不能再睡在银行和挪做他用,给投资者分红是唯一出路。分红越多,融资能力就越强。2007年,送股和大比例分红的公司比去年同比增长了47%,如果说目前股市中的"不动股"是稀有品种的话,它将逼着上市公司向高送配的"不动股"看齐,同时更新融资理念和投资理念。或许有一天我们能看到一家公司一年分四次红,同时一年数次融资的新气象,这也从根本上解决了上市公司可持续发展的问题,形成好公司良性循环,烂公司恶性循环,强者恒强,弱者恒弱的新格局。高成长高分配的公司,就成为了长线投资者的乐园。当然,这也要求多发行上市一批优绩公司来配合。

从成熟国家的资本市场来看,炒股的最高境界就是不炒。买进好股后就不打算卖,作长线投资。这个周期可能是三年,也可能是十年,甚至是终身持有。美国股市没有坐庄机制,它照样涨了十年,原因是大家买了就锁仓,用做庄那一套压低吃货,拉高出货,高抛低吸短炒手法是行不通的,因为你高抛后就可能买不回来了。长线持有香港汇丰银行的投资者,从来没有因大盘短期波动而亏过钱。事实上,苏宁、荣信股份、万科、保利地产等以基金为主的新庄,已经给我们作出了买了就不动的示范。以苏宁电器为例,复权后已超过千元,任何时候卖都是后悔。

面对新的投资理念,作为散户更应该以不变应万变,淡化指数,把"赚了指数赔了钱"颠倒过来,只赚"不动股"不赚指数,指数涨到8 000点也好,跌到3 000点也罢,只要你认定自己持有的是好股票就千万别割肉,也不要一解套就跑,大家回头看看,你抛掉的股票有几只你能低价捡回来。以前大家都在满处找黑马,现在应该寻找"不动股"了。

如何挖掘值得长线投资的"不动股"

春江水暖鸭先知，当我们面对一个十年难遇的牛市，站在一个新的投资时代的门槛前，幸运之神似乎只关照那些先知先觉者。十多年前当投资大众还不知股票为何物时，敢于吃螃蟹者大多都从股市中挖到了第一桶金。在深圳，我们至今能听到一位企业的党委书记买入"爱国爱家股"而致富的美谈：此翁倾尽自己的有限积储，买下了单位职工不愿认购的全部股票，当时他跟所有的人一样，并不知道买股票能发财，而且能发大财！他当时想的就是共产党员应该带头支持国家、企业建设，自己拿出点积蓄权当是缴了党费吧。无心插柳柳成阴，几年过后他持有的股票翻了上百倍，使他一下子成为了百万富翁。此后他缴了一笔可观的党费。无独有偶，突然从地缝里钻出的林园，此君从十年前涉足证券市场，居然创下了从8 000元赚到十亿身家的神话！这就是股市的魅力。

这一切，都发生在投机大于投资的第一个十年！它向我们昭示了一个真理：即使是在一个赌性十足的短线为主的市场，坚持长线投资仍然是最大的赢家，早年买入发展、原野、延中、大小飞、长虹的投资者，大都赚得盆满钵满。十年一个坎，中国股市发展到今天遇上了有史以来的大牛市，该是什么模样？

领先大众一步的投资者不难从第一个十年的历史和世界股市的成长轨迹，以及近年管理层的苦心引领，市场悄然发生的变化中找到端倪。一个适合广大投资者进行长线投资的环境已悄然而至。管理层近期发出的规范市场行为,严惩操纵市场和加强上市公司的监管,以及加快开放式基金、放宽保险资金、养老保险基金的入市步伐,允许合规私募基金入市的政策的出台,股票质押融资配套措施,将融资与分红捆绑运作等等举措,都无不在为市场构筑一个适合长线投资的生态环境。从投资者这一方看,过往的老经验老办法似乎不灵验了,其实这也许正是新旧时代交替更迭的象征,我们正处在一个十字路口上,只有那些在最短的时间里感悟到时代的变化,积累起新的知识经验者,才能捷足先登。我们的眼光应放在备受投资者唾弃,备受管理层打击的"庄股时代"终结之后的"后股改时代"——倡导长线投资的"不动股"时代。

有人会说,就凭现在股市的风险,让我们长期去捂股不动,岂不是推瞎子跳崖?的确,选择长线投资就意味着长期承担了系统风险、政策风险、上市公司道德风险在内的所有风险。风险与收益成正比,风险越大,收益越高正是长线投资的魅力。换一种思路不难发现,其实长线投资风险最小。如果我们把长线投资比喻为一次路途颠簸的长途旅程,尽管途中要经历无数次的乌云盖顶,暴雨倾盆,但只要中途不下车,便会迎来云开日出时,安全抵达终点。当一个新的投资趋势确立之时,越早介入风险越小;当大众普遍都认同这个趋势时,风险也随之而来,因为那个时候已很难再抢到价廉物美的筹码。我们也许能在风险与收益的夹缝中找到一个长线投资的路径——投资目前价值被低估,具有高成长潜能的"不动股"。

"不动股"需要投资者长期持有,因而我们就不得不考察企业的生命周期。你选中了一个短命的绩优股或蓝筹股死捂,岂不血本无归?譬如长虹,曾经是绩优蓝筹股的龙头老大,也给了投资者数十倍的回报,但因为行业的局限性,在恶性竞争中提前步入"老年期"。企业的生命周期与人的生命一样,大致要经历青少年期、中壮年期、老年期三个阶段,长线投资的特性决定了投资者只能在"归根结底是你们的"青少年期介入。也许现在它业绩平平,但它却拥有一个前程不可限量的未来。企业的青春态成长期越持久,增值潜力也越大。长线投资不是看企业的现质而是看其潜质。"成长性"成为长线投资首选指标。匀速成长,高速成长,持续成长缺一不可。考察企业的成长性,就不得不考察其主业,主业是否处在一个社会长期需求或独特的行业,主导产品的生命周期是否持久,市场前景是否广阔,企业是否具有很强的产品创新、更新换代的能力,企业的财务状况是否良好,现金流量和流转速度是否正常。企业收益和利润是否来源于主营业务收入而不是副业或其他歪门邪道。企业是否具有较强的股本扩张能力和欲望。企业是否有一个像王石那样的积极开拓创新的领导者等,都是需要投资者长期观察的。"成长才是硬道理。""不动股"与绩优蓝筹股的区别在于:丑小鸭与白天鹅的区别,今天的丑小鸭明天就会长成白天鹅!

笔者不打算为投资者推荐个股,因为如果今天我们选出一堆"不动股",没准明天就会被暴炒,而使之失去长线投资价值。长线投资更适合悄悄地买进。我们只想站在一个较高的视角,提供一种选股思路。譬如交通银行是一只每年平均增长达40%的金融蓝筹,是一只地道的"不动股",但如果上市后被高开恶炒,便迅速失去了长线投资价值。我们要发掘的"不动股"是价值被低估,绝对股价偏低,市盈率在30倍以下而潜力又极大的股票,它具有如下诸种形态:

(1)知识产权和行业垄断型。这类企业发明的专利能得到保护,且有不断创新的能力,譬如美国的微软等企业,我们以艾利森的Oracle股票为例,1986年3月12日上市时是每股15美元,而今拆细后每股市值是6 000多美元,21年前买入一手不动的话,今天就是一个百万富翁。可以想象,国内的以中文母语为平台的软件开发企业,牵手微软的上市公司,20年后将是什么模样?

(2)不可复制和模仿型。世界上最赚钱且无形资产最高的,不是高科技企业而是碳酸水加糖的公司,可口可乐百年不衰之谜就在于那个秘而不宣的配方。而国内同样是卖水起家的娃哈哈,其无形资产就达几百亿。倘若我们生产民族饮料的上市公司能够走出国门,前景将是多么广阔?而为可口可乐提供聚酯瓶的企业,生命周期会短吗?

(3)资源不可再生型。譬如像驰宏锌诸、江西铜业、宝钛股份,云南锡业等,其因资源短缺,而促使产品价格将长期向上。

(4)金融、保险、证券业型。譬如已经上市和即将上市的多家银行,平安保险、中国人寿、控股国华人寿的天茂集团和以中信证券为代表的证券公司,其成长性都既稳定又持久。

(5)现代农业型。中国有广袤的耕地,有耕地就需要种子,像隆平高科一样的优良种子公司一定会果实遍地。同时,人天天要吃肉,要吃肉就得养猪,要养猪就得有饲料,像希望集团等饲料企业就充满了"希望"。

(6)变废为宝的清洁能源环保型。譬如像以垃圾发电的凯迪电力、深南电等。垃圾遍地都是,能让垃圾变成黄金,将会使投入和产出形成多大的落差?此外,以风电、光伏为代表的清洁能源,像湘电股份、天威保变,是未来发展的方向。

(7)公用事业能源物流交通型。譬如机场、港口、集装箱、能源、供水、路桥等企业,此类企业因行业风险较小,一次投资大,持续成长周期长,而适合稳健型长期投资。

(8)以中药为原料的生物工程型。我们已经上市的公司中,有的已经研制出抗癌药物和抑制艾滋病毒的药物,这些产品一旦形成市场规模和打入国际市场,其价值将极大提高。譬如有的股价还十分低廉的医药公司,已经生产出抗癌药"红宝太圣"。目前有一家业绩平平的医药上市公司独家生产的赛斯平和环孢素,是人体器官移植者终身必服的药物,中国有数十万人等待着器官移植,一旦这个市场被打开,其前景也将十分惊人。

(9)国际名牌型。譬如已经走向世界的格力电器、联想集团、青岛啤酒等。随着国际市场份额的扩大,企业将永葆青春活力。

(10)地产行业型。人民币升值地产业成为最大受益者,该行业龙头像万科、保利地产和即将举办奥运和世博会的北京、上海的地产公司都是值得投资的。

(11)传媒教育型。传媒教育业因进入门槛高,垄断性强而值得长线投资,譬如新华传媒、华闻传媒、歌华有线等,因大股东注入新的资产,将重获新生。

(12)投资基金型。投资基金以其专家理财的优势和持有大量的优质股票,净值成倍增长,具有高出银行利率数十倍的分红能力,是风险最小长线投资回报极高的品种之一。

风景这边独好。沿着这个路径,我们自己都能从所有朝阳行业中找到具有"不动股"潜质的股票。不再依赖股评家荐股而相信自己,也许是未来炒股的新时尚。

寻找长线投资的乐土

"跟我走吧,天亮就出发,梦已经醒来,心不再害怕。"一首《快乐老家》给我们描绘出明天的"投资者的乐园"。中国股市从"冒险家的乐园"转型到"投资者的乐园",绝不是像乘上了朝发夕至的提速列车,睡一觉醒来就达目的地,而是刚刚迈开第一步。千里之行始于足下,今后的路还很漫长,还有许多看似绕不过的"坎"要绕过去,就像我们要攀上峨眉金顶,必须先登"好汉坡",穿越险要的"一线天",才能观赏到最高境界的佛光一样。冰冻三日非一日之寒,中国股市投机风盛行由来已久,可以说是计划经济的产物。其中,上市公司质量太差,适合长线投资的品种甚少,供求关系失衡,投资者不屑对上市公司认真研究,都是横在长线者面前的一道道"坎"。让我们来就如何绕过这些"坎"作一番研讨。

一、必须建立适合长线投资的"生态环境"

适合长线投资的"生态环境"需要证券市场参与各方的共同培育和悉心保护,并持之以恒地深耕细作。

首先,证券监管部门、地方政府、保荐人要把好关,在审批上市公司时,就应有意识地把具有"不动股"潜质的股票筛选出来,并给予持久的政策扶持。不能再搞计划经济那一套按地域来分配上市指标。上市公司更不能融到资后就去偿还债务或补发拖欠的工资,转嫁企业危机,上市后就"见光死"。这就要求监管方和承销方把好 IPO 新股上市关,新老划断不仅是全流通非全流通的划断,而且应该是优质公司与劣质公司的划断。重新审视核准制的漏洞,不要让辅导期走过场,对报批的上市公司财务报表进行重新核实,把包装上市消灭在萌芽中,从源头上堵住根基不牢的缺陷。在监管方面,重心应放在规范信息披露,严查狠打虚假陈述和"出老千",让所有投资者信息对等,对上市公司的经营状况了如指掌,避免因信息不对称而造成投资人遭受损失。2007 年 6 月 21 日,中国证监会主席尚福林出席"首届上市公司高峰论坛"时表示,证监会将着重做好以下五项工作:一是积极推进多层次市场体系建设,努力拓展市场的广度与深度。二是鼓励和吸引优质大型企业和高成长性中小企业发行上市,优化上市公司结构。三是健全和完善上市公司内部制衡机制,进一步提高上市公司规范运作水平。四是不断改进和加强上市公司监管,切实提高监管有效性。五是推进行业自律组织建设,逐步形成行政监管、法制监管、自律监管和社会监管互为补充的多层次、全方位的监管体系。尚福林表示,当前资本市场生态环境和运行机制正在发生一系列的重要变化,上市公司要尽快适应全流通市场环境下的新形势,进一步提高质量。如果做到了上述五条,长线投资者是非常欢迎和期望的。

其次,上市公司要树立"百年老店"的经营思想,在企业行为上应对投资者高度负责。改变把资本市场当做"提款机",把投资者当做"赌客"的老观念。把资金用在可持续发展的刀刃上,要像树立商业信誉一样地树立自己的"投资信誉"。要尽可能延长企业的生命周期,通过证券市场源源不断地输血使自己成为"长寿企业"。让投资者放心持有其股票并随之"慢慢地一起变老",给持有者无怨无悔的丰厚回报。

作为投资者更要树立"百年持股"的新观念。所谓"百年持股"并非要将股票一捂到死,而是要有长线投资的心理准备和耐得住寂寞,有较强的风险承受能力。要像美国和发达国家的投资者一样,一旦拥有质地优良的"不动股",不但要终身持有,还要传给下一代。1926 年美国人山姆出生,父母用 800 美元为他买了一份美国中小企业发展指数基金作纪念。当山姆在 2002 年 76 岁生日时,偶然翻出了那张发黄的基金凭证,经咨询后得

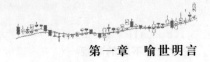

知,当年的 800 美元,76 年后变成了 380.4 万美元。让人不可思议的是,这期间美国经历了多次股灾和大熊市,是"不动股"使其躲过了历次风险而成为最大赢家。

二、短庄股退潮的必由之路

把中国现阶段形容为"庄股时代"是十分准确贴切的。这里只指庄家是专门投机短炒的过江龙。通常我们说一只股票"股性活",其实是"赌性强",用股评家的术语是:"明显有大庄介入,后市股价将翻番。"赞美庄家,鼓励操纵股市的行为,坐庄、跟庄、觅庄成为一种时尚。然而,庄家拉台股价,并不是慷慨解囊,而是从中小散户腰包里捞银子。在一波举世公认的大牛市中,竟然仍有六成以上的新股民输钱就是佐证。倘若让庄家肆无忌惮横行下去,中小投资者就永远得不到投资回报,也不可能实现"你有我有全都有"的共赢格局。最近,管理层挥出重拳,在重申打击内幕交易、操纵市场行为的同时,推出了即时监控预警每一客户的交易账户的新举措,旨在让庄家暴露在光天化日之下。在强大监管威慑力下,"庄股时代"淡出江湖已是大势所趋,庄家或者选择出货,或者转入长线锁仓。伴随着庄家的"功成身退",指数和强庄股也许会出现回落,这就是长线投资千载难逢的机会:大跌大机会,小跌小机会。如果平均市赢率能接近 30 倍,最适合长线投资。一定有人担心,没人坐庄了,股市会不会由牛转熊?大可不必担心,开放式基金、QFII、保险基金、私募基金以及各路立足长线的资金正主宰市场。此外,那种认为庄家抽资就没人来托盘的观念更是站不住脚,只要存款不断搬家,中小投资者能改变投资理念,普遍坚持中长线持股,不赚小钱只赚大钱,不获大利绝不收兵,再大的盘子涨起来都身轻如燕。这是被发达国家所证明了的真理:没庄的股票照样牛。

三、改变旧有观念和操作模式正当时日

沪深股市原有的运行模型为:年初横盘,年中涨,年末跌,其间多半时间由中小投资者在"举扛铃",庄家在年初打压吸货,然后在年中拉升,在年

末出货兑现,周而复始。散户戏称"春寒、夏热、秋爽、冬冷"。随着庄股的淡出,这一模式也将寿终正寝,让投资者感到"这个冬天不再冷。"当然,前提是投资者要穿上高科技材料制作的"保暖内衣",不能再盲从跟随股评家的指示去决定自己的买卖和选股了。要在股市中存活并且能成为赢家,就少不了对上市公司作长期的深入透彻的研究。上市公司的质量和生命力是最为关键的问题,一旦持有这家公司的股票就一定要像雷达一样追踪投资对象,以便正确做出增仓或减仓的投资决策。相信自己的眼睛比相信别人传递小道消息的嘴巴,要牢靠得多。证券投资是一种智慧投资,对于因文化局限,看不懂财务报表的投资者可将资金交由各类投资基金去操作,以控制风险。私募基金的准入,无疑给中小投资者又增加了一个投资渠道。

有投资者会问,长线投资岂不把活钱套死,要等钱用还是得减仓割肉?管理层近期将出台的个人股票质押融资办法将解决这道难题。在美国只要你出示股票账户,银行进行简单的锁仓确认,不出几小时,贷款就会进入你的账户。如果你投资的是一只质地优良的"不动股",既能给你带来不断增值的投资乐趣,也会让你新增一个融资工具,让资金随时变现,随时享受获利的成果。

此外,作为长线投资者还应树立不赚分分钱、角角钱、块块钱,要赚就赚个够的观念,要有对股价短期的波动坐怀不乱的观念;绝不盲目跟风追高的观念;摆脱对股评依赖的观念;不熟不摸的观念;忘记股票成本的观念;买了股票就像买了房产、黄金珠宝古玩一样,不求短期变现的观念;除非持有股发生质变坚决不出局的观念等等。

立足中线,放眼长线,逐步改变短、中、长线投资组合比例,耐心等待投资机会的出现,将更多的精力投入对已上市和即将上市的公司的研究,是近阶段的投资策略。

我们已沿着正确的投资方向迈出了坚实的一步。在路上,我们依稀可见前方那"投资者的乐园",她,看似远在天边,但却近在眼前!

牛市中购买基金的十条理由

如果有人问，2006 年投资的理财品种回报最高的是什么？回答是基金。如果有人问，2007 年最抢手的"年货"是什么？回答还是基金。不断有投资者前来咨询，猪年买股票，还是买基金？笔者为答疑解惑，本着实话实说的风格，遂写下猪年购买基金的十大理由。

（1）十年不遇的牛市，投资基金是当今最佳选择。银行利率低，投资渠道少之又少，炒房周期长，流动性差，变现难税费高，好基金收益高出银行利息百倍（年度回报最高达到 240.28%），且省心省时，买基金就像捡钞票一样轻松。

（2）猪年凡事都要讲究个"猪性"，猪的秉性就是吃了就睡，少动脑筋，长膘快，生崽多，且老实听话，既温顺又可爱。中国的投资者 90% 都是上班一族，没时间每日盯盘看走势，同时也因信息闭塞，没工夫研究个股。买基金就像猪一样吃了就睡，不动脑筋净值也"膘"升快，开年买基金，年底就能收获一群肥猪崽，真乃大吉大利，喜出望外。

（3）基金音同"鸡精"，是炒菜、炖汤少不了的调味品，味道既鲜美又营养。投资基金者又称"基民"，"基"代表基础很好，"民"象征着参与者很广泛。在基础很好的土地上建起的高楼，难道不让人仰慕吗？所以买基金人心所向。

（4）基金是专家理财，基金管理团队是博士、硕士的"集装箱"，是高文化、高学历、高收入的"三高"群体。专家们不仅洞悉宏观经济、热门行业，还去上市公司调研，同董事长、总经理交朋友，像间谍一样打探内幕信息，个个都是擒龙高手，能抓住行业龙头，让"三高"们为基民"打工"，何乐而不为。

（5）尽管买基金也有风险，也可能跌破净值，但同买股票比起来风险是小巫见大巫。股票暴涨暴跌，每日上演着轰轰烈烈的悲喜剧，股民不是纸上富贵，就是像坐过山车一样，惊心动魄。基金船大，抗风浪能力很强，既能抱团取暖，又能移山填海。即使是在熊市中，也能一枝独秀，炮制"二八"现象。著名投资大师巴菲特说："只有在退潮时才能看清谁在裸泳。"暴跌市中基金重仓持有的茅台、苏宁电器、上海机场、云南白药、张裕、同仁堂、海油工程等都成为吸引万众眼球的"裸股"，何况眼下是大牛市，能明知山有险，偏向虎山行。

（6）基金高举"价值投资"的大旗，可以拉大旗作虎皮，吓退黑熊。故基金相中的股，都是大牛股，基金是股市中超级大鳄，凭资金实力说话，说你行，你就行，不行也行。像夕阳企业的三一重工可以说成朝阳企业，像业绩只有几分钱的古越龙山可以炒到几十元，让人无酒自醉，基民何不跟着醉一回？

（7）基金很抢手，炙手可热，并不是你想买就能买到。就如同早年的原始股一票难求，年前限售发行的新基金，排起了长队，挤破了柜台，不到一小时就售罄，要走后门找关系才能近水楼台先得月，众人如此看好它，差不到哪里去。难怪猪年春节有句流行语：今年春节不送礼，送礼就送好基金。

（8）基金流动性好，变现快，赎回简便，且分红能力强。以博时价值增长为例：猪年送出了第一个大红包，每 10 份基金派发红利 13.3 元，好诱人的猪财，且是免税的，不像银行利息，少得可怜，还收 20% 利息税，不怕不识货就怕货比货。

（9）基金经理是"故事大王"，上市公司的种种概念，能说得头头是道，估值理论能随行就市，市盈率水平能水涨船高，自圆其说。基金不仅能编故事，还能创造"神话"，像茅台酒就实现了百元"传奇"，引领所有的酒类公司"满城尽带黄金甲"，真乃"心有多大，股价就有多高"！

(10)基民是股市的奠"基"石,不仅为基金公司输送弹药,还养肥了基金经理,不仅为国企脱困捐了款,还垒起了牛市大厦,为国献出爱心一片!富了个人,强了国家,功不可没。时下有句时髦语为证:上班不如炒股,炒股不如买基金!

快乐的炒股，享受牛市的快乐

炒股快乐吗？回答是肯定的，要不为何有上亿的投资者扛着用钞票扎成的救生圈，奋不顾身地往股海里跳，去跌宕起伏的波浪里畅游，去享受冲浪般的快乐。

炒股痛苦吗？回答也是肯定的。有6 000多万投资者经历过漫长的熊市。有七成股民都处于亏损状态，于是才有了具有中国特色的"一赚二平七赔"的不公平的炒股公式。股民也自嘲为：苦不苦，想想赔钱二百五；累不累，炒股对不起下一辈。什么时候能把这被颠倒的公式再颠倒过来，中国股民难道就没有翻身的机会？岂料，霹雳一声震天响，中国迎来了大牛市。你选择炒股，你就选准了一生难求的大机遇，你就选择了快乐！尽管这新兴的市场还不太规范，还存在黑庄、黑嘴、黑哨、黑会和填不满的圈钱黑洞，但有一位诗人留下了这样的诗句："黑夜给我黑色的眼睛，我要用它去寻找光明。"成都的盲人钟旭先生因为炒股获得了光明，他不仅创造了财富，还收获了快乐。他说，盲人炒股与正常人相比非常不方便，盲人看不见K线图的变化，只能靠听证券类电视节目和广播。钟旭炒股不学盲人摸象。后来，他学会了用语音软件和证券软件结合炒股，基本能做到胸有成竹，他在3.8元的低价抓住泸州老窖，看到了明眼人都难发现的黑马。重庆的双下肢瘫痪的小贺，坐在轮椅上，用网上交易炒股，不仅能自食其力养活自己，还挣回了一套两室一厅的新房，重要的是,他在股市上找回了自信。作为健全人面对股市难道不应该像万科的老总王石一样,说一声:我能! 是的,你能! 炒股不需要高深的学问,只需要一种快乐的心态。面对涨跌,处之泰然,看准了趋势,便敢于下海。有位哲人说,把痛苦献给别人,把快乐留给自己。难怪,交易厅里以退休老头老太居多,这里成了老有所养老有所乐的场所。退休后,每天来股市报到,告别孤独,广交股友,无论输赢,聊聊天谈谈股都开心,加之炒股要做功课,开动脑筋研究报表,是治疗孤独症、抑郁症、老年痴呆症的良药。同时炒股风险自担,也大大锻炼了心理平衡的能力,真乃其乐无穷。而在一些中年上班一族眼里,炒股变成了一种艺术,使之超越了股市,超越了财富。

炒股当然有输有赢,关键看你如何面对。曾任美国总统的艾森豪威尔年轻的时候,一次晚饭后跟家人一起玩纸牌游戏,连续几次他都抓了很坏的牌,于是就变得很不高兴,老是抱怨。他妈妈对他说:“如果你要玩,就必须用你手中的牌玩下去,不管那些牌怎么样,人生也是如此,发牌的是上帝,不管怎样的牌你都必须拿着,你能!”多少年过去,艾森豪威尔一直牢记母亲的这句话,从未再对生活存在任何抱怨。相反,他总是以积极乐观的态度去迎接命运的每一次挑战。股市也是这样,面对着1 000多张牌,发牌的是上帝,选牌的却是你自己,且每一回合都要重新洗过。你可能选中带有大小王的“火箭”,也可能选中过不去的“小3”。因为你是凡胎肉眼,看不透底牌。要紧的是,你有多大的财力,就炒多少的股,你不要指望一夜暴富,更不必去羡慕别人从8 000元炒到1亿元的神话,那是神不是人,神是不快乐的。当然,你更不能闭着眼睛瞎选,那样就真成了盲人摸象,想快乐都快乐不起来。如果你想一直玩下去,不妨看看胜者玩的经验。香港第二大富豪李兆基在过去的两年从股市赚回了500亿,他选股的三大原则很简单:一选国家,他首选了经济高成长的中国;二选行业,他看中了保险、银行、能源、地产四大行业;三选这些行业的龙头,买进后无论大盘涨跌都胜券在握了。有一本美国人费舍写的书《怎样选择成长股》,能告诉你怎样选牌的真谛。投资大师巴菲特是这样评价这本书的:“运用费舍的技巧,可以彻底了解资本市场,有助一个人做出聪明的决定。”你是快乐的,你就是聪明的,面对同一个上帝,你就会像艾森豪威尔、巴菲特、李兆基那样能戴上"透视镜",看穿底牌,抓住最牛的成长股,不光去靠牌运了。

　　追求快乐,营造快乐,快乐地炒股,你一定会分享到牛市的快乐!

揭秘当前股市上涨的原动力

开户,开富! 向前,向钱! 沪市突破 4 000 点雄关以来,新股民开户数每天都在刷新上一天的记录。据中国登记结算公司的统计资料显示,单日新增 A 股开户数在最近连续 4 个交易日中均超过 20 万,四个交易日的新增开户总数超过 2005 年全年,其中 5 月 8 日,股市日新增开户数创出 36 万的新纪录。据统计,开户股民突破一亿大关。据估算,每天进入股市的资金达 900 亿之多。难怪,深沪股市叠创历史新高,而每当大盘快速回调,总有一双看不见的手,把大盘稳稳托起。这笔神秘的资金来自何方,又是谁在主宰着大盘的沉浮? 目前有一种观念认为,4 000 点以上行情的推动似乎来源于散户积极入市的资金和开放式基金、QFII、大的券商和封闭式投资基金。可从一季度公布的基金季报看,开放式基金在历史高位前裹足不前,14 家基金管理公司 96 只基金在一季度内全面减仓。其中,偏股型基金环比减仓 5.58 个百分点,为本轮行情启动以来单季最大减仓幅度,减持的对象主要是大盘蓝筹股。就在基金重仓股在大肆减仓时,股市热点却层出不穷,每天涨停的低价股、题材股都有数十只之多,难道是新入市的散户在推动四千之巅的行情吗? 回答是否定的,散户入市的资金虽然多,但因为散,各自为阵,根本无力推动大盘,更不用说坐庄了,充其量扮演一个跟风追涨的角色。大盘的起伏,让我们看清了另一双手——私募基金。"私"相对"公"而言,从来都是渺小的,能担当得起调控数万亿市值的使命吗？回答却是肯定的。在中国私有经济规模发展的今天，私募基金也在不断地壮大。据权威统计，目前深沪股市私募基金的规模已经超过了万亿，这笔资金足以在股市里掀起一波"九级浪"，更莫说制造局部热点来凝聚人气，稳定大盘了。然而，这笔巨资从何而来，又准备来股市里干些什么？据调查，私募资金主要来源于私有企业的闲置资金与民间资本，主要有以江浙游资为代表，譬如温州炒房团撤出的巨资。另外就是港台资金，通过在内地开的工厂、公司进入股市，其中以福建游资为代表。这从宁波、杭州、福建的一些证券营业部频频攀上交易龙虎榜就能发现蛛丝马迹。他们来股市的目的就是追求资本效益的最大化，说白一点就是赚取暴利。这些资金通过一些白色的或黑色的渠道，进入了一些资产管理公司、投资顾问公司和形形色色的咨询公司、证券公司的"精英工作室"等，其中有券商和银行协助运作。目前处在"悄悄地进村，打枪地不要"的阶段。因而，私募基金也是各种违规资金的温床和一些灰色资金的洗钱工具。那么，私募基金是如何募集的呢？首先，他们一般都打着中国的老虎基金和量子基金的旗号，有的私募基金管理人甚至就公然宣称：自己是中国的巴菲特、索罗斯。据报导，股神林园最近也成立了私募基金。其次，他们一般都有一个极高的投资收益作为诱惑，设定了一个保底收入，并上不封顶，最高的可以翻几倍。再次，他们一般都要拉上券商作为信用后台，使投资人感到资金有安全保障。私募基金的操作手法和特征：其一，百分之百主义。选准一只小市值股，然后拉升，快速翻番，作出赢利百分之百的示范，以吸引更多的资金加盟，像近期暴炒小盘 700 多只低价股翻番就是例证。其二是百分之三十主义。进行投资组合，作中长线投资，既坐庄又跟庄，达到年收益 30%左右。其三是百分之五主义。这多为超级短线，一般同著名股评家联手，在每周三大量吃进某只股票，在周四推荐给高级会员，周五收市后，由股评家在周六向全国媒体推荐，周一拉高后卖出，只要扣除手续费有 5%收益就出局，那些经股评家推荐后放巨量套散户的股票就是例证。

私募基金之所以获利能力强，主要是：①营运成本低，不上税，几个操盘手便能操纵一只股票；②信息来源准确可靠，多与券商和上市公司和著名股评家有关联，能获得第一手信息，没有信息就请枪手编一些动听的故事；③聚散灵活，打一枪，换一个地方，有"行商"性质，能从一个热点转换到

另外一个热点；④行为短期化，带过江龙性质，身轻如燕，进退自如，一旦整体出逃将给市场造成深幅下跌；⑤投资品种的多样化，由于私募基金是"全心全意"为客户服务，很多品种都是为客户量身订做的，品种的多元化也是为了分散风险的需要，甚至连一些亏损的 ST 股，也要炒上一把。

私募基金存在的风险：①政策风险。因暗箱操作，是政策监管"阳光照不到的角落"，容易被政策"探照灯"照射，是重点治理对象。②营运风险。基金管理人因操作失误，损失客户资产或不能达到客户收益而引发违约诉讼。③信用风险。基金管理自身素质和市场因素，引发融资链条断裂，而造成的股票强行平仓损失。④法律风险。基金管理人因恶意侵吞和损害客户资产而触犯法律，而客户把资金交给游离于法律体系之外的私募基金，得不到法律保障。⑤系统风险。若遇大盘像"2·27"、"5·30"那样的整体暴跌，也在劫难逃。

无疑，新股民推动说是真实的谎言。当前的市场，公募基金在且战且退，而私募基金却在题材股上步步紧逼。老股民因谨慎已提前下山，新股民却在山上放哨站岗。由于私募基金是游资性质，注定了是捞一票就想走，但因资金介入太深，上山容易下山难，只有往上拉一条路，吸引跟风的新股民高位接盘，让风险意识薄弱的新股民成为最后晚宴的盘中餐！新股民一定不要盲动，把"开户，开富"变成了"开户，开负"，把"向前，向钱"变成"向前，想钱"了！

牛市还能走多远

中国股市在经历了五月暴涨暴跌的洗礼后,对于今后的走势市场出现了重大分歧,一种观点认为,猛牛被印花税抬高绊倒,牛市已经结束了;另一种观点认为,回调只是牛回头,黄金十年的牛市格局依然未变。哲人说:"言者不知,知者不言。"针对上述观点,笔者索性做个知者敢言者,用事实来抽丝剥茧般地一一揭开谜底。

谜底之一:资产注入,使上市公司业绩大增。

突如一夜春风来,上市公司的业绩出人意料地增长:从已经公布的2006年年报看,上市公司业绩平均增长了43%,2007年一季报更是增长了73%,截至2007年6月8日,有360家上市公司发布了中报预增公告,其中增幅超过2 000%有华峰氨纶、舒卡股份、宏源证券等,让人怀疑是否老妪变少妇拉皮去皱地整过容。更让人意外的是,上市公司资产注入已成时尚,非公开定向增发如雨后春笋,以前增发大股东都向二级市场圈钱,棺材里伸出手——死要钱,而今却成了肥水不流外人田,高楼上抛钞票——活送钱。带着种种惊讶和疑问,笔者百思后得出迄今为止没有任何人提出或者说不敢提及的观点:上市公司的业绩变脸和资产注入是股改后全流通时代股权增值使然。其目的是,做大做强,提升股价,使准流通股和大非、小非大幅增值。

谜底之二：大股东以小搏大，四两拨千斤。

股改前，上市公司是不关心二级市场股价的，眼睁睁看着自家公司业绩一地鸡毛，股价跌得一塌糊涂而麻木不仁。而今却对二级市场股价备加关注，杭萧钢构顶着社会舆论的压力，不断地发利好公告，就是死撑着不想让已经翻了几倍的股价掉下来。原因是二级市场股价的波动关系到大股东手中拽着的大把大把的准流通股的市值。四两拨千斤，二级市场的股价就是无形的杠杆，股价上涨，手中有大量筹码的大股东能坐地日行八万里似的增值，并趁大小非解禁时高价沽售，一声吆喝能卖个好价——这便是谜底的核心关键词。我们以整体上市的明星股葛洲坝为例：倘若上市公司注入资产3亿元，而股价从3元涨到15元，翻了5倍，上市公司的市值增到了50亿元，典型的以小搏大，其杠杆效应非常惊人。上市公司必定会变着花样提升业绩，撬动二级市场股价。资产一经注入，10斤"牛肉"就变成了100斤甚至更多，你说划算不划算？

谜底之三：谁是当今股市最大的庄家？高送股高分红分进了谁的腰包？

股改后，上市公司成了慈善家，慷慨解囊，送股送红利的公司之多成为历年之最。人们通常认为当今股市的庄家不外乎是那些公募基金、私募基金、QFII、保险资金、券商、私商等资金雄厚的主儿。其实不然，坐庄之道，筹码为王，因为资金也是要换成筹码的呀！看一看谁手中的筹码更多且集中，非上市公司大股东莫属，流通筹码大约只占了1/10。大股东一不留神成了股市最大的庄家，股改后全流通给了大股东千载难逢的机会，基金等机构与其比起来真是小巫见大巫。股市又回到了无股不庄千股千庄的时代，国有股、法人股像睡狮在牢笼里锁了多年，一旦放出，必将使中国股市迎来翻天覆地的变化。业绩不行就不择手段拉郎配搞重组，这也是垃圾股能比肩绩优股的动因。未来的牛市，将又一次操纵在大股东手上。既然流通股东占比很小，大股东又何不愿意大比例送股分红呢？石砚纸业连续亏损,也要来个穷撑面子10送10股。一个口袋出一个口袋进,牛市中除权后又填权,使资产增值更多更快。

谜底之四:黄金十年只有黄金五年。

众多的市场人士认为本轮牛市要持续十年,故提出了黄金十年的响亮口号。笔者认为,尽量本轮牛市是因本币升值和经济增长助推的,但最大引擎是上市公司为资产增值而达到高价减持的目的而驱动的,故从2005年6月10日上证指数从千点起步到2010年7月结束。之所以这样判断,有以下几条理由:①由于全流通后大小非减持分三步走:第一年5%,第二年10%,第三年100%,从2006年5月大小非开始流通算起,实现百分百全流通最早必须在2008年。②2008年奥运盛会和2010年的上海世博会已经结束,所有的激情都会烟消云散。③上市公司高价全流通的目的已经达到,股价也攀上了云端,变现随心所欲没必要再去注入资产,为小股东抬轿。这就注定了未来的牛市只能持续五年,如果排除政策出重大利空,其极限高度在8 000点左右。尽管牛市的路还漫长,但其中的波幅是巨大的,而每一次大的波动之际,都是大小非减持的高峰之时,因为大股东一有机会减持都如开闸的洪水,是不遗余力的,绝不会留一半清醒留一半醉。即使像三一重工的高管承诺终身不售,但还是因股价太高太诱人而出售了。虽然,也有暂时不售的,但在新会计准则下,纸上富贵也让他们偷着乐。大小非完全解禁时,抛售将是疯狂的,有的民营公司甚至会抛光全部股权,卷起数十亿数百亿数千亿的资金离场。因为马克思曾说过:"只要有百分之三百的利润,总有人可能去冒杀头的风险。"上市公司面对十倍百倍的利润会不动心而去铤而走险吗?接最后一棒者,将被当头一棒,打得找不着方向。

揭示了上述谜底,也给广大投资者指明了投资方向,可以顺着上市公司的杠杆往上爬,去牛市中冲浪。既然,上市公司都为提升股价而奋力一搏,无疑,低价有资产注入和实质重组的公司的机会大于高价绩优股。资产注入,也可能成为注水的"牛肉",不过,"注水牛肉"虽然短斤少两,业绩作秀罢了,但无毒无害,挤干水分后一样地可以烹饪,照样有营养。我们何不大胆地饱餐一顿,去分享牛市的盛宴呢?

年年岁岁花相似,岁岁年年'股不同'

年年岁岁花相似,岁岁年年"股不同"。"5·19"作为中国股市的一个里程碑,成为了让人绕也绕不开的话题。

如果有人说,往前走,你能捡到钱,恐怕连鬼都不相信,能捡钱,为何自己不捡?

如果有人说,往前走,你能网到钱,恐怕信的人并不比鬼多。然而,1999年的"5·19"行情,让往前走,去买网络股,你能网住大钱的神话变为现实,恐怕不相信的人比鬼还少了。当年"5·19"行情,网络股一马当先,成为领涨的脱缰野马。龙腾马啸般跃上了云端。网络股连续逼空,综艺、海虹那涨停板的"红点点"极像一个个红苹果,让广大股民一"网"情深,垂涎欲滴。上市公司更是频频触网,无"网"而不胜。上证指数也从"5·19"时的1 057点起涨,不到一个月涨到了1 700点,大涨了70%,与眼下的行情何等地相似,都为中国股市添加了一道亮丽的风景。然而,时过境迁,同样的"5·19"却有了不同的诠释。相同的是"5·19"都是新一轮牛市的起点,不同的是牛市的性质发生了根本改变。下面,我们就来看看,同样的"5·19",各有各的什么不同:

一、宏观背景不同

1999年的"5·19"主要是受美国纳市网络股一飞冲天的影响,国内上市公司跟风一"网"情深，引发网络股暴涨，背景是由外向内的。眼下的"5·19"却是由内向外。首先是国民经济持续向好。其次是管理层旗帜鲜明，鼓励做多，为新牛市摇旗呐喊，为各路资金入市大开绿灯。再次，股权分置这个中国股市的老大难顽疾得到了根本改变，股改取得了阶段性胜利，标志着全流通时代的到来。第四，人民币本币增值，中国股市整体增质。第五，国际原油、黄金、有色金属价格一段时间以来持续上涨，且幅度较大，提升了国内相关上市公司业绩，从而引发新一轮牛市。

二、领涨板块不同

当年的"5·19"，领涨板块是网络股，上市公司纷纷触网，靠的是讲故事提升股价，泡沫成分极大，并不能提升上市公司业绩，结果是"网"事如烟，热得快散得也快故持续时间很短。眼下的"5·19"却是因为国际原油价格暴涨，其替代的新能源品种成为抢手货，也使相关的上市公司成为实打实的领涨板块，其涨幅之大令人叹为观止。据资料显示，一些龙头个股强者恒强，牛气冲天。像航天板块累计涨幅近 10 倍，而目前涨幅达到 5 倍的个股有山东黄金、中金黄金、宝钛股份、宏达股份等多家资源类个股；两市涨幅超过一倍的个股近 300 家，甚至连权证都能翻几倍，这种巨大的赚钱效应将在股市里蔓延开花。一些有业绩成长支撑跌破净资产的价值低估股和股改概念股将接过帅旗。

三、参与资金的性质不同

当年的"5·19"，参与的主要是中、小投资者，还有些为数不多的像德隆唐万新那样的土老财大庄，资金量小，攻击力偏弱。眼下的"5·19"参与的主力是开封闭似基金、社保基金、保险基金、券商、QFII、企业年金、私募基金和上市公司自有资金，个个都是大鳄，资金哄抬起股价来，能排山倒海。这从每天开户数和成交量就可见一斑，开户数平均每天超过 4 万，且机构开户数新高不断，成交量更是每日刷新天量，超过了 1999 年的"5·19"和 2002 年的"6·24"成交量之和，也显示了各路资金对未来牛市

的前瞻。

四、上市公司的股权结构不同

当年的"5·19"上市公司的股权是分置的，大股东一股独大，为所欲为，恶意圈钱，不关心二级市场股价，制假贩假严重，使大量的上市公司跌破净资产。眼下的"5·19"股权是分置问题得以解决，一方面法人治理结构得到了改变，随着股改的深入，私有化进程加快，大股东占用上市公司资产受到了制约，还清占用款正逐步落实，使上市公司业绩提升得到了保障。另一方面，通过股改对价后，全流通逐步实施，由于上市公司手握着大量的准流通股，成为了股市大庄，为使资产增值，也要关心二级市场股价，从而一心一意提高上市公司业绩，使股价整体重心上移。

五、攻击目标不同

当年的"5·19"行情由于资金性质所决定，持续时间短，以 2 000 点为攻击目标，惯性上升至 2 200 多点。本轮行情是冲着 2008 年奥运会召开和该年上市公司准流通股全流通这两大题材而来，故持续时间长，其量度升幅从 1 500 点算起，应该翻四倍达到 6 000 点左右，这并非痴人说梦，从历史上看，任何一个国家举办奥运都带来了股市的繁荣，奥运开幕之日也是股市的巅峰之时，再加上大股东要在 2008 年兑现非流通股，也要拉抬股价制造繁荣，其攻击目标便可想而知了。

如果有人说，往前走，去买股票你能赚到钱，恐怕没有人不相信了。当然股票有风险，牛市中也有大起大落，任何人盲目去买，即使在大牛市中也会买到教训。总之，中国股市从新的"5·19"开始"亮剑"，剑峰所指，所向披靡！

做股市渔人，不做股市愚人

　　猪年的股市真是"肥肥"，股指跃上葱茏四百旋，越过了四千点，个股更是肥上加膘，你追我赶。热点频繁，如走马灯似的变换，今天是参股券商板块，明天是新能源概念，后天是三G概念，再后天是金融板块，再再后天是权证一族。眼下，又成了股指期货大盘权重板块。连ST板块都不甘寂寞，翻了一番又一番。然而，一周变换五只帅旗，让跟风者晕头转向，追龙头追破了自己的头，大喊赚了指数不赚钱，短线难做。据收视率极高的东方财经主持人孟诚披露，他接到大量观众来信来电，称自己不是在牛市中亏了钱，就是只赚了小钱。其实，热点频繁短线难做的根本原因是由于前几年股市暴跌，让众多黑马群落进"陷马坑"，也使股民们学乖了，习惯熊市思维，不敢持股过夜，形成吃一口草就跑的炒作定势，使热点难以捕捉，赚钱不易。

　　这里有个渔夫捕鱼的掌故，就很值得我们借鉴。古时有个渔夫，是个打鱼高手，但他有个好高骛远的毛病，想一口吃个胖子，把海里值钱的鱼都捕入自家网里。一年春天，他听说市面上墨鱼价格走俏，便发誓此番出海只捕捞墨鱼。但是非常不幸，他网住的全是螃蟹，他只得扔进海里空手而归。岂料，回到岸上，他才得知市面上螃蟹价格最高。渔夫捶胸顿足后悔不已，发誓下次出海一定只打螃蟹。第二次出海，他把注意力放在螃蟹上，对发现的刀鱼群视而不见。不用说，这一次他又只能空手而归了。回到岸

上，又是出乎他所料，刀鱼走得极好。晚上，渔夫躺在床上，摸着饥饿难忍的肚皮后悔，于是他发毒誓：下次出海，无论是遇到螃蟹还是墨鱼、刀鱼他都要捕捞。第三次出海，老天还是不长眼，既没见墨鱼，又没见螃蟹和刀鱼，只见到一大群马哈鱼。于是，渔夫再一次饥寒交迫，失望而归……

渔人成了愚人。无疑渔夫没赶上第四次出海，便在自己的誓言中呜呼哀哉了。

上述故事，形象告诉我们盲目追逐热点的后果。资源类股驰宏锌锗飙涨起来了，去追，一追就被套。大盘银行股涨停了，割了手上套牢股又去追，一追又被套。资产注入概念升温，又换股去涨停板排队。封闭基金又涨停，又割又追。连 ST 股都连续涨停了，又慌忙火急地追，便又遇上 ST 连续跌停……乱追热点成为了重复犯错误，左右挨耳光，最后只落得个渔夫的下场。

其实，猪年的股市是有规律可寻的，那就是牛市中板块轮动。"临渊羡鱼，不如退而结网"，与其频追热点不如张网待收，在相对低位，选好自己看好的业绩无忧板块重仓介入，持股不动等待其升温，相信风水轮流转，明日到我家。回过头看，我们在低位买进的任何一只股票只要捕捉后持股至今，哪一只没翻倍？事实又一次证明：做股市渔人不做股市愚人，在牛市中就能捕到海明威笔下老人捕到的那样的大鱼。

和谐社会需要和谐的股市生态环境

生态环境是谈得较多的热门话题，和谐社会不仅需要良好的社会环境，而且需要良好的生态环境，当前，中国股市生态严重失衡，急需"生态治理"。5 月 30 日相关部门突然推出的提高印花税政策，由于先前在 5 月 22 日市场传出财政部将上调印花税以压制股市快速上涨的消息，当天，数家媒体在采访财政部时，有相关官员表示："近期没有听说要上调印花税。"经澄清后，市场继续平稳上涨，从 4 173 点一路涨至 5 月 29 日创下新高 4 335 点。但出乎意料的是，5 月 30 日深夜，财政部突然宣布，将印花税从 0.1%上调至 0.3%。旋即，大盘连续出现暴跌，投资者信心受到重创，市场恐慌性抛售超乎想象，股指几个交易日跌去近 900 点，有 600 多只个股跌幅近50%。数万亿市值蒸发，深沪股市人均账户缩水近 5 万元，用股灾来形容一点也不过分。应该说监管层推出此项措施本意在给过热的股市降温，并不为过，但投资者信心的崩溃，可以说是相关部门"出尔反尔"造成的。股市生态环境遭到破坏，成为和谐社会最不和谐的音符。中国股市要健康发展，笔者认为应该急需解决如下两方面的问题：

一、保持生态平衡

生态平衡是自然界的一种普遍现象。有道是一种动物猎食另一种动

物,同时又成全其生长,一物降一物,一物助一物,食物链一环紧扣一环,才使动植物的生存环境达到某种平衡。

股市也是一种生存状态,也需要一种生态平衡。股市中分有庄家和散户两大群体,庄家猎食散户,散户为了逃生也变得很精很强,并反过来从庄家口里夺食。灭了庄家,股市也就没有了生气,散户也就会自生自灭。种种迹象都表明,这次暴跌,一批炒题材的私募基金损失惨重,大伤元气。因而,股市里的庄家很受伤,能勉强生存下来的,也面临食物(资金)短缺的窘境。因而,股市里的散户也失去赚钱效应。如何改变证券市场的生态环境,这里有个狼医生的故事值得我们借鉴:

美国的一个原始森林有一群狼和一群鹿,由于狼经常吃鹿,引起了人的不满。为了保护鹿,人就把狼消灭了,人认为这下鹿就保住了,鹿群会越来越壮大。岂料,几年以后,鹿由于没有狼的追赶,危机感消失,吃饱就躺在草地上休息晒太阳,结果变得很懒,鹿变得越来越胖,胖鹿成了脂肪肝、冠心病、高血压、糖尿病患者,导致英年早逝,鹿群自然越来越少,眼看着要绝种了。于是,人给鹿请来了医生,打抗生素,喂减肥药,都无可救药。只得请各路专家来会诊,生物学家一针见血指出,鹿唯一的医生就是狼,要从根本上医治鹿的病,只有请狼医生重回森林。于是,人重新买了狼放进森林。狼出于本性要吃鹿,鹿就得拼命地跑,这一跑,鹿得到了锻炼,鹿群狼群都壮大起来。自然界就这样奇妙,一物降一物,在互相的蚕食和竞争中,共同生存繁衍下去。

如果我们把股市里的庄家比喻为狼,把散户比喻为鹿,那么,上述故事中狼和鹿的生存链就给了我们深刻的启示。灭了狼,鹿也面临生存危机。眼下的股市,在用了诸多利好都难使信心恢复时,是不是应该从生态环境上找找原因,从资金供给入手,请各类庄家回来,特别是扩大开放式基金的发行规模,请QFII、保险基金、企业年金、私幕基金等资金干净的长庄、大庄入市,多种渠道扩大资金供应量。尽管这些庄们要猎食一些散户,但对广大散户的生存还是利大于弊的。

二、重大政策出台，应提高透明度

既然 5 月 30 日的"午夜凶铃"造成了如此严重的后果，涉及到政府形象。针对印花税上调前后有关部门的言行不一，中国人民银行副行长吴晓灵在天津举行的"2007 中国企业国际融资洽谈会"上称，"中国政府从来没有出尔反尔，只是个别官员违反纪律，这并不能代表政府"。她表示，中国政府对股市采取行动，意图是让股市健康长远地发展。吴晓灵讲话恢复了投资者信心，被市场视为利好，当日股市出现大幅反弹。既然是个别官员违反纪律，并引发了严重的后果，就应该启动首长问责制，追究当事人行政责任，给广大投资者一个交代，还政府诚信的形象。我们的政府在老百姓心中树立了非常好的形象，备受人民爱戴，不会因个别官员的失策而失去信用。同时，重大政策出台前应征求市场各方的意见，并推行新闻发言人制度，不能搞突然袭击，引起市场巨幅波动。譬如在增收资本利得税的传闻的问题上，相关权威部门应正面辟谣澄清，而不要闪烁其辞，故意举起高悬的利剑而动摇市场信心。因为政策的一丁点儿"风吹"，都会引起股市大面积的"草动"，股市的暴跌暴涨，是管理者和投资者都不愿看到的。因为今天的股市已经不是以前的股市，开户数超过一亿，它关系到千千万万个家庭，既然是买者自负，就应尽量减少人为干预。

中国股市只有从生态上得以全面治理，既要看见树木，又要呵护森林，才能融入和谐社会主旋律，变不和谐音符为和谐音符。

因为我不骗你，所以你爱我

　　十年前听了湖北证券老总一次证券知识演讲，从此，我便拿出写书和编电视剧的稿费投身股市，成为了第一代股民。当看到湖北证券在《中国证券报》刊出的招聘经纪人启事后，我又跃跃欲试，放下"作家"的架子，面对考官，我只说了一句话：说到不如做到！

　　作为经纪人，必须面对客人，我该制造一个什么样的"磁场"去吸引他们呢？"你要推销产品，首先要拥有能推销自己的资本。"为了快速获取资本，我在一周内写了六篇证券方面的文章，因视点独特，很快便相继发表了。有了资本，先前的股友们便开始要推荐股票。我向他们推荐了刚发表的对比分析行业领头羊的科学方法，为他们选出了清华同方、深发展、深万科等个股。他们尝到甜头，自愿转来了湖北证券。

　　名声传了出去，我原来证券部的一位大户舒白先生耳闻，找到我要试试"水性"。舒先生有个外号叫"风水先生"。他是在该部炒深科技、东大阿派、新大洲起家的，可谓该部的"铁杆股民"，也是他们短线交易量的"摇钱树"。我也知道"撼山易，撼老舒难"。但我更明白，倘若搬动了这块"顽石"，我不就有了实现自我价值的"杠杆"了吗？一个多好的不花钱的广告。

　　我先请他来湖证参观硬件设施，给他介绍湖证的人文精神，潜移默化地对他进行"洗脑"。他开始动摇了，采取了一种往空中抛硬币的极端方式来决定去留。他对我说："我炒股是为了赚钱。你给我选两只股票，如果一周内有 20%的升幅,我就服了你,下决心过来。"钱币抛向空中,也给我出了一道"哥德巴赫猜想"似的难题,这无疑是一次自我能力的挑战,一次硬斗硬的心理较量。我思索着:当时资产重组股在疯涨,一周可能轻松飙升20%。但那不可靠,弄不好自己的信誉也会随那些"空中楼阁"一起坍塌。选什么呢? 新基金刚刚上市,筹码分散,我从成交回报上发现散户都在抛,换手如此之大,是谁在买? 一连串的问号使我看清了超级机构那双无形的手。另外,时逢新股齐鲁石化挂牌,三毛钱的利润,只有 5%的涨幅。我联想到手法同当年西藏明珠开盘时主力压低吃货,然后连续拉抬如出一辙,便立马打电话叫老舒大胆吃进这两只票。翌日,资产重组股高台跳水,可新基金和齐鲁石化却独领风骚,连续两个涨停。

事实感动了舒先生。他马上邀了两位股友,去撤销指定交易。该证券部震惊了,经理五次找他婉言相留,并许愿送电脑,送远程交易系统。老舒却说:"君子一言,驷马难追。人家说到做到了,我不去不行。"临别时,据说双方都热泪盈眶。这场实力悬殊的竞争中,什么力量占了上风,明眼人不言而喻。传销中有句非常有煽动性的口号,"因为我爱你,所以我骗你",我却要说:"因为我不骗你,所以你爱我。"

作为中国第一代证券经纪人,我们的同事也有些担心:人家会不会把我们当诱饵,费了九牛二虎之力把客户争来,三个月试用期一满,就把我们"扫地出门"。我认为那是杞人忧天,只要你自己不是"滥竽",是一个忠诚事业,具有独特见解和创意的人,任何行业都会张开求贤若渴的怀抱,倘若真的明珠暗投,被扫将出门,那企业失去的不仅是财富。千军易得,一将难求,当时湖北证券的成功,不正是以人为本精神的结果? 只有不断地制造"人才旋涡",把优秀的人才卷进来,才能在竞争中永远立于不败之地。

加息，难以阻挡牛市的步伐

　　山雨欲来风满楼，加息，加息声声急！中国人民银行决定自 2007 年 3 月 18 日起上调金融机构人民币存贷款基准利率。金融机构一年期存款基准利率上调 0.27 个百分点，由现行的 2.52% 提高到 2.79%；加息的利空使上证指数向 3 000 点发起总攻时却忘而却步。日元加息引起了全球股市的大动荡，倘若人民币加息，会不会使动荡加剧？时逢此时，罗杰斯也大肆唱空中国股市，乌云盖顶，风雨交加，3 000 点会不会成为不可越逾顶峰呢？不，回答是否定的！

　　笔者在去年"5·19"曾在《中国证券报》和《证券导刊》撰文，大胆提出，中国股市从"5·19"开始亮剑，剑锋所指 3 000 点，如今 3 000 点已兵临城下，故再次预测 3 000 点将被攻克，成为新起点，特提出加息难以阻挡牛市步伐的五条理由：

　　(1)高层领导讲话给股市吃了定心丸。从温家宝总理的答记者问，到央行行长、证监会主席两会期间针对股市的讲话，再从全国人大财经委副主任、原证监会主席周正庆"当前我国资本市场出现重大转折，从持续低迷转向持续、稳定、健康发展，要珍惜这一来之不易的局面，不存在严重泡沫"的肺腑之言来看，高层从来没有像现在一样对股市的关注和呵护。

　　(2)股改后上市公司的质量大幅度提高。从已经公布年报的上市公司来看，平均业绩比去年提高了 67.6%，分红送股比例比去年提高 9.2%。同时,大股东恶意圈大大收敛,以前上市公司配股、增发都是向二级市场伸手的,股改后却是定向增发,大股东以资产注入的方式,向上市公司提供优质资产,可以说基石比以往任何时候都夯得更牢。

(3)入市资金的步伐加快。进入猪年,尽管指数从单边上升市演变成大幅波动市,但还是难以阻挡新资金加快入市的脚步,请看:仅3月6日一天,投资者开户数就达到42万,创出历史新高,其中基金开户数达到33万,基金成为排队都买不到的抢手货,眼下更是要凭摇号才能买到,可见新资金入市的热情有多高。

(4)加息只是撒点"胡椒面"。央行加息,顶多也不过0.27,如同象征性地撒点"胡椒面",调调CPI增高的味,因为加高了,会导致人民币增值加快,吸引国际套利资金,这同股市的收益相比真是微乎其微。故加息不会使已搬进股市的资金再搬回银行。加息可能导致大盘回调,但影响有限,从美国股市看,牛市中,加息了7次,每次加息回调后,都上了一个台阶。加一次息创一个新高。

(5)绩优蓝筹股将卷土重来。刚刚结束的两会,通过了企业所得税法,使得以金融为首的蓝筹股受益最大。从盘面看率先调整的蓝筹股已经企稳,有再起一波之势。加之刚刚计入指数的中国平安预告了业绩大增50%的消息,平安在股本大增的前提下,短时间业绩同步大增,已显示出高成长的大蓝筹领头羊的风范。时下,参与券商、银行、期货的个股炒得如火如荼,该股却集保险、银行、期货、证券、信托多宠于一身,不炒都不行。加之平安上市时,正逢股市大跌,目前只高出发行价40%,正是新基金建仓的首选,从盘口看,由于换手不充分,大机构正压低股价吃货,一旦建仓完毕,将引领大盘冲关夺隘。

短线操作十条铁律

炒股是一种风险很大但收益很高的功夫,但不像瑜伽功一样人人一学即会,特别是短线操作,被喻为刀口舐血,要制定铁的纪律。然而,说难也难,说不难也不难,其实它就在我们身边,下面就让我们来看看贴近生活中的短线操作十条铁律:

第一条:快进快出。这多少有点像我们用微波炉热菜,放进去加热后立即端出,倘时间长了,不仅要热煳菜,弄不好还要烧坏盛菜的器皿。原本想快进短炒结果长期被套是败招,即使被套也要遵循铁律而快出。

第二条:短线要抓领头羊。这跟放羊密切相关了,领头羊往西跑,你不能向东。领头羊上山,你不能跳崖。抓不住领头羊,逮二头羊也不错。地产领头羊万科涨停了,买进绿景地产收益可能也获利不菲,铁律是不要去追尾羊,去买 ST 中房,不仅跑得慢,还可能掉队。

第三条:上涨时加码,下跌时减磅。这同每天我们都在骑的自行车道理一样,上坡时,用尽全力猛踩,一松劲就可能倒地;下坡时,紧握刹车,安全第一。铁律是一旦刹车失灵,要弃车保人,否则撞上汽车就危险大了。

第四条:再烂的股票如果连续下跌了 50%后都可抢反弹。这好比我们乘过山车,从山顶落到山谷,由于惯性总会上冲一段距离。遭遇重大利空被腰斩的股票,不管基本面多差,都有 20%的反弹。铁律是,不能热恋,反弹到阻力平台或填补了两个跳空缺口后要果断下车。

第五条：牛市中不要小觑冷门股。这就像体育竞技中的足球赛，强队不一定能胜弱队，爆冷时常发生，因为球是圆的，中国足球队在亚洲杯打平即出线时，被爆冷淘汰。牛市中的大黑马哪一只不是从冷门股里跑出来的？铁律是不要相中"红牌冷门股"，这样有可能被罚下场。

第六条：买进股票下跌 8%应坚决止损。这是我们从下中国象棋中得到的启示，下棋看 7 步，在被动局面时，一定要丢"卒"保"车"，保住了资金才有翻盘的可能。铁律是止损时主要针对规避系统性风险。不适应技术性回调，因为小"卒"过河，胜过十"车"。

第七条：高位三连阴时卖出，低位红三兵时买进。这如同每天必看的天气预报，阴线乌云弥漫，暴雨将至；阳线三阳开泰，艳阳高照。铁律是庄家将用此骗钱洗盘或下跌中继，应结合个股基本信息甄别。

第八条：大盘暴跌时逆行的股票。这无疑像海边游泳，只有退潮时，才能看清谁在裸泳。裸者有两种可能：一种是穿了昂贵的"隐身衣"，一种是真没钱买裤衩。铁律是逆市飘红有可能是大资金扛顶，后市大涨；也有可能是庄家诱多拉高出货，关键看是否补跌。

第九条：敢于买涨停板股票。追涨停之所以被称为敢死队，是要胆略和冒险的。这如同徒手攀岩，很危险，一脚踩空便成自由落体。当登上了山峰，便会一览众山小，财富增值极快。因为只要涨停被封死，随后还有涨停。铁律是在连续涨停被打开前，一定不要松手，松手就前功尽弃。

第十条：买入跌停板被巨量打开的股票。巨量跌停，被大单快速掀开，应毫不犹豫杀进。这如同我们在夜空中看焰火，先是由绿变红，再一飞冲天。巨量下一般都能从跌停到涨停，当日有 20%宰获。铁律是美丽的焰火，很快成过眼烟云，翌日集合竞价时立马抛空。

以上十条铁律是用最通俗的生活常知，诠释了复杂的短线技巧，广大投资者切忌生搬硬套，应根据自己的实战经验，灵活操作。

调整市道操作"八字方针"

作为本轮牛市的"吹牛"者,作为价值投资的最早的倡导者,笔者相信牛市尚未走完,但再猛的牛也不可能一条胡同走到黑,正如毛主席他老人家所言:牛市也是曲折的波浪似螺旋上升,不管你愿不愿意承认,毋庸置疑,本轮牛市周期的高点已凸现,山顶滑坡式大调整随时都可能发生。近期,监管层出台了《市场操纵认定办法》、《内幕交易认定办法》,左右开弓,双峰贯耳。加之,扩容高潮涌起,港股直通启动,H股红筹股回归,新的"金矿开挖许可证"还在继续发放,由建行、北京商业银行发行。为了挖到金子,谁还顾及"股市生态环境"。新股发行要钱,增发要钱,可转换债券要钱,大小非减持要钱,海外兵团还乡要钱。

神仙打架,百姓遭殃,中小投资者应该清醒地认识到,自己永远都是这个市场的弱者,永远都是各方利益角逐的牺牲者,面对当前风险大于收益的投资"生态环境",不要成为别人的盘中餐或被利用的工具。面对即将到来的调整,笔者特提出调整市道操作的"八字方针":

保: 本轮牛市从千点起步,已持续两年多,股指也上摸了5400点,涨幅巨大,获利盘惊人。如何保住胜利成果就成了重中之重,落袋为安,不啻为最佳选择,不要拿已到手的利润去买昂贵的"过山车"的门票,在玩了一次上天入地的心跳后,两手空空,把两年多的盈利玩完。

退: 面对调整,撤退有时是最好的进攻,满仓面对跌势,市值缩水很快,一两天工夫就会被风干,如果实在想过炒瘾,就先退出本金,拿出部分利润玩玩短线,即使面对暴跌也不会伤筋动骨。知险者退,乃大智慧也! 退一步海阔天空。

忍:忍字当前,就是不要盲目进场抢反弹,因为趋势一旦形成,就有很大的惯性。5 · 30后大多数中小散户亏钱,就是看到题材股有两三个跌停后去抢反弹,结果被深套,教训深刻当立此为照,别在下跌中途去同机构"换岗"。对于5 · 30后手中套得较深的股票,只要上市公司没有预亏、预警,跌幅已深,没有再次暴炒过的应忍痛持有,打"持久战",时间会疗治所有的伤痛。

减:面对系统风险,重仓者应逢盘中反弹,择高点果断减仓,减仓如同减肥没有决心和忍心是难以奏效的。对于已经炒高的股票,不要抱任何可能再摸双顶的幻想,因为庄家去意坚定,只要有接盘,不会发善心,对恶庄股应止损避险。

躲:惹不起躲得起,对于被留在山顶的高价100元股、200元股,应坚决不碰,再不要去为翻了几番大面额增值的高价"冥币"买单,当"冤死鬼"。即使有N个跌停也不要去玩火, 对基金重仓且近期暴炒过的品种也要加倍提防。

观:这既是观望的观,又是观赏的观。空仓者要守得住寂寞观望。对于高耸入云的庄股要心平气和观赏,庄家因高度控盘且价高难沽,出不了货会自拉自唱,暴跌时可能逆市飞扬。你一定要做到黄鹤楼上看翻船,千万不要下海救人,股海中下水救人,淹死的必定是会水的救人者。

抓:套牢者要抓住每一次机会抢反弹,做"T+0",买入手中持有的套牢股票,在反弹中当日卖出,降低成本。要记住调整市道中,任何一次反弹都是下跌抵抗,昙花一现,在花开花谢之前,提前走人。

止:这不是止损的止,而是制止的止。面对乱采乱伐,内幕交易,操纵市场,恶意圈钱和机构坐庄行为。中国股民不要老是只会用脚比谁的腿长,应该具有"环保意识",和"节能减排行动",大家都要举起森林般的手——制止!

带着"放大镜"看年报

　　放大镜之所以能以小看大，以点看面，是因其聚焦的光学功能。上市公司年报整版整版的数据，让人头皮发麻，这就需要挖掘一些"聚焦点"。年报是上市公司业绩和成长性最重要的参照系，每一个投资者都应十分关注。英国投资大师理查德·科尔就有一套对比分析上市公司年报的独特方法，往往能从枯燥的数据中发现金矿。怎样看年报？一般投资者大都只看每股收益、净资产收益率、主营业务利润三大指标。这不免流于表象，更深层次的东西蕴藏在其他数据中。笔者根据科尔的经验和自己的实践，总结出一套浓缩年报精华的方法，将精确计算和客观的、系统的对比分析结合起来，来决定投资取向。我所运用的指标主要有成长性、盈利能力、安全性、营运能力等四个方面。这里，我将其运用到家电产业的格力、美的、海尔三巨头上，与投资表共同参照对比。

　　成长性——主营业务收入增长是基础，主营业务利润增长是保证，净利润增长是结果。主营业务收入同比增长：格力78.82%，美的33.43%，海尔46.07%，三公司都高于25%，属高成长企业。主营业务利润同比增长：格力46.37%，美的0%，海尔31.28%。净利润同比增长：格力54.22%，美的32.4%，海尔1.43%。从以上信息不难看出，格力保持了股本扩张后的稳步增长，净利润增长极佳，美的增长势头强劲，资产注入后，已有不俗表现。值得注意的是，海尔后两项为低增长，就应引起企业的高度重视。

赢利能力——净资产收益率:格力 13.03%,美的 14.51%,海尔 5.34%。格力、美的都很高,且有持续性,海尔相对低一些,这恐怕跟新兼并企业尚未产生效益有关。总资产报酬率:格力 15.56%,美的 6.47%,海尔 6.94%。格力比美的、海尔高出许多,这可用其市场占有率较高来解释。主营业务收入利润率:格力 19.40%,美的 5.86%,海尔 7.52%。该项指标也称毛利率(科尔、巴菲特非常看重此指标),毛利越高,企业竞争能力就越强,格力因生产规模较大和成本较低的因素,优势明显,特别是能抵御市场再次降价的风险。美的、海尔就应加强市场规模及成本核算。

安全性——股东权益比:格力 53.46%,美的 29.55%,海尔 41.93%。流动比率:格力 1.85,美的 1.32,海尔 1.39。速动比率:格力 1.40,美的 0.50,海尔 0.85。股东权益同负债成反比,负债过高,企业安全受影响,安全无负债也表明企业没有好项目,发展将走下坡路。最佳流动比率为 2,速动比率为 1,也称银行家比率。从这三项指标看,三家公司负债结构都较合理,安全性可靠,其中格力稍优。

营运能力——应收账款周转率:格力 11.52,美的 1.34,海尔 24.00。应收账款周转越快,企业就越能进入良性循环。海尔最快,这跟其现代营销机制有关,从该公司可以随时拿出资金收购兼并其他企业就可见一斑。美的周转速度较慢,应即时诊断其因。存货周转率:格力 5.00,美的 3.07,海尔 4.86。库存越少越好,周转越快越佳。这一项三公司相当,存货正常,发展良好。流动资产周转率:格力 1.26,美的 1.61,海尔 2.09。这一项,海尔、美的优于格力,这跟格力股本扩张过大,进入相对成熟期有关,也表明格力面临挑战,产品面临升级选择。

综上分析,这三家公司都可谓高成长公司,但各自又存在着优势和距离。格力正处在成熟期,美的已进入壮年期,海尔正步入青春期。今后各公司研制的新产品"制高点",将决定各自在市场中所占领的阵地。投资者也可根据这一方法,举一反三,对自己关注的行业进行对比分析,从而制定出最佳的投资决策。正如弗兰克·盖恩所说:"只有看到别人看不见的事物的人,才能做到别人做不到的事情。"

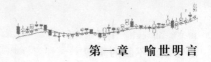

他山之石，可以攻玉

——美国股市启示录

　　全球最大的证券中心，纽约证交所总裁格拉索访华，受到国家最高领导人的会见，给中国平静的股市掀起了波澜。格拉索用他那高屋建瓴的眼光，看好中国股市，他那句"更好的还在后面"，让中国的投资者感到了欣慰。走在前面的美国股市已有百年历史。中国股市从 20 世纪 90 年代初算起，也只有十来年。百年的"老大哥"都看好"小弟弟"，我们还有什么理由不对中国的股市充满信心？当然，中国的股市还很嫩，有时还很脆弱，这就更需要吸取养料，取他人之长，补自己之短。他山之石，可以攻玉。美国股市走过的轨迹，就是我们最好的借鉴。下面我用美国之石——20 世纪90 年代的走势，来攻我们的玉——看对我们有哪些深刻的启示。

启示之一：资本高扩张，股指稳步扬

　　道琼斯工业指数，从 20 世纪 90 年代初的 3 000 点，攀上了 2007 年最新的 1 万多点高峰，涨了 4 倍，且规模成倍扩大。这期间尽管有波动，但最终还是站在了"一览众山小"的巅峰。美国经济平均增长 3%，中国经济平均增长 10%以上，不难看出，中国股市未能充当中国经济增长的"晴雨表"。究其因：中国股市的规模还很小，人均收入也很低。美国投资者占人口 40%左右，中国投资者只占人口 7%左右。因而，扩容就成了股市必然经历的

"发育期",是资本市场的使然,一旦形成双向的良性扩容,中国股市的潜力就不可限量。

启示之二:投资大于投机,付出将有回报

我们时常在问:为什么一个新兴的股市,赔钱者大于赚钱者?投机风大于投资风?一个成熟的股市恰恰相反。我们也耳闻某某美国老太太,20世纪30年代买了几手可口可乐股票,如今成了百万富翁的传奇。如果在17年前买进的美国股票,17年后平均增长了400%,而存入银行的收益在70%左右。难怪股市上有句俗语:"美国人在股市中赚汽车洋房,中国人在股市中赚大豆高粱。"一个投机风太盛的市场,就难以摆脱几家欢乐几家愁的格局,亏损的多为中小投资者。因此,理性的中长线投资尤为重要,试想倘若在几年前买入每年30%~50%增长的万科地产,现在不照样有了汽车洋房了吗?好在中国的投资基金已经"开元",理性的投资将得到最大的回报。

启示之三:高成长必然伴随高收益

高成长,这是股市中最有诱惑力的口号。可美国的高成长公司并不是纸上谈兵,只在财务报表上下工夫。17年来,巴菲特的伯克希尔公司的股票从每股80美元涨到了12 000美元,可口可乐从9美元涨到了97美元,最惊人的微软从6美元涨到148美元,他们都是有高业绩作为支撑。比尔·盖茨在成为世界首富的同时,也给投资者带来了丰厚的收益。这种现代"马太效应"给我们的启示是:巴菲特有不断探索金矿的非凡慧眼;微软有把"魔手"伸向每一台电脑的雄心;可口可乐有让全球大众清凉爽口,回味无穷的魅力,中国有最为广阔的市场,上市公司不去占领谁去占领?万科地产在占领了半壁江山后,有没有敢于冲出国门的勇气?海尔的名声能不能响彻欧美?上市公司收了股东的钱,能不能实实在在地给股东高收益,诞生几个巴菲特、比尔·盖茨?

格拉索在上海证券交易所视察时说:"当投资者对前景感到乐观时,那

将是个牛市；而当投资者对前景感到悲观时，未来将是熊市，我本人对中国经济，对中国证券市场的前景相当乐观。"他大胆的预见并非客套话。新一届政府对未来的经济是乐观的，也给广大投资者以信心。中国的股市充满了生机，将日臻成熟。

炼就一双火眼金睛

　　股市下跌，加强投资者教育的呼声又高涨起来，好像投资者买股票有什么错。其实，错的不是投资者，而是这个市场信息还不对称，还不规范，还存在假货。这些年，假货无孔不入，央视《每周质量报告》曾经披露出救命的人血白蛋白和狂犬病疫苗都造假的消息。当然，投资领域也不会是一片净土。一个新兴的股市，免不了消息满天飞，虚假信息也必然混杂其中，困扰着广大投资者。

　　中国股坛历来有"消息市"之说，即使在信息十分透明的今天，"消息"也没有因此而休息。在股市交易厅内外，都流传着一个永恒的主题，那就是各种各样的"内幕消息"："某某庄已大举进入某某股"；"某某股庄家目标位某某元"；"某某券商又借某某股壳上市"；"某某上市公司正准备整体上市"，"某某股正在资产重组"，"某某股参与券商、期货"；"这消息绝对可靠，你自己买吧，千万不要告诉别人"。你咬我的耳朵，我传你的热线，进行着一对一的"单线联系"。美国微软正准备收购某某软件公司，甚至连美国辉瑞公司投资 5 亿美元收购某某医药那样的消息都一棒接一棒地传出来了，好像股市离开了"万艾可"壮阳，就雄不起了，可见消息之厉害。

　　"消息"来自哪里？有的来源于某个上市公司，因大股东想提升股价就弄个题材玩玩；有的来源于海外媒体，政策面上的动向，一般他们都

能先知先觉；有的来源于庄家的操盘手，他们在喝多了茅台酒后，有时也会吐出真言；有的来源于股民本身，他们自己重仓持有某只股被套后，就传给他人，想别人为自己抬轿；有的来源于证券咨询公司的内部传真，特别是那些大师级，具备指哪只股哪只股就涨停功能的更是传播焦点。什么庄股揭秘、黑马批发站、与庄共舞、牛股工作室、操盘手真情告白……免费的"消息大餐"你随便用。然而，醉翁之意不在酒，有可靠消息称：有的庄家为了配合其出货，往往会有意无意"泄露消息"。营造氛围，烘云托月，狂拉股价，在消息的烟幕弹下，股价一翻再翻，垒起了一座座人造险峰。然而，结果同有些消息大相径庭，空穴来风，重组或资产注入原来是海市蜃楼，沙峰轰然坍下，股价从天上回到人间。消息灵通的庄家恐怕早已逃之夭夭，一些被动跟风的中小散户因不懂技术分析，或看不到趋势改变，止损意识不强等等，被套在高位欣赏无限风光。近年股民结构发生了变化，许多下岗职工因有空闲参加进来。一方面他们因企业不景气而下岗，另一方面却捧出自己或亲友的积蓄来股市再就业，同时也想赚回点基本工资。要求不高，动机很纯，即使割肉还要每每交印花税去充实国库。由于他们资金有限，买不起那些高价贵族庄股，只能买一些便宜股而成为本轮暴跌的最受伤者，他们何错之有？人家输了钱，买者自负，你还把投机的屎盆子扣在他们头上，是不是心太狠了太不人道了？看着他们被套还死盯着大盘，企盼着利好消息降临的神态，真让人为之动颜。

消费者买了假货，还可以找消费者协会投诉。还有个"3·15"权益日。被虚假信息误导，你找谁投诉？上亿的股民也没听说有什么协会。信息摸不着，也没有技术监督局为你鉴定。保护中小投资者也成了消灭散户的掩护词，中国股市任何时候都没有保护过散户，散户永远都处在任人屠宰的地位。中国香港、印度、泰国等股市高了再高，没有人出来指手画脚，更莫说打压，政府除了呵护还是呵护，那才叫保护。因而，散户也只有自己保护自己，既然你投诉无门，不如加强自我防范，交了昂贵的学费，可以换来自身的免疫力；应吸取教训自我教育，多听正道消息，调整心态，认真研究公司基本面和上市公司的公开信息，加强投资理论和技术分析学习，炼就识别虚假信息的火眼金睛，不信风，不传风，不煽风，不跟风，掌握投资和投机的尺度。读懂股市的"每周质量报告"。我相信,经过股市大起大落的洗礼,善良的投资者会逐渐走向成熟,反败为胜成为牛市中的赢家。

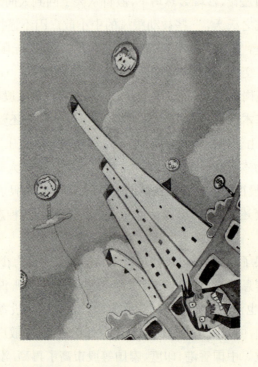

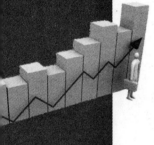

第二章
警世通言

牛市中依然存在的六大风险

2007 年 5 月 30 日，熟睡的股民一夜醒来，好梦犹在，突然得知夜里财政部决定调整证券（股票）交易印花税税率，由现行 1‰调整为 3‰。当日，上证指数暴跌了近 300 点，两市近 800 只股票跌停，刷新了中国股市几项之最，也给全国股民上了一场血与泪写就的风险课。风险，这熊市中讲得最多的字眼，几乎被牛市的"眼罩"蒙住了，尤其是刚入市的新手，不知道股市风险有多大。其实，牛市中依然存在风险，让我们来看看牛市中存在着哪些风险。

（1）业绩风险。上市公司的业绩，永远是股市中的试金石。在牛市消灭低价股的口号声中，一大批亏损股已不再低价，草鸡被美化成了凤凰，那些没有实质性重组，没有新项目投资的股票，要面临中报、季报试金石的检验。请看：曾经风光一时的大唐电信，因业绩从预盈到预亏，当日毫不留情地被跌停。再看：深市第一家整体上市 TCL 集团，因连续三年亏损，光荣戴上 ST 帽子已无悬念。2007 年一季度，已经有 21 家*ST 股票因连续亏损而光荣退市。像浏阳花炮，多年来虚构业绩，放赢利"礼花"，很容易炸伤投资者。牛市中不问青红皂白的炒题材，一不小心就会踩上年报地雷，风险也就不请自来。

（2）扩容风险。随着中信银行 A+H 新股发行的启动，市场迎来了又一轮大扩容高峰，交通银行 H 股回归 A 股。同时，香港红筹股回归 A 股大幕已经拉开，数十家 IPO 申请已经过会，6 月份大小非解禁数额近千亿。不尽圈钱滚滚来，也会闪一下牛市的腰。

(3)流言风险。相信中国股民很长一段时间都难忘证券市场 2007 年"2·27"、"5·30"那样的大轰炸，上证指数盘几乎跌停，委实给股民上了一堂震耳欲聋的风险教育课。导致那场暴跌的"导火绳"却是源于一则股市要征收资本利得税的谣言，而眼下什么券商借壳、整体上市、境外大合同的谣言不绝于耳。你信还是不信，只能像抛硬币一样地撞大运，风险不言而喻。

(4)监管风险。随着市场转暖，各路资金都逐利涌进股市，一些违规资金也趁火而入，必然引来监管的重拳。证监会对杭萧钢构、三普药业涉嫌存在违法违规行为立案调查。随着监管部门对上市公司违规违纪行为的查处和操纵股价联手坐庄打击力度的加大，个股的风险也随之加大。5 月 30 日财政部官员先是辟谣，后在夜里宣布提高印花税，杀伤了投资者信心，使原本不算什么利空的风险放大了十倍。大量个股连续 4 天跌停，使盲目杀跌者损失惨重。

(5)道德风险。牛市并不能一俊遮百丑，像近期闹得沸沸扬扬的杭萧钢构事件、广发证券借壳延边公路上市涉嫌内幕交易事件，相关当事人被移交司法机关处理，SST 天颐信息披露存在重大违规事件，天发集团董事长龚家龙，因涉嫌经济犯罪，被公安机关立案侦查事件，中国武夷前董事长落马，三九医药、S 沪科技等 17 家公司大股东侵占上市公司巨款，被中国证监会立案稽查事件等等来看，道德风险没有因股改而减少，还需随时随地提防。

(6)交易故障风险：股市火暴，成交量数倍放大，暴露出券商硬件设备老化弊端。交易中堵单，电话委托占线，网上交易故障，银证转账不畅等成了投资者投诉最多的烦心事，特别是在股市暴涨暴跌时交易因故障而给投资者带来巨大损失。最近，重庆一位王姓投资者因电话委托失误，把一家证券公司告上法庭，重庆市沙坪坝区法院判王先生胜诉，券商只好赔王先生 4 500 元。

股市中有句俗语："新股民胆大骑龙骑虎，老股民胆小骑鸡屁股。"这就是风险意识的区别，借用一句"你不理财，财不理你"的名句，你不理风

险，风险可要修理你！而作为政策制定者，要拉住犟牛，但不能打断"牛腿"，譬如像推出资本利得税那样不得人心致股市于死地的政策。否则股市低迷了，数万亿资产蒸发，受伤的不仅是广大中小投资者，最终伤害的是国家经济。

居安思危，牛市中也不能忽视的"五大隐忧"

风险教育，常抓不懈。最近，证监会主席尚福林再次呼吁："随着股指的上涨，风险在积累，再次提醒股民，股市有风险，入市须谨慎。"尚福林表示，股市运行中不可避免会出现波动，针对当前发展阶段性特征，参与各方包括证监会都必须保持清醒头脑，防范市场风险是长期艰巨的任务。居安思危，牛市中也存在着诸多风险，中小投资者在高空操作更应该牢记安全第一的原则，系好双保险的"安全带"。笔者经过独立思考，洞察出当前股市存在着不能忽视的"五大隐忧"。

隐忧之一：坐庄之风有所抬头

股指持续攀升，有的个股如同一个庄股竞技，正在玩股价谁比谁高的博傻游戏，百元股、两百元股你追我赶，让我们回想起 5 · 19 行情终结前网络股拉升浪最后的疯狂。说到庄股我们不得不提到前身是 ST 的涨了近 50 倍的两市第一高价股。应该说，笔者跟上市公司无冤无仇，也打心眼里希望中国造船业的兴旺和崛起，不该拿该股说事，但这只庄股太有典型意义了，又不得不拿出来举例。什么是庄股，就是庄家通吃筹码后完全控盘，锁仓后空拉股价用纸上富贵来提升净值。在香港，什么叫仙股？不是因为价格低，而是因为成交量极小，交易者甚少的股票。我们就来静观这只高

价庄股的表现：200多元的股价，买卖盘上显示一手两手，有时十多分钟没有一股成交，全天成交多的也只有几千手。可以说1000手就可以把股价打到跌停，同样1000手也可拉至涨停。广大投资者没有任何人参与，完全是庄家右手倒左手的魔术表演，也成了真正的"仙股"。庄家把股价推高为的啥？并不是这只股票值这个价，要买来当藏品，而是要把这只比黄金还贵，比火炭还烫手的山芋倒腾给你，赚取盆满钵满的白花银子。然而，机构坐庄，拿的是广大基民的钱，他们一点也不心痛。毫无疑问，由于大量的基民拥入，迫使持有资金的机构在市场里陷得很深，只有探险高攀一条绝路。但不要忘了，从以往的经验来看，高度持仓操纵股价，市场一旦趋势发生变化，基民觉醒后引发续回潮，也能使庄家资金断裂，从而引发庄股倒下。

隐忧之二：政策"紧气"，猛牛气数将尽

"戴花要戴大红花，炒股要听党的话。"这不只是一句时髦的口号，而是经市场反复验证了的至理名言。在中国股市尚未走出政策市的今天，任何利益团体和个人，别拿政策不当"领导"。我们来看看，最近政策发出了什么信号：先是有港股直通车即将推出；紧接着证监会又推出了《市场操纵认定办法》和《内幕交易认定办法》，且制定了非常细的条款，对内幕交易和操纵市场恶意坐庄行为进行威慑，下一步将进入取证立案阶段，坐庄违法者将无路可逃。9月17日晚，中国证监会网站同时公布了六项涉及并购重组和非公开发行的法规，业界人士认为其"充分表明了证券监管部门打击虚假信息披露和内幕交易等违法犯罪行为、保护投资者合法权益、维护资本市场健康稳定运行的决心"。这六项法规分别是：《上市公司重大资产重组管理办法（征求意见稿）》《关于规范上市公司信息披露和相关各方行为的通知》《关于在发行审核委员会中设立上市公司并购重组审核委员会的决定》《中国证券监督管理委员会上市公司并购重组审核委员会工作规程》《上市公司非公开发行股票实施细则》和《公开发行证券的公司信息披露内容与格式准则第25号——上市公司非公开发行股票预案和发行情况报告书》。央行进行了年内第五次加息，第一次加息时，笔者曾在《证券时报》发表了《加息，难以阻挡牛市步伐》一文，认为加息只是胡椒面，而现在五次加

息,且最近一次只相隔了 25 天,已经不再是胡椒面,而是辣椒面了。按照央行行长周小川的承诺年底将使利率达到正利率,到时那就不是辣椒面而是有大泻功能的巴豆粉了。连续加息将提高上市公司经营成本,特别是对地产、银行的负面效应,将滞后逐渐体现。加之,2 000 亿元特别国债面向社会直接发行,随着紧缩流动性的"紧箍咒"越收越紧,支撑资金推动型高企股价的资金将捉襟见肘。政策的"紧气",将使猛牛"做眼"活棋的机会越来越小。

■ 隐忧之三:大扩容如钱江潮涌

钱塘潮之所以被称为天下奇观,是因为钱塘江口的杭州湾是个"大喇叭口",潮水从远方以排山倒海之势涌进狭小的河道,潮头涌起,如峰嶂峻峙,百马嘶立。而眼下中国股市扩容高潮比钱江潮更汹涌。9 月 11 日,北京银行 IPO 冻结近 1.9 万亿元申购资金,刷新了中国远洋创下的 1.6 万亿元的记录。紧接着建行也宣布 9 月 16 日启动网上申购,冻结资金 2.26 万亿再创历史新高。这还不算,神华集团、中海油服相继招股,中石油回归也近在咫尺。盘子一只比一只大,股价一个比一个高,而最令人意外的是,原计划 H 股先行的太保集团,在此时公告宣布改变计划将于 A 股 IPO,对市场资金面又将形成一大冲击。潮水涌来,不知有多少资金要被卷走?面对股市扩容潮,投资者唯一能避险的,就是站在高处,远离海岸,观潮起潮落。

■ 隐忧之四:大小非高价减持

大小非减持一直是大家不太留意的隐形杀手。这也是被称为风险之最的获利盘风险。由于大小非持有的股份成本非常低,有的只有 1 元钱甚至几毛钱,而流通股炒到几十元,上百元甚至两百多元。大小非持有也跟所有贪婪的投资者一样,有了新高,还看更高,期望值巨大。一旦股市逆转便不计成本止盈。5·30 时大多数个股跌幅超过 50%,形成了在熊市中都难看到的十米高台跳水比赛,那正是大小非疯狂出货的即兴表演。然

而，相关统计数据显示，2007年四季度可流通大小非市值将创历史之最，达到5 992亿元，远远超过2007年上半年非流通股减持量。大小非不断解禁同大盘获利盘巨增一样，无疑形成了一个不断累积的"蓄水桶"，当某一天某一块木板短缺时，跳水是躲不掉的。

隐忧之五：央企分红，分走的不止是一杯羹

　　央企作为上市公司绩优大盘的蓝筹群体，由于其权重和基金重仓，在中国证券市场举足轻重，这个群体盈利能力相对较好，但分红一直是个老大难，每年的利润能拿出30%给投资者分红都谢天谢地了。然而，蛋糕不大，现在又有人出来要切走一大块。2007年9月13日公布的《国务院关于试行国有资本经营预算的意见》首次明确了国有资本经营预算的收支范围。其中，国有资本收益主要包括：国有独资企业按规定上缴国家的利润，国有控股、参股企业国有股权（股份）获得的股利、股息，企业国有产权（含国有股份）转让收入，国有独资企业清算收入（扣除清算费用），以及国有控股、参股企业国有股权（股份）分享的公司清算收入（扣除清算费用）等。通俗的说，国有企业的赢利，应按比例向国家分红，当然也包括国有上市公司。无须过多解释，这将抽走国有上市公司一部分利润，大盘蓝筹权重群体赢利打折，分红更少便成了板上钉钉的事实，而分走的不止是一杯羹而是一碗羹。那些炒高至200多元，100多元的"国字头"基金重仓股，将拿什么来支撑股价？在崇尚价值投资的今天，价值回归就成了唯一归途。

　　"日中则昃，月满则亏。"世界上没有只涨不跌的股市，也没有只赚不赔的投资者。上述五条隐忧，应引起中小投资者足够注意，从而进行冷静而理性的投资抉择。

风险教育,机构投资者必须补上的一课

伴随着牛市向纵深发展, 数以千万计的新投资者涌入证券市场, 5.30以前新股民由于没经历过熊市, 不知道风险是何物。个别投资者甚至出现抵押房产炒股、拿养老钱炒股的情况。新投资者他们普遍缺乏投资经验与投资专业知识, 投资风险意识不强。有的投资者误将权证当股票投资, 结果几十万元最终变成废纸, 损失惨重, 有的抱有"买到股票就赚钞票"的幼稚心态, 有的对投资的公司股票情况一无所知, 就靠听小道消息炒股; 市场上居然流行起了"死了都不卖", "就算深套也不卖, 不等到暴涨不痛快"等炒股歌歌词。当时警示性金牌一道道传下, 面对投资者风险教育的紧迫性, 有的人充耳不闻, 结果5·30闪电打下, 让他们受教育很深, 感到了切肤之痛。然而, 风险教育不是只针对中小散户, 机构投资者补上风险教育这一课也十分重要。笔者曾读过一本斯蒂芬·韦恩斯的《绝境与生机——市场动荡、风险与机遇》, 这是一本专门针对机构讲述股市风险的书。机构忽视股市风险, 其危害远大于中小散户。我们以前身是ST重机的两市第一高价股为例, 220元的股价被股评家认为是牛市的标杆。果真是无风险的标杆吗? 220元的股价, 按船舶业最高市盈率30倍算, 上市公司要完成每股业绩7.3元, 且每股每年必须拿出5元现金分红。这一切上市公司做得到吗? 还是价值洼地, 牛市标杆吗? 毫无疑问那只是一条看上去非常豪华的泰坦尼克号。机构狂拉股价, 不外乎有如下动机:大小非高价减持;上

市公司高价增发股票；基金做高净值。而风险呢？一则是让证券市场坐庄之风蔓延；二则是让百元股遍地开花，市盈率无限提升；三则是股海沉船时最终让广大基民的钱打水漂。

开展机构投资者教育工作，更深远的意义在于，培养机构投资者主动学习金融知识的意识，这是我国资本市场走向成熟市场的内在要求。不过，进行机构投资者教育工作，不能流于空洞和口号式宣传的模式，更不能采取出利空打压股市让机构投资者亏损的教育方式。

机构投资者教育工作将力求体现四个特点：一是开展机构投资者教育有利于提高投资者的素质，保护投资者的利益。通过证券知识、法律法规等多方面的教育，将促使投资者提高素质，使投资者树立正确的投资理念和风险意识，掌握必要的法律知识，有利于提高投资者运用法律手段自觉地维护自身合法权益的能力，丢掉坐庄的陋习，进而更好地维护投资者的利益。二是开展机构投资者教育，有利于增强机构投资者的信心，促进证券市场的发展。证券市场的基石是上市公司，没有高质量的上市公司，证券市场就缺少发展的基础。机构投资者是证券市场的主力，如果机构投资者没有信心，不参与证券市场的投资，证券市场一样不能健康地发展。通过开展机构投资者教育，能够使投资者开阔视野，全面地认识证券市场，树立正确的投资理念，正确地认识证券市场的风险，将增强投资者的信心，促使投资者理性投资，证券市场将吸引更多的投资者长久持续地参与证券市场，推进证券市场的健康发展。三是开展机构投资者教育，有利于防范和化解市场风险。机构投资者教育的重要内容之一就是帮助机构投资者树立风险意识，了解证券市场的风险，增强防范风险和承受风险的能力，培养理性投资，不要以为手里有钱就是大王，减少盲目坐庄拉抬个股投资风险。同时，开展机构投资者教育，还有利于减少和化解道德风险，那种相互锁仓后，空拉股价是一种操纵市场的严重违法行为。四是在教育内容上，要侧重对股票、集合理财等新产品、新知识，以及融资融券、股指期货、权证创投等新业务的普及和教育，尤其要向广大机构投资者讲清楚股票、集合理财产品等与储蓄、债券等其他投资工具之间的差异，向机构投资者提示其中蕴涵的风险。

在落实上，机构投资者教育方面国外有许多成功经验值得借鉴：海外

　　成熟市场为了提高投资者风险意识,出台了多种措施进行机构投资者风险教育,如美国全美证券交易商协会(NASD)几年前设立了投资者教育基金,帮助教育投资者提高风险防范意识;香港证监会从 2007 年 5 月份起推出了一个关于投资者教育的电台节目,配合以"投资风险你要知"为主题的系列教育活动,这档名为《投资必修科》的电台节目在雷霆 881 商业一台播出,每周播放一集,每集 30 分钟,旨在提高公众的投资风险意识。该节目的内容涵盖投资热门话题,如新股认购及结构性产品等,市场专业人士及证监会代表将在节目中提供投资意见。港交所也一直致力推广投资者教育工作,近年来还举办了大量的投资者教育讲座。有海外投资专家认为,国内投资机构应帮助客户进行多元化投资,以规避风险。为了更好地对机构投资者进行风险教育,香港积金局两年前还排印了一本小册子,叫《择金有术》,公开派与市民作投资参考,介绍不同投资品种特色。其中经典的八大心法颇有实用价值:制订长远投资目标、设计相应投资组合;评估风险承受程度、挑选不同种类股票;留意基金收费条款、精明决定投资回报;强调长线投资,勿只着眼短期市况;全面制订整体财务计划等。这些方法深入浅出,通俗易记。

　　机构投资者只有补上风险教育这一课,才能在证券市场中如鱼得水的生存下去。否则,又会回到以资金说话坐庄的老路上去,忽视风险,德隆就是你们最好的教材!

如何识别股市形形色色的"老千术"

"老千术"是证券市场常见的骗术,为了让投资者能识别股市形形色色的"老千术",有必要将这些骗术公之于众,让投资者从这些典型案例中引以为戒,从而加强对陷阱的防范。

【案例一】邮件、短信骗术

【案情】英国一家网络安全公司近日称,公司技术人员在过去 24 小时内侦察到大约 5 亿份炒作一家公司股票的垃圾邮件通过互联网发出,使这一时段的垃圾邮件数量激增 30%。这是他们发现的历史上最大规模股票欺诈邮件案例。这些邮件企图"忽悠"网民投资购买一家名为黄金时段便利店(PrimeTimeStoresInc)的美国上市公司股票。邮件里含有诸如"抓紧时间,股票现在开始狂涨"之类的语句。法新社报道说,欺诈邮件制造者一般大肆炒作某些公司的股票,然后在该公司股价上涨后将股票抛出,赚取大量钱财。报道说,黄金时段便利店公司的股票价格一天之内飙升 30%,庄家在一周内顺利出局,后发现是庄家制造的骗局。涂先生近日手机不断收到一条短信,称立即买入新能源黑马赣能股份,绝对内幕消息:公司出资 3 亿元与华基光电能源发展有限公司及华基光电能源控股有限公司共同设立合营公司以开发"赣能光伏产业园",公司占合营公司注册资本 75%。

项目公司规划总投资约 12 亿元,项目全部建成后的生产规模为十条非晶硅薄膜光电板生产线,年产能 50MW。股价将赶超天威保变。涂先生先没在意,后来无意中看到天威保变股价已 80 多元,而赣能才 14 元,差价如此诱人,于是在 13.6 元买入一万股。岂料,涂先生买入后,公司突然中期预亏,同时又发澄清公告。赣能股价一泻千里,从 14 元多跌到 6 元,庄家成功出逃,而涂先生深套后被迫割肉。受到这条短信愚弄的不止涂先生一个,全国有数以万计的投资者中了招。

【点评】利用内幕和虚假信息从事证券交易活动,也构成内幕交易。许多人认为,自己不属于《证券法》第 74 条规定的证券交易内幕信息的知情人,不会涉及内幕交易问题。其实,非法获取内幕信息的人包括的范围很广,采用各种不正当手段获取内幕信息的人,基本上都在其中。比如,某上市公司董事会秘书将内幕信息泄露给李某,那么,李某就是非法获取内幕信息的人员。此外,采用邮件、短信透露所谓内幕信息的人,也属于这一类人员。部分投资者热衷于到处打听内幕信息并以所谓的内幕信息来进行证券交易,特别容易上当。

▌【案例二】利用他人账户进行证券交易

【案情】某公司毗邻上市公司杭萧钢构,在得到即将有安哥拉大合同的内幕信息后,利用多个个人股东账户和以个人名义开的资金账户买卖"杭萧钢构",牟取暴利,后被查处。中国证监会认定,该公司的行为违反了《证券法》第 80 条"禁止法人非法利用他人账户从事证券交易"的规定,构成了《证券法》第 208 条"法人以他人名义设立账户或者利用他人账户买卖证券"的行为。中国证监会依法对该公司作出了没收违法所得并处罚款、对相关人员给予警告并处罚款的决定,严重违法的移交司法机关处理。

【点评】利用他人账户进行证券交易是违法行为,投资者应当以实名证券账户进行证券交易。证券账户包括股东账户和资金账户。非法利用他人账户,是严重扰乱证券市场管理秩序的行为,这一般分为两类:一类是个人非法利用他人账户;另一类是法人非法利用他人账户。个人非法利用他人账户,主要表现为借用他人身份证开户买卖证券。此类账户为个人非实

名账户,必须清理、规范。法人非法利用他人账户,是我国《证券法》禁止的行为。法人非法利用他人账户从事证券交易,法人出借自己或者他人的证券账户,将会受到法律的严厉制裁。

【案例三】挪用公款炒股,炒进铁窗

【案情】2006 年以来,股市红红火火。卖房炒股者有之,贷款炒股者有之,更有甚者,冒着犯罪坐牢的风险,挪用公款炒股。建设银行襄城支行员工王毅就因挪用公款 530 万元炒股,东窗事发,被襄城检察机关刑事拘留。据知情人士介绍,现年 28 岁的王毅是建设银行襄城支行一线工作人员(在低柜区负责代发工资业务),平时工作比较勤奋,也比较低调,和同事们的关系也不错。据王毅的同事介绍,春节后,王毅上了一两天班后就不见踪影。案发前,他们都没听说王毅炒股。对其挪用公款炒股,同事们都感到意外。直到检察机关来查账,才知道他因炒股而挪用了银行资金。

【点评】挪用公款入市本身就涉嫌违法犯罪。根据《刑法》第 384 条规定,挪用公款罪是指国家工作人员利用职务上的便利,挪用公款归个人使用,进行非法活动的,或者挪用公款数额较大、进行营利活动的,或者挪用公款数额较大、超过三个月未还的行为。挪用公款入市很容易触犯这一规定,导致未赚钱先违法的隐患,甚至给自己的人生带来不良影响。事实上,因挪用公款炒股被判刑者并不鲜见。

【案例四】福州天威的弥天大谎

【案情】福州陈先生是个老股民,2006 年,他成为厦门中泰的会员。一个月前,厦门中泰突然"蒸发"了。"中泰太不厚道了,发布了虚假消息,害我亏了 20 多万。"陈先生在网上发起声讨联盟。加入这个联盟的受害股民已有数十人,除本省的外,江苏、四川等地也有。这些股民多的亏了 30 多万,少的也有几万。这些股民是怎么受骗的?据受害股民介绍,厦门中泰每天会在其网站上发布所谓的"中泰内参"(也称中泰基金内参),这些股票消息在国内几个主要的股票论坛都可以找到。一旦有人在他们网站上留了言,中泰就开始了无休无止的游说,用每月的高收益来"吸引"散户成为会员。

加入中泰的入会费是 3 000 元,这只是第一笔"学费"。此时,中泰的业务员又开始进一步的游说,让会员缴纳更多的钱来成为他们的核心客户。中泰宣称,核心会员与他们合作炒股,包赚不亏,获利后二八分成。结果,受不了诱惑的会员,钱是越交越多,资产却越来越少。

凭借发布一些"内幕消息",一些股民以及中泰的会员据此买入股票,但当上市公司发布消息澄清后,股票随之大跌,股民只好忍痛清仓。江苏的一股民就表示,被中泰骗入会,先交了 3 000 元入会费。今年初,他买了中泰推荐的股,一个月就损失 10 多万。

【点评】根据福建省证监局披露的消息,目前辖区内只有一家机构具有证券咨询资格,其余的机构从事证券活动,均为非法。很显然,福州天威没有证券咨询资格,开办中泰网站,涉嫌从事非法证券活动,蒙骗投资者。投资者一定要识别真假李逵,避免上非法证券咨询机构的当。

【案例五】海外上市为幌子,当心掉入深海

【案情】从 2007 年年初起,马沈公司以金世纪公司将在美国上市为名,开始向社会上不特定自然人以 0.15—0.90 美元每股的价格出售金世纪公司股份。其出售股份方式有两种:一是马沈公司的委托投资人(马沈公司前身是四川金蚂蚁有限公司,以投资者出资认养蚂蚁,高额回报为幌子,吸收了不少所谓的"委托投资人")可以将投资款转换成金世纪公司的股份;二是自然人直接认购金世纪公司股份。到案发日,马沈公司已代理买卖金世纪公司股份达 4 000 万元人民币,使大量投资者受骗后血本无归。目前,涉案当事人已被公安机关刑拘。据公安部门调查,金世纪公司是由马沈公司的两个股东马泓和沈毅及其家属出资在美国注册的一家空壳公司,然后金世纪公司又出资收购了马沈公司,使马沈公司成为其全资子公司。经证监会证实,金世纪公司并未获准在中国境内公开发行股票。

【点评】金世纪公司涉嫌违反《证券法》第 10 条有关"未经依法核准,任何单位和个人不得公开发行证券",寻找股权托管中心进行股票托管禁止性规定,构成了《证券法》第 188 条规定的非法公开发行证券的行为。且由

于非法公开发行证券金额巨大,涉嫌构成《刑法》第179条规定的擅自发行股票罪。而投资者买卖股票只能在依法设立的证券交易所进行,在非法设立的场所或机构进行股票买卖是不受法律保护的。

【案例六】委托理财 委"脱"你财

【案情】股市火热,于某和彭某由于公务缠身,没时间炒股,就与福州某证券营业部在马江证券服务部订立股票交易代理协议,并在该部开立资金账户。后因于某和彭某因工作变动离开福州,委托该营业部一员工代理其买卖股票,但约定重大操作应事先通报于某和彭某,并及时提供对账单。当时,股票和资金余额为106万多元。该员工接受委托后,在操作期间多次进行重大操作甚至违规操作均未通报,并且未依约提供对账单。于某和彭某在外地发现其交易密码已被修改,自己未被告知,查不到股票和资金余额。原来,其账户资产账面损失高达61万元。据了解,上述客户是营业部该员工开发的客户,原来他们私人关系不错,客户将交易密码告知该员工。在未留客户任何书面委托凭证情况下,该员工认为私人关系很好,因此替该客户操作买卖股票。由于判断失误,导致投资损失。该员工又急于挽回损失,频繁操作,导致客户损失的进一步加大。在客户提出索赔时,已无力赔偿。

【点评】《证券法》第142条规定,证券公司不得接受投资者的全权委托。此外,客户也不得私下授权给证券公司的员工以决定证券买卖、选择证券种类、决定买卖数量或者买卖价格的权利,否则,客户和证券公司就都要承担因此而产生的后果。

【案例七】海外原始股,老套子套新人

【案情】2007年4月,恒迪公司以即将在英国AIM市场上市为幌子,以现金交易的方式公开劝诱投资者认购自然人翟某持有的恒迪公司股权。为使非法交易披上合法外衣,以逃避监管和打击,德阳、南充分公司采取先由恒迪公司股东大会决议授权,自然人翟某再行委托的方式大肆从事非法

股权场外转让交易。据不完全统计，德阳市有 17 人购买了 4.4 万股恒迪公司股份，涉及资金 18.26 万元；绵阳市 173 人购买了 63.7 万股，涉及资金 226 万元；南充市投资者购买了 8.2 万股，涉及资金 34.4 万元。上述情况被群众举报后，德阳、南充等地公安、工商部门立即展开了联合检查，责令恒迪公司停业整顿。公安、工商和证监部门正对该起非法股权场外交易案作进一步调查。无疑，如此老套子又套住一批人。

【点评】这些"海外上市"企业所进行的股权转让实际上并不规范。由于法律法规的限制，这些公司往往采取将众多投资者挂靠在大股东名下的做法进行转让，唯一的凭证就是公司发给投资者的股权证。而法律界人士指出，按照法律规定，股权转让是否有效要以股权登记机关的登记为准。并且要通过到工商管理部门进行股权变更，进入股东名册，才能成为公司的股东，享受公司股东的权利。仅凭公司股权证来确认股东身份，实质上相当于向不特定公众募集股份，属于法律所禁止的私募行为，而这些"股东"的权益也是得不到保证的。

【案例八】名为"美国基金"实为传销

【案情】购买美国麦肯基金，每 100 美元为一手。投入 100 美元到 1 000 美元，每手每天获得 30 元人民币的回报；投入 1 000 美元到 3 000 美元，每手每天获得 35 元人民币；投入 3 000 美元到 5 000 美元，每手每天获得 40 元人民币。近段时间，在正规基金热销的同时，一些神秘的"地下基金"也在通过网络销售。这些号称来自国外投资集团的"基金"，果真如其所宣传的那样，能让投资人坐享高额红利吗？安徽合肥市民王信和在网友的介绍下，接触到了一种号称来自美国的"麦肯基金"。"项目好，收益高，风险大"，这是网友对"麦肯基金"特点的概括。经过一段时间的考虑，王信和按照"麦肯基金"网站上的要求，注册成为会员，开始将钱汇到介绍人指定的账户上。起初，他还只是尝试小额投资。没过几天，他在基金网站上的账户里果然开始有了收益。尝到"甜头"后，王信和把投资麦肯基金赚大钱的消息转告了自己的家人和亲戚。王信和的父亲把股票提现后转而购买"麦肯基金"，他的叔叔和身边的一些朋友也逐渐成为会员。全家人一共投入了

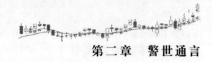

6万多块钱。然而,正当他们准备大收获时,"麦田"却遭了蝗灾。"麦肯基金"的网站不好进了,到后来就彻底打不开了。王信和及其他会员们的投资一下子被海外"蝗虫"吃光。

【点评】买卖不合法的海外基金,其实是变相传销的一种方式,不受法律保护。投资者一旦被骗,将颗粒无收,无法去海外追讨。非法基金买不得,贪小便宜要吃大亏。

【案例九】网上炒股,小心"黑客大盗"

【案情】上海计算机病毒防范服务中心和江民软件的反病毒专家发出紧急预警:面对股市新一轮投资热潮,股民进行网上证券交易时,要严防"黑客"利用"证券大盗"等病毒来"操盘",并积极采取措施,规避风险。据介绍,"证券大盗"是一种木马病毒,该木马可以盗取多家证券交易系统的交易账户和密码,被盗号的股民账户存在被人恶意操纵的可能。专家介绍,该病毒可能造成的危害在于:黑客可以恶意操纵被盗的股票,将某高价股票高买低卖,然后使用自己的账户将同一股票低买高卖,赚取中间的差价,给被盗账号的股民带来巨大的损失。武汉股民万某,在网吧网上交易时,账号和密码被盗,账户中的股票被黑客卖出,而买入认沽权证,损失惨重。

【点评】专家认为,利用互联网进行证券交易的股民应积极使用网络安全产品,并在上网时开启病毒实时监控系统,以防受到病毒攻击。现在正处于一个全民炒股的热潮中,不过投资者在炒股的过程中切莫忘了安全的重要性,对于病毒、间谍软件和垃圾邮件的防护不能放松,因为如果炒股的电脑被黑客或恶意攻击者控制的话,类似股票账号、银行账号之类的个人隐私信息将会受到安全威胁。最近,据安全厂商监测,有的垃圾邮件发送者正在通过在垃圾邮件中包含恶意代码链接来控制用户的电脑。

【案例十】不知权证为何物,30万元一夜变废纸

【案情】炒股仅一个月的李女士误将首创权证当做普通股票,在行权交

易日过期之后还懵懂不知,待发现时,30万元5.7万股首创认沽权证全部化为乌有。真可谓初生牛犊不怕股,一生积蓄全赔光。2007年4月16日下午2时许李女士在家里上网委托认购,她在银河证券黄寺证券部认购了30万元首创权证5.7万股。炒股的朋友告诉她不要买太高的股票,她一看当时价格是5.33元,觉得挺便宜的,又是首创这个大公司,所以就花了30多万满仓买入。李女士说,买了第二天,这只股票就一直停盘,之后她多次给银河证券黄寺公司打电话咨询,对方只是说:看公告,23日认购。结果到23日还没有开盘,24日一大早打开电脑一看,就什么都没有了。30万元一夜变废纸,甚至连废纸都没有。

【点评】牛市中更要有风险意识,不识认沽权证为何物胡乱买,当然一无所有。李女士承认,自己从来没有对股票公司做过任何了解,连买的是什么性质的股票都不清楚,对一般买股票的风险也不知道。包括新股民在内的不少投资者,都被暴利冲昏头脑,光看到别人赚钱多少,而忘记了自身的风险,即可悲又可怜。

【案例十一】抵押房产炒股,后患无穷

【案情】杭州市民陈先生看到资本市场这么红火,同事同学买股票买基金都赚得盆满钵满,他禁不住心里痒痒,便想到了贷款炒股。他的如意算盘打得很好,在股市里,一年收益按保守估计15%算,除去6.12%的贷款利率,还有近9%的收益。如果点子准,收益还可能翻番。陈先生将两年前通过按揭总价80万元买了城西的一套三居室住房,现市场评估价已值110万元,根据银行的加按揭业务,这多出来的30万元,可以申请最高7成的消费贷款。因此陈先生便在按揭银行申请了加按揭业务,贷了6成的消费贷款18万元。但是,让陈先生想不到的是,他出师不利,刚涉足股市就不太顺利。18万资金转眼就亏了30%左右,现在面对每月的高额的银行贷款本息,陈先生感到力不从心,每日紧张地关注股市涨涨跌跌也让陈先生心力交瘁,炒股并没有像他事先想象那样稳赚不赔,有时不仅赔钱,也可能赔房子。

【点评】抵押贷款的风险同样存在。在相对成熟的资本市场,投资者一

般都根据自己的财力决定投资金额，以赌的心态去博弈的人不多。但是，在我国当下股市行情火暴的时候，一些人将自己的房产抵押贷款入市，这种做法首先就为政策所不允许。银监会日前发布的《关于进一步防范银行业金融机构与证券公司业务往来相关风险的通知》，禁止信贷资金被挪用入市。由于这类投资者往往带着豪赌的心态入市，抗风险能力弱，一旦遇到行情调整，哪怕短暂的调整都可能给其带来亏损。最高人民法院通过了《最高人民法院关于执行设定抵押房屋的规定》，第一条就规定："对于被执行人所有的已经依法设定抵押的房屋，人民法院可以查封，并可以根据抵押权人的申请，依法拍卖、变卖或者抵债。"这就意味着，抵押贷款者的房产即使是"生活所必需的居住房屋"，也不再享有任何"特权"，很可能因失去房产而露宿街头。

【案例十二】QQ群炒股，聊天也有价

【案情】带头大哥777，开了70个QQ群，入群费少则3 000元多则28 000元，敛财1 300多万。带头大哥有何神奇，让如此多的投资者趋之若鹜，甘愿上当？因为就是他有指哪只股哪只涨停的本领。那我们就来看看QQ是如何作弊的。

核心骗术就是通过修改电脑的时间来作弊！这点在QQ群上非常有用，这点也是他们骗人入会即所谓一推荐就涨停的证据"聊天记录"！所有骗人的QQ群都有这样一个特点，那就是不让群里的股友说话，谁要是说了就把谁给踢出QQ群，为什么要这样做？其奥秘就是为了防止群里的股民用自己电脑上的时间来与他所发的QQ信息作时间对比！这样一来，他们就可以肆无忌惮地在QQ群信息发送时间上作弊了。有了这一前提，他们所发的信息就能做到"一推荐后马上就拉到涨停"的假象来！只要把电脑的时间向后一改，当天深沪股市里的涨停板股票，都成了他推荐的了！

【点评】利用QQ群推荐股票，其实就是众人拾柴火焰高。譬如带头大哥777，开了70个QQ群，就可以控制3 000多个会员，假设每一个人的资金额是10万，那就意味着群主可以间接控制3亿的资金量，这不是一个小数！倘若各QQ群一起炒一只股，涨停概率就十分大，故让指哪只哪只涨

停成为可能。《证券法》规定"未经依法核准,任何单位和个人不得非法经营证券",因而,带头大哥777因非法经营罪被捕,等待他的将是法律的制裁。那些跟风的会员,聊天聊出了沉重的代价。

炒股与爱情婚姻的关系

多与空就好比哲学中的矛与盾,数学中的正与负,自然界的阴与阳,生活中的爱与恨,既对立又统一,既相互排斥,又相互依赖。推而广之,既然股市中多空双方像矛盾一样无处不在,当然也包括婚姻和爱情。

婚姻是什么?钱钟书先生认为是围城,里面的想跳出来,外面的想挤进去。黄永玉先生认为是鞋子,合不合适,只有脚知道。本文的主人翁"空夫"和"多妻"却认为婚姻是股票,不怕套的坚决做多买进,怕套的坚决做空卖出。

爱情是什么?韩国电视剧《爱情是什么》做了回答:男人认为"爱情是一坛酒,愈久愈芳香甘美";女人认为"爱是一锅粥,越熬越黏糊"。"空夫"和"多妻"却认为爱情是多空双方碰撞出的火花,碰撞越激烈,多空火花才会像礼花一样耀眼灿美。

被称为"空夫"的男人,姓熊名辉,是某银行的一位科长,属官不大权不小的那一类。

被称为"多妻"的女人,姓牛名琴,是企业的幼师,属"有利于下一代健康成长"那一类。

按说小两口郎才女貌,燕尔新婚,爱情和婚姻应该如同"芬芳的酒"、"黏糊的粥"和"坚固的城"、"舒适的鞋"。但因后来丈夫误入股海,且每买每套,高吸低抛,形成了空头思维。再后来,因妻子股海扬帆,且每买每赚,低吸不抛，形成了多头定势。多空双方产生了严重的分歧，使得一个好端端的家庭成了多空争论的战场，让"酒变了味"，"粥开了锅"，"城缺了口"，"鞋穿了帮"。

牛琴婚后不久，肚子里的小宝宝便开始蠢蠢欲动，她天天戴着耳机听音乐，进行胎教。小两口商议好，要提前为宝宝投资。牛琴拿出2万元，要熊辉去买一架钢琴。可钱拿走了多日，也不见钢琴进门。牛琴问熊辉："钢琴呢？"熊辉搪塞道："款已交了，眼下没有好牌子，要等几天。"岂料，等了一个月，也不见钢琴的影儿。牛琴犯疑了，逼熊辉交出钱来，自己去买，熊辉只得如实招来："看到同事都炒股赚钱，自己也心动了，把买钢琴的钱拿去买了股票，本想抓个题材博个短差，结果不幸遇上5·30暴跌被套住了。"牛琴听罢怒道："啊，你敢背着我炒股，看你这熊样，不仅对不起小宝宝，连全国的股民都跟你受熊。"熊辉不服气道："我姓熊，买股票就成熊市？难道你姓牛，你去炒股就能挽救全国股民？"牛琴不依不饶："管你是熊还是牛，你把钱还我，琴我自己买。"熊辉只得被动做空，割肉卖了股票，又拿出私房钱凑齐了完璧归赵。谁知，过了多日，也不见钢琴进门，他问妻子："钢琴呢？你不是说马上请人抬回家吗？"牛琴说："票已开了，但找不着人抬，等两天再说。"熊辉同样等了一个月，琴弦也没见一根，他质问牛琴："钱呢？"牛琴昂头挺肚说："给咱宝宝投了资。"熊辉惊讶道："什么，这么说你也去买股票被套住了？"牛琴拍着肚子说："NO，托宝宝的福，我买的万科地产，你看深圳的房价飞涨，买万科还会被套吗，不瞒你说我已赚了8 000元。""你还不快卖掉？""我买了就不卖了，做死多头。"熊辉不解地问："那宝宝的钢琴不买了？""对，我要为宝宝买一张通行证。""什么通行证？""出国通行证。20年后，我要让那股票翻10倍，作为孩子出国的学费。"熊辉却讥笑道："你异想天开吧！"

小两口在股市中扮演着各自的多空角色。丈夫选股思路是"贪低求热"，贪低即买低价股，求热即追赶时髦，什么热炒什么。妻子却坚持"一个中心，两个基本点"，即以业绩为中心，以蓝筹股成长股为基本点。

双方的父母，看着他们隔三差五地争吵，担心他们的婚姻会破裂。牛琴却说："多和空是矛盾的统一体，谁也离不开谁，最终形成一种平衡。只要这股市存在一天，我们的婚姻和爱情就不会消亡……"

大学生炒股弊大于利

　　股市火暴,迭创新高,"全民皆股",波及社会方方面面,当然大学校园也不是一片净土,大学生炒股已成时尚。南开大学还出现关于股市的社团。一些高校的 BBS 上也开辟了专门的"谈股论金"的板块。据大众证券报调查,大学生有 17%参与了炒股且赔多赚少。下面我们列举两则赚和赔的典型事例来剖析大学生炒股的利与弊:

　　事例一:石家庄某高校的在校学生朱文辉因炒股和父母发生过激冲突后离家出走,经过多方打听,朱文辉父母得知儿子有可能会前往武昌,但他此行的目的不详。几经周折,夫妻俩来到石家庄火车站,了解到儿子极有可能登上了由北京开往南昌的 T145 次列车,并从石家庄车站工作人员那里找到南昌客运段车长李莉的手机号,便打电话求助找寻。接到朱文辉父母的求助后,李莉迅速将此事通知列车乘警。随即乘警和列车乘务员在全列车展开了细致地查找,乘警和列车长终于在 14 号硬座车厢发现了朱文辉,并立即把他带到餐车内。事后才得知,朱文辉几个月前加入到炒股大军中。在开始的一两个月里,炒股居然让朱文辉赚了三四百元。随后,他又说服数名同学,以合资入股高额回报承诺,筹到了 8 000 元钱,投入先前所买的股票。岂料,天有不测风云,"5 · 30"后朱文辉所持有的两只股票均大幅下跌,损失了 40%。朱文辉本想问父母再借点钱投入股市翻本还给同学,可又因为炒股是否荒废学业话题和父母大吵了一顿。一气之下,朱文辉离家出走，并登上了由北京开往武昌的 T145 次列车。朱文辉告诉乘警，此次前往武昌，并未有何明确目的，只是想随便走走，实在不行了，就一头跳进长江，一了百了。

事例二：中国股民民间高手大赛开幕以来，一个叫"禾丰股份"的重庆选手引起很多股民的关注，不仅因为她曾一度占据重庆赛区第一名的位置，最好成绩曾排名全国第 13 名，更因为这名选手今年只有 21 岁，是重庆电子科技学院一名美女大学生。在经过海选阶段和复赛阶段后，前 50 名胜出者将得到主办方 10 万元实盘本金，收益部分归选手自己；最后进入前 10 名者将得到主办方 100 万元本金进行炒股，收益部分归选手自己所有，亏损由主办方承担。毫无疑问这位美女大学生成为了大学生的佼佼者，在股市里挖到了第一桶金。

炒股是需要资金的，像重庆美女这样幸运的毕竟少之又少。再说美女炒股用的是主办单位的钱，买股如买化妆品，专挑高档的买，极容易赚。如果是自己的资金恐怕买一股也要掂量半天，心理承受能力不同。广大学生的资金一般来自如下几个方面：零花钱、奖学金、父母借款、同学借款、勤工俭学收入，也有极个别助学贷款炒股的。大学生大部分炒股的资金都不大，入市资金数目一般在 5 000 至 2 万元人民币不等，也有家境好父母赞助投入 10 万甚至上百万的。

从前面两则事例分析不难看出，大学生炒股有利有弊。

其利为：①炒股能帮助培养投资理财的能力，不管是赚钱还是亏本，对将来都是有益的。②炒股能补贴日用，有时还会赚回一台笔记本电脑。③提高抗风险能力，有岳飞笔下《满江红》"壮志饥餐庄家肉，笑谈渴饮主力血"的满怀豪气。④有的专业和股票有关，炒股有利于促进学习，多一些社会实践。

其弊为：①大学生没有经济来源，不具备炒股的经济条件。②学生应以学业为重，炒股必定会影响正常的学习和生活，严重的会荒废学业。③信息闭塞，多为听消息跟风炒作，亏多赢少。④心理承受能力差，特别是因投资亏损带来的焦虑、恐惧、绝望等情绪很容易走极端。⑤把炒股当成就业渠道，大学生炒股以讹传讹夸大赚钱效应，把炒股当做来钱快最轻松的职业，甚至有人表示毕业后要当职业股民。

　　针对大学生炒股现象,许多在校老师认为,社会为一名大学生证明自己的学识素养和实际能力提供了广阔的舞台,不是非得要靠投身股市来论证。把自己的时间和精力用在与己专业相关的社会领域,更能体现出自身的能力和价值。2007年5月25日,教育部新闻发言人王旭明在教育部举行的新闻发布会上明确表示:大学生目前处在学习阶段,需要集中时间和精力来掌握知识和本领,提高科学思想文化道德素质,为将来工作打下坚实的基础。这位发言人指出,参与炒股不仅占用大学生很多宝贵的时间和精力,而且一般来说大学生也不具备炒股的经济条件,缺乏抗风险能力,一旦炒股失败,难以承受后果。

　　大学生炒股跟借钱炒股一样,都属于在悬崖边跳舞,一旦失足,要么是跌入万丈深渊,要么是沦入万劫不复。风险和收益将极不对称,赢的是蝇头小利,亏的是自己的美好前程。

　　综上所述,笔者只能发自内心借一句辛弃疾的《深山闻鹧鸪》中鹧鸪的叫声:行不得也,哥哥!

金手指能点石成金吗？

据说在遥远的古代，流传着一个关于财富的神话：在米达斯国，国王想变得更有钱才能让自己快乐，于是乞求神让自己拥有神奇的力量"金手指"。神答应了他，让他自己的手指头无论碰到什么东西，那东西立即就变成黄金。然而，非常不幸的是，在拥有了"金手指"后，国王在财富猛增的同时却失去了很多，当然也包括快乐。他痛苦地发现，自己既不能吃，也不能喝，美味在他嘴里变成了黄金，最糟糕的是他亲吻自己的女儿时，最爱的女儿也变成了黄金。国王这才意识到真正让自己快乐的并非是金钱，于是再次乞求神把自己恢复成肉手，神宽容了他，恢复了他的手指，他没有了黄金，回到了平静而快乐的生活。谁不渴望黄金，特别是在金价不断攀高的今天。由于股市的赚钱效应，我们听到了无数的"金手指"点石成金的故事。既有从 8 000 元炒到 20 亿的林园，又有先前指哪只哪只涨停的赵笑云，更有红极一时的带头大哥 777、贝者证券、权证一哥等等。这些人都得到了神的恩准有了点石成金的本领。有一个炒股软件就取名叫"金手指"，意为点哪只哪只就能成金。只要炒股人人都能赚钱，我们听到和看到了这样的故事：证券营业所的清洁女工"不小心"听到高手言谈，结果 2 万元一转眼变成了 4 万元；小保姆留心着雇主的买入卖出，结果"一不小心"把 1 万元炒成 10 万元；更离谱的是有媒体报道称，深圳南山一年仅 10 岁的小学生炒股 4 个月赚足学费，似乎是为了印证"小股神"极具专业水准，报道特别

指出"股神"3岁就看股票新闻，7岁就为父母当炒股军师，10岁就独自下单与父亲分账。单纯从新闻的角度衡量，"10岁股神"无疑是一则极其吸引眼球的消息，但面对这样的新闻，我们心里是不是要多打几个问号？层出不穷的"股神"，也将资本市场无时不在的风险吹得一干二净。真乃遍地股神，遍地被风吹起的鸡毛呀！

"金手指"果真能点石成金吗？米达斯国王的故事就是最好的例子，快乐比财富黄金更金贵。几年熊市，有多少家庭在股市损失了全部家当，也给多少人带来了痛苦。所以，炒股要看能否带给你快乐。不能给你快乐的财富没有意义的。有调查发现，美国六成以上的百万富翁并不是因为投资风险的股票而致富的，他们大多数只投资一般的业绩优良的、看得见摸得着的股票，尽管这些股票很少暴涨且不温不火上升起来慢悠悠的，但年年分红利，慢牛稳步上升，这便是低风险的复利积累。所以，爱因斯坦就说过：世界上最可怕的力量，不是原子弹，而是复利。因而，臆想在股市中一夜暴富的想法是不切实际的，也是非常危险的。眼下，高价庄股夺命狂奔，直上300元以吸引广大散户跟风，已是以大博小，个股风险已无穷大，投资者一定要看清"金"的成色呀！那些在股市中暴富的股神现在何处呢？股神林园遭到万众质疑，赵笑云逃去了国外，带头大哥777去铁窗吃了免费午餐，贝者证券、权证一哥四处躲藏，清洁女工依然在打扫厕所，小保姆还在烧菜做饭，小学生或许荒废了学业。

"金手指"不仅能点石成金，而且还可以点石成土！

从美股遭遇"9·11"联想到"拉登概念"

全美次级抵押贷款危机,使美国股市遭遇"9·11"以来的巨大跌幅,也引发了全球股市动荡。所谓次级抵押贷款与传统意义上的标准抵押贷款相比,次级抵押贷款对贷款者信用记录和还款能力要求不高,而贷款利率却比一般抵押贷款要高很多。那些因信用记录不好或偿还能力较弱而被银行拒绝提供优质抵押贷款的人,可以通过申请次级抵押贷款来购买住房。因此,在美国房地产繁荣时期,次级抵押贷款曾一度成为实现穷人买房梦圆梦者,许多低收入购房者通过这一方式成为了有产者。

然而,次级抵押贷款又是一个高风险、高收益的行业。在房价不断走高时,次级抵押贷款生意兴隆。但当房价下跌时,就会出现破绽,资金难以回笼而形成坏账,导致贷款银行不得不成为房东,引发房价下跌,导致了购房人、次级抵押贷款公司和银行三败俱伤的恶性循环,从而引发社会的经济震荡。

按说全美次级抵押贷款市场是一个规模偏小、流动性较差的市场,只是美国规模庞大的贷款担保证券的一部分,其潜在损失的规模为500到1 000亿美元。但是,由此引发的危机却被国际投机力量抓住而借题发挥、肆意冲击美国金融市场的企图暴露无遗。如果把"9·11"看成是对美国社会的打击,而这次次级抵押贷款危机则是给了美国金融大厦的撞击,无论投机力量来自什么地方,其将打击目标直接对准美国金融市场是显而易见的。最近,美国联邦储备局公开市场委员会决定维持利率不变并重申控制通货膨胀仍是其头等大事,但也承认金融市场近期的风波所带来的风险。在白宫的记者会上,美国总统布什表示,全球及美国经济非常稳固和强劲,相信美国股市会走出目前的剧烈波动并实现"软着陆"。

　　就在美国政府出面挽救经济,护盘股市的同时,也抓紧了对拉登及其残余的大面积搜寻。拉登那厮不是恐怖分子的大魔头吗?而今不是魔力不再,像老鼠一样钻进了山洞了吗?他对美国经济有何干系?他对股市有何影响?莫非当今股市概念枯竭?要像美国兵用挖地三尺的高科技手段一样,去挖掘洞穴里的"拉登概念股"?拉登对股市没影响吗?有,太有了。"拉登概念股"的确是洋人的专利。据德国《明镜》周刊报道:本·拉登毙命价值250点,全球股市也会上扬3.5%。对于提前进入冬季的华尔街来说,本·拉登灭亡,不啻是冬日里的一轮艳阳和推动股市最大的潜在利好。又据《今日美国报》预测:本·拉登击毙(当然是要验明正身)的消息,能使道·琼斯指数上涨350点;如果被埋葬在山洞里,道指只能上涨100点,因为之后将还会出现他还活着,死的只是替身等种种传闻;假如他被捕并提交法庭审判,股市反应最小,只值50点,因为即使判他500年的刑,他还能在监狱里遥控指挥余党,世界照样不得安宁。而按照华尔街权威咨询机构分析:倘若拉登毙命,整个基地组织群龙无首,像蛇一样逃窜,恐怖"空袭"解除,全球股市将上涨8%,就像1945年4月30日,希特勒的尸体被发现,全球股市都上涨了一样。

　　老美企盼"拉登概念"来"救市",看来在市场化十分完美的成熟股市里,同样有"概念股"存在,不是吗?我们来快速回顾一下"9·11"后"拉登概念"对那些行业产生影响:首先,受"9·11"重创的航空业,由于解除了"人肉炸弹"的威胁,乘客会重新找回快捷安全的感觉,航空业在重创后很快复苏。其次,涉外旅游业,因担忧出国旅游会成为恐怖袭击和绑架的隐患清除,民众会走出压抑的家门,去远方释放情绪,旅游业也随之走出低谷。第三,金融保险业,美联储为应对"9·11"造成的经济颓势,在两月里三次降息,使金融保险业快速复苏。第四,建筑业,"9·11"对建筑业,特别是高层建筑商负面影响巨大,随着世贸大厦的重建和高层建筑的复工,将使建筑业和相关的钢铁水泥行业受益。

　　写到此，大概谁也不会怀疑"拉登概念股"对美国股市的影响，但美国次级抵押贷款对我国金融业有影响吗？回答也是肯定的。据银行业权威人士测算，中资几家银行都受到美国次级债危机的拖累，中行亏损额最大，约为38.5亿元。无疑，我们银行业应该从这次危机中吸取教训和反思，以避免重蹈覆辙。然而，全球股市动荡对我国证券市场影响不会很大，更多的只是心理层面，这从A股市场并没跟随周边股市波动就是最好的证明。中国股市也将按照自身的内在规律运行，让风景这边独好！

一粒老鼠屎，坏了"十锅汤"

据《东方早报》报道：上投摩根基金公司，在经历唐建"老鼠仓"事件之后，基金经理队伍又遭遇重大损失。上投摩根基金公司发布公告证实，该公司投资总监吕俊已向公司辞职。提到"老鼠仓"就不得不想到《硕鼠》。《硕鼠》是魏国的民歌，据《毛诗序》说："硕鼠，刺重敛也。国人刺其君重敛，蚕食于民。不修其政，贪而畏人，若大鼠也。"朱熹《诗集传》："民困于贪残之政，故托言大鼠害己而去之也。""硕"是大、肥的意思，直呼剥削阶级为贪婪可憎的肥老鼠，不但形象地刻画了剥削者的面目，而且让人联想到"老鼠"之所以"硕"大的原因，正是贪婪、剥削而激起对剥削者的憎恨。从"食我麦"到"我苗"，反映了奴隶们捍卫劳动成果的正义要求。在现代，也有老鼠过街人人喊打之说，可见老鼠是人类所厌恶的。

所谓"老鼠仓"是指机构在用公有资金拉升股价之前，先用自己或亲属、关系户、利益分享者的资金在低位基金建仓前买入，再用募集资金拉升股价到高位后个人仓位率先于基金卖出获取暴利。"老鼠仓"赢利之巨的核心是无论怎样洗盘，不翻数倍不到基金卖出目标位而坚决持股不动，绝不在中途卖出。"老鼠仓"无风险的损公肥私属于利用内幕信息以及运作资金的优势炒作股票，涉嫌利益剥夺和内幕交易。

长久以来，在巨大的利益驱动下"老鼠仓"在基金界是公开的秘密，尽管监管部门也出台了一些措施，防范这种"假公济私"的手法，但由于采用的是要求基金经理上报本人及直系亲属的账户资料的方式,这一制度性的缺陷,使得对基金经理的监管形同虚设。在现实中,基金经理的"老鼠仓"不仅不会使用上报的账户,甚至连亲属账户也很少使用,有的甚至是用的死人资料开的户,使你查无可据。

"老鼠仓"究竟藏有多深,这里有个关于林先生暴富的故事就可见一斑:林先生最近搬进了上海近郊的一栋价值近300万元的花园洋房,让他以前的邻居刮目相看。林先生却称是炒股赚的钱,邻居谙知老林入股海8年,一直表现平平,亏多赚少,直到2007年才有了翻天覆地的巨变,投进股市的60多万元,已增值到1 000多万元。贩冰毒也没有如此利润,且贩毒是要掉脑袋的,炒股却胜券在握。

原来,林先生是一位"老鼠仓"受益者。知情人士透露,他的干儿子2005年底从美国留学回来后,在一家大型基金管理公司做基金经理,而这位基金经理留学的费用都是林先生资助的,关系情同父子,岂有不报效之理。在基金业,一些基金经理让其亲友或其他关联人建"老鼠仓"不正当获利已经是业界的潜规则。

我们就拿"老鼠仓"第一案上投摩根基金旗下经理唐建的"老鼠仓"行为被中国证监会查实来看,唐建并不是被证监会部门直接查到的,而是因个人生活问题引发家庭纠纷,最终身边人"大义灭亲",向相关部门举报的。尽管唐建被上投摩根基金除名,并被公安部门限制出国,但不知还有多少硕鼠藏在仓内。"5·30"提高印花税出台前,市场就流传着"老鼠仓"已接到重大利空将出台,提前空仓的信息,正是由于那个经典的辟谣才让许多投资者没能成功逃顶,损失巨大。不但是公募基金,私募基金,证券公司的自营盘"老鼠仓"的情况也时有耳闻。打开周末的证券报刊,我们能看到如下广告:为你提供"老鼠仓"金股,每只收费2 000元,而核心会员每年收费高达88 800元。可见"老鼠仓"的价值。我们看得见的事实是基金坐庄,疯狂炒作高价股,200元、100元的人造险峰也让投资者可望而不可攀。日益严重的"老鼠仓"问题正在成为证券市场的一颗毒瘤,对整个行业带来的扩散是非常不健康的。

"老鼠仓"如果不根治,不仅暴露了监管的薄弱,更是体现了基金业内"信托责任"理念的缺失。因为基金经理十分清楚,他操作的平台是无数

"基民"搭建的,他们不仅要对基民讲诚信,而且要对整个资本市场"三公"原则负责。在美国等国外基金行业中,为解决基金经理的利益问题,基金经理可以买卖股票,但是不仅需要交易信息要定期向监管部门申报,而且要遵循一种"交易优先次序"原则,具体而言,就是基金经理要将客户利益置于自身利益之上,在为自身利益采取建仓之前,必须先让客户首先建仓。卖出时也是客户优先。一旦违反这些原则,将受到吊销执业资格的处罚和承担刑事责任。这种"交易优先次序"我们难道不应该效仿吗?此外,采取基金经理份额激励计划是近年来公募基金在经历过大规模的资产扩张后,向公司内部治理递延的重要举措。基金份额激励计划将有效减少基金业的利益输送以及"老鼠仓"等现象,更为管理层和投资者认可。

　　基金经理是我们证券市场最大主力,他们的一举一动,都牵着股市的神经。我们不能因一粒老鼠屎,坏了"十锅汤",从而毁掉整个基金业的诚信。

牛市诱使证券黑市死灰复燃

这是一个绝对真实的故事,真实得让人不敢相信其真实性。在网络经济时代,一切都能虚拟,虚拟商场,虚拟社区,虚拟银行,当然也不能排除虚拟股市。

做大户。这恐怕是每位散户毕生的追求,正如不想做将军的士兵不是好兵一样,不想做大户的散户也绝不是能赚钱的散户。散户每日在交易厅其乐无穷的与天斗与地斗与庄家斗,不就是冲着进豪华包房,享受免费午餐这一"目标位"吗?于是,能让你成为大户,就成为了一个最为美丽的诱惑。

这是江城一个工业重镇,这里聚集着几家超大型国企,由于近年企业不景气,下岗职工与日俱增,故散户股民也日趋庞大,尽管该区有六家规模较大的证券交易厅,但还是杯水车薪,人满为患。

股市走牛,在众多券商看好长牛市潜在市场的同时,也有人觊觎着广大散户。在各交易厅内外,传阅着一张张传单:你想成为大户吗?1万元圆你大户梦,一人一机,专家理财,稳赚不赔。落款是:黄鹤经济发展有限公司。仿佛像一个美丽传说,有幸运的黄鹤从天边飞来。然而,这并非传说,黄鹤公司实实在在在工商局注了册,其法人还自封股神,头上还闪耀着股评家的光环。

随着社会上形形色色的骗术被拆穿,空手再难套住白狼,散户也绝不会光凭一张单去上套,他们相信的是自己的眼睛和耳朵,耳听为虚,眼见为实。倘若你按传单留下的电话打过去咨询,一定会听到一位小姐极温柔的声音:朋友,你可带上保证金来参观,现在社会上骗子太多,应该眼见为实,本公司只为客户提供资金,自愿加入,自我操盘,自负盈亏。倘若你经不住诱惑前去参观,也绝不会让你失望。黄鹤公司的交易厅设在市中心的标志性建筑的 15 楼,宽敞的大厅被装修成像模像样的大户卡座,数十台电脑同步显示着深沪股市的及时行情,有咨询人员,有保安,有服务小姐,有会计出纳,交易方式由电话委托直接与深沪股市联网,成交后有交割单回报。应该说证券公司有的他们都有,证券公司没有的,他们也有,散户能享受大户待遇,你只需交上 1 万元保证金,便能"借"到 4 倍资金,换句话说,你投入 5 万元可以得到 20 万炒股资金,尽管透支利息每天高达 7‰,但还是容易被人接受。散户同大户的差别不就是资金短缺吗?在大牛市中,只要有钱,闭着眼睛买疯牛股,股价翻番不在话下,利息只能算九牛一毛,且赚了归自己,这不是天上掉下黄鹤来又是啥?

黄鹤公司之所以敢大张旗鼓招兵买马,是因他们曾在私下用同样的办法招徕客户 40 余人,吸收资金 350 万元,在短短的 4 个月里,获利 100 万元。有了雄厚的资本,他们想把蛋糕做大,正式注册了公司,从地下转到了地上。

吴雄同另外 20 多名散户敢于先吃螃蟹,在交足了保证金同黄鹤签了协议后而圆了大户梦。协议规定,客户挪用资金炒股,赢利归己,如果亏损,需按时补足保证金,否则将强行平仓,这多少有点做期货的模式。

过上了大户瘾的散户每天都煞有介事地选股,一本正经地用电话委托报盘,并能在翌日收到交割单,赢亏状况一目了然。更让人不可思议的是,黄鹤还按深沪股市标准收取印花税和手续费,使本该进国库的税金,流入了个人的腰包。"大户们"哪里知道,黄鹤给他们透支的资金,都只是空有的数字,打出的委托交易电话,只是打进了私人住宅的虚拟的服务器。散户的保证金进了黄鹤就如同黄鹤一去不复返,他们是利用客户赢亏的对冲挖东墙补西墙来平账,倘若大家共赢,他们也有办法让纸上富贵延续,不让你取走一分钱,要么让你超大额透支,直到保证金被打穿,要么推荐跳水的庄股,让你账面盈利蒸发,输得口服心服。如果遇股民挤兑,他们便以种种理由一拖再拖。吴雄因买了大牛股成都建投，那条勇往直前的疯牛，使他账面利润翻了番，在多次要求兑现无果的情况下，察觉了个中蹊跷，便偷偷向警方报了案。两名便衣以新客户的身份作为卧底进了黄鹤，神不知鬼不觉拿到了骗取客户保证金，非法经营股票的证据后，让其穿了帮，以迅雷不及掩耳之势查抄了这家交易厅。警方在刑拘其法人时，他说了一句耐人寻味的话：你们为什么抓我？类似虚拟的股市，全国其他城市都有，只不过我栽在牛市里了。

善良的散户们，为了圆一个虚无的大户梦，却赔上了养命钱。天上永远不会凭空掉下黄鹤来，如果真有什么掉下的话，那多半是陨石，除了打破你的头，还有打破你的梦……

创业板, 美女与野兽并存

创业板的脚步越来越近。2007 年 8 月 2 日，中国证监会研究中心在新疆乌鲁木齐市举办了"资本市场与自主创新国家战略"研讨会。中国证监会副主席范福春在出席会议时指出，尽快推出适应市场需要，符合中国国情的创业板是资本市场为建设创新型国家战略服务所面临的一项重要任务。会上，各路专家学者也呼吁，应尽快推出创业板。提到创业板就不得不提到创业投资。

创业投资为何物？其本名叫风险投资。风险投资是一种风险最大回报最高的投资，说它风险大，因为投入后会也许颗粒无收，请看美国两家风险投资公司投资了前景极被看好陈逸飞先生的逸飞集团 500 万美元，但随着大师的骤然仙逝，这巨额风险投资也打了水漂，这充分体现了风险投资的风险性；说它回报高，一旦投资的公司上市，便能得到数倍甚至数十倍的回报，像盛大网络的风险投资公司投资 5 000 万美元，该股在纳斯达克上市后，增值了数十倍。

然而，中国投资者对风险投资知之甚少，认为那是很遥远的事，其实它就在你眼前，并无时不在左右着你的钱袋。

风险投资者是初创的高科技企业的衣食父母，而数亿计的股民又是风险投资者的衣食父母。此话怎讲？

"风险投资"在资本市场上同"对冲基金"一样，是资本市场最活跃的弄潮儿之一。它的使命就是将一些无法确定风险的高科技成果转化为生产力,使那些原本没有多少机会变成小鸡崽的鸡蛋得以破壳。它是美国知识经济时代文化的发源地;同时它也是人类社会发展的推进器,它对社会的进步特别是高科技的发展功不可没。可以说,没有它的参与,就没有今日美国的硅谷以及微软、英特尔、苹果等世界名牌。

然而,自"风险投资"降生那一刻起,它就一直在扮演"美女与野兽"的双重角色。正因为它承担了超额的风险,便决定了它不能将"所有的痛苦都自己扛"。它必须拉一帮"难兄难弟"来共同参与这项游戏。

下面,我们来看这个游戏怎么个玩法:

风险投资的运行模型为:向创业者注资(播种期)——让企业生产出适当的产品并设计好包装(孵化期)——在证券市场上市(收获期)——在二级市场上套现(退身期)。

这就是风险投资的游戏规则,这个规则决定了风险投资的本性是投机。跟一般投资比较,风险投资不是通过让企业创造财富来赢利,而是在证券市场卖掉企业赢利。为此,它把企业当产品来开发,它只做"生产"企业的前端工作,生产出来就卖掉。因而如何将企业包装上市卖个好价钱是它考虑的首要目标,"精心包装"成了唯一手段,其他如企业能否健康成长,未来的发展等统统变得无关紧要。为了达到这个目标,它会挖空心思,不遗余力。急功近利也决定了注射"风险投资激素"催生的婴儿的先天不足,成活率极低。正因为太熟悉自己的婴儿,所以一生下来就要将他们遗弃。

风险投资得以实现的基本条件是它必须找到一个释放风险的地方,基于这个模型只有一个出口:上市套现,于是股市便成了它唯一释放风险的场所,于是躲在幕后的风险"接棒者"便粉墨登场了,这人是谁? 看看像不像你自己? 不管你情不情愿,只要你在玩股票,你便被拖入了这场游戏之中,而且还注定要扮演"将游戏进行到底"的角儿。

风险投资者在悄无声息中"退身"时,也把所有的风险转让给了你。

要命的是,你必须承担先天下不足婴儿的生存和成长风险,还要承担"胎死腹中"的未上市企业的风险。因为高风险伴随着高回报。通常风险投资的胜算为一比九,也就是说十家企业,有一家上市便可收回成本,二家上市便可赚回一个企业,但它回收的每一分钱,都来自股市,来自股民的腰

包。

　　现在,我们已经不难看出"风险投资与股民是一种唇齿相依的关系,是纳税机构与纳税人的关系(一个是花钱者,一个是出钱者),所不同的是贴有'风险'标签的投资者只承担了部分风险;没贴'风险'标签的股民却承担了全部风险。"

　　也许,中国很快便会将中小板改成有被称为风险投资者乐园的中国纳市"创业板",资本市场的每一场游戏,都像一个无比美丽的梦境,紧要的是,在美梦成真之前,一定要弄清楚自己在游戏中所扮演的角色。别人在享用盛宴,你却成了买单者,在全流通背景下炒新者,或暴炒尚未上市的创业投资概念,购买未上市创业板原始股时,是不是该看紧自己的钱袋呢?

投"基"之道的八要八不要

基金因专家理财,组合投资,风险分散,流动性好,变现快,买卖程序简便,且分红能力强等优点受到许多投资者的青睐,尤其是 5·30 后,投资者跑输给基金,于是变个人操作为交专家操作,使基金更加受到追捧。近日,购买基金又掀高潮,已有非理性狂热,但基金也不是稳赚不赔的,投资基金也有许多门道,笔者总结为如下八要八不要:

一、要分散投资,不要把鸡蛋放在同一个篮子里

这属老生常谈了,投"基"与投机谐音,因而投基向前跨一步就可能变为投机。当今基民手中的基金产品,还是以股票型居多,所以,即便你投资了多支基金,但并不能减少净值波动带来的风险。因为,股票型基金的主要投资对象都是股票市场,如果把鸡蛋(股票型基金)放到了同一个大篮子里,有可能鸡飞蛋打。分散投资的含义在于投资于不同市场,比方说债券基金、指数基金、红利基金多样化配置,以避免股票市场系统性风险,而不是对同一市场重复投资。

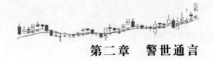

二、要看基金质地，不要盲目追求规模大小

基金规模有大有小，但尺有所短，寸有所长，大有大的优势，小有小的长处。在选择基金产品时首选质地，应综合考虑公司股东背景、治理结构、投资风格、投资团队的整体实力、产品的收益等诸多因素。如果基金公司盲目追求发行规模，贪大求量而因贪多嚼不烂，量大稀释了业绩，净值提升也慢。而有的小基金具有船小好调头的特点，即时调整持仓品种，盈利也丰厚。

三、不要只买低价便宜的，要高低搭配

基金没有高低贵贱之分，在任何一个时间点上，所有的基金净值高低都是相对的，发行后都是站在同一起跑线上的。不要片面认为低的就升得快没有降的空间，高的就升得慢且降得快。事实上，低价基金跌破发行价是经常发生的，而高价基金也可能像奥运口号：没有最高只有更高！也是可打破纪录的。

四、不要只买新的，也要买老的

买基金不是选情人，新的总比老的好。实际上，新基金和老基金在本质上并没有差异，完全是同质性的产品。新基民看好新基金，他们认为，"老"基金净值已经有了较大升幅，而且申购费也比新基金高，像年岁已高的老人，长高不现实，买起来不划算。其实与新发基金相比，老牌绩优基金有更多的优势，个长不高，但老谋深算，抗风险能力极强，服务质量也更加细致和老道。

五、要长期持有，不要频繁赎回

基金不是股票，不适合短期炒作，买基金要树立成熟理财观念，长期持

有,不要一看市场调整了就立马赎回。面对赎回潮造成的恐慌心理,应该立于潮头不动摇。频繁赎回除了增加成本外,还使自己的资产遭受损失。长期持有需要好的定力,最好的办法就是像定期储蓄一样定一个赎回周期,不到期不去看。

六、要选择适合自己的基金,不要根据排行榜选基金

适合自己的才是最好的。杀"鸡"杀鸭各有各的杀法,基金也各有风格:有的张扬,有的稳重,有的中庸,有的内向,选与你性格相符的品种最佳。基金理财追求的是资产长期稳定增值,因此耐力和才是我们所考察的目标。短期的排行意义不大,还可能受其误导。就像排行榜首的歌曲,不一定最流行一样。

七、要分批买入,不要满仓买进

这一条有点像股票,买基金也一样,要分批购进,切忌满仓杀入。因为基金同样存在着风险,满仓后如净值陡降,你就没有机会摊薄成本,分批买入,主动权在自己手中。有一种"定额定投"的买入法就最适合工薪族,每月用工资的一部分定额买入基金,这样既不会全仓被套,急用钱时被动割肉,又规避了暴跌市道的风险。

八、要买未分红的基金,不要买短期已分红的基金

买股票我们要买含权股,买基金也一样。所不一样的是牛市中股票除权后填权的概率较大且较快,基金不像股票庄家用资金推动,填权的路很漫长,故不要买短期已分红的基金。不买但也不是说手里有的基金分完红即走人。基金是否具有投资价值,应参照其累计净值和长期表现。分红后,基金净值会有一个下落的"缺口"。没有的可暂回避,持有的可继续持

有。因基金管理人在基金分红时都采取"二选一"的收益分配模式。投资者一般大多选择现过现捞红利而远离红利再投资。其实,红利再投资是一种双赢的分配模式,一则可以使投资者获得既定的投资收益,二是可以减少基金管理人因大量派现而导致的现金流减少,良性循环对基金的成长是有益的。

以上八要八不要,或许跟其他投资基金的理念不同,但行之有效,权当参考,投"基"之道,在于任重而道远。

闪电打下，你刚好在场

　　"闪电打下来时，我必须在场。"这是美国投资大师查尔斯·艾里斯的经典名句，大师的波段操作理论备受岳先生推崇，他的《投资艺术》一书有些段落岳先生都能如数家珍地背出。譬如：要提高潜在的投资报酬率，最大胆的方法是靠波段操作，典型的波段操作是在市场上进进出出，希望在市场上涨时把全部资金投下去，价格下跌时全撤出。还有方式是把股票投资组合，从预期表现会不如大盘的股票中退出，投入表现可能优于大盘的股票。

　　岳先生是重庆一家民营企业的老总，做股票也有多年，在熊市中曾拿出 300 多万委托一位经朋友介绍所谓的操盘高手理财，结果操盘手去接自己坐庄股票的盘，不断买进卖出北满特钢，300 万只剩下 60 多万。按说操盘手是取不出岳先生账户一分钱的，但不断的高买低卖，把他的钞票搬了家。操盘手却丢下了一个满是被腰斩的股票账户从重庆蒸发了。

　　岳先生这才领略了做股票风险之大，他起早贪黑忙上累下的企业一年的利润全部送给了股市。然而，跟所有想翻本的人一样，在哪里跌倒就想在哪里爬起来。他一边加强股票知识学习，一边追加资金，小打小闹地试着自己波段操作。熊去牛来，岳先生喜好低价股和 ST 股票，一般买进要不了多久就翻了倍，他开始感受到股票的魅力了，比做企业来钱快得多，于是又追加了 300 万，不到半年 300 万已变成了 500 万，他尝到了波段操作买低价股的甜头。岳先生有些昏昏然，尽管他还熟记查尔斯·艾里斯的名言：在股票似乎高估时，精明地卖了，减轻暴露在市场中的风险，等价格似乎跌到诱人的低水准时，再大胆投资。这样低买高卖虽然很吸引人，但是有强而有力的证据显示，在长牛市中，想提高报酬率，波段操作不是有效的方法，研究报告指出美国100家大型退休基金波段操作的经验，发现所有退休基金都从事过波段操作，但没有一家能靠波段操作提高投资报酬率，事实上，100家中有89家因为"波段操作"而亏损。就像有"老"飞行员，也有"大胆"的飞行员，却没有"大胆的老"飞行员一样，也没有在牛市中靠波段操作跑赢大盘一再成功的投资人。贪心或恐惧促成的决策通常都是错误的，通常很可能是反方向才正确。岳先生的操作越来越频繁，似乎正在成为一名"大胆的老"飞行员，而这个时候，也是岳先生市值增长得最快的时候。岳先生几乎成为了一名职业炒手，把企业的经营已抛诸脑后。5月下旬，一直给岳先生提供消息的一位朋友，发短信告知他：财政部可能要提高印花税，要他清空股票。岳先生掂量了这条短信的分量，其实这类消息市场上早在流传，但朋友的信息来自上层，一向很准，再看看指数和手中的股票获利已丰，便果断空仓了。岂料，第三天，财政部相关人员在媒体辟谣：提高印花税纯属谣言。岳先生慌了神，这回可能又要吃朋友的亏。于是，当机立断，立马全仓杀进两档热门的ST股，俨然像一个"大胆的老"飞行员，往油箱里加满了油又起飞了。5月30日，岳先生一早起来得知财政部将印花税从1‰提高至3‰，犹如晴天霹雳，他旋即想在第一时间清空股票，但当他想卖时，飞机已经上天，刹车是不可能的，大盘泥石流般跌去600多点，重灾区ST股连续的跌停使他卖出无门。当他从空中着陆，跌停板打开清空了股票后才发现，账面损失已高达45%，忙了一年的利润打飞了，加上熊市中亏的，他最终没赢过股市。这不仅是岳先生，有多达60%的投资者都犯了岳先生同样的错误，这就是股市残酷的现实！即使是在一波大牛市中。

查尔斯·艾里斯说："闪电打下来时，我必须在场。"岳先生本想躲过闪电，但不幸的是：闪电打下，他刚好在场！

下一次闪电打下，谁又会在场呢？！

中小散户投资行为学

国内大型财经网站邀请散户作为嘉宾来聊天室现身说法,受到股民好评,广大股民希望把这个节目办下去,办出特色。

主持人:作为股市中的弱势群体,许多散户来信来帖称,为什么他们是股市中永远的输家,今天,我想就这个问题与大家展开讨论,除了资金实力、信息不对称等客观原因外,有没有主观原因呢?我们就来个现身说法,从咱们的投资行为上找一找原因。

股民甲:好。聊这个话题咱们最感兴趣。请允许我抛砖引玉。我认为,对散户而言,我不下地狱,谁下地狱?任何一次行情,最后套牢者多为散户无疑。因为散户是最善良也是最容易上当受骗的一族。

股民乙:我不同意这种说法。如今的散户大多很成熟,很理性,一有风吹草动肯定会跑在庄家的前头,即便是有部分散户被套,其比率将大大低于任何一次见顶行情。

股民丙:二位的说法都有道理。无疑散户终将会成为套牢一族中的大多数。道理很简单,不将散户套住,行情就会"没完没了",只有将散户悉数套牢了,行情才会见顶。现在的问题是,散户队伍已出现严重分化,与其争论套不套得住散户,不如细分一下什么样的散户会成为终极套牢者。

股民甲:有道理。我认为最容易被套的是"初生牛犊型"。此类散户入市不久,"涉世不深",没有经历过熊市深套割肉出局的血腥场面,对股市风

险的杀伤力知之甚少,且最容易被市场人士所左右,看了4000点,还想看6000点……眼高手低是他们最易犯的方向性错误。

　　股民乙: 第二种类型为"短线是银型"。此类诸君每天忙着追涨杀跌,赚些散碎银子还跟券商去分成。跑进跑出多了,到了关键时刻仍刹不住车。往往被前冲惯性推力推入"套"中。但此君也不是等闲之辈,见事不对,立马撤退,充其量将一只手臂留在股市,整个人还是会斩仓出逃的。

　　股民丙: 第三种类型为"主动买套型"。此类人士有丰富的股市经历,什么场面都见过,心态极好,但因为手中持有的股票老不见涨,于是跟着市场人士的吆喝,对后市盲目乐观,唱多号角永不离口。心想反正是摆着不花的钱,权当股市是银行,不获大利,绝不取款,套住了也绝不割肉。一付典型的"忍者龟"德性。

　　股民丁: 第四种类型为"提前抄底型"。此类型仁兄高位翻空,暗自庆幸自己没接住最后一棒。但往往晚节不保,在市场人士一片唱空声中,自作聪明,以为底部就在眼前,逆市操作,殊不知在刚刚确立的下降通道中接过了庄家的筹码。在自由落体运动中输得个体无完肤,边坐滑梯边大喊冤枉。

　　股民戊: 要说冤,还有比这更冤的。就称此类为"人性的弱点型"吧。我有个邻居炒股颇有心得,操作也非常准确,往往能在急跌时抢到廉价筹码,但此君最大的毛病就出在一个"贪"字上。贪得无厌,获利一倍都还嫌少。当股票上涨时,不卖!当股票下跌时更不卖!他的理由是涨了一倍我都没卖,现在凭啥要卖。于是抱定侥幸心理等待反弹,心中默念这次再上去就坚决卖了。殊不知股票像乘了电梯,怎么上去的又怎么下来了。此君一咬牙,赚了钱都没卖,凭甚么跌下来卖。于是,下定决心长线持有。

　　股民己: 以上类型都司空见惯,不足为奇。奇的是"麻木不仁型"。我有一个股友,在4300点买的数源科技,到4900点时已跌去了十元,损失达二十余万元,但这位仁兄好像钱不是他的,居然没有任何表情。问他后市该怎么动作,他说管他的,反正头都输了再砍手脚也不痛,就当这几十万去打了水漂吧。

　　股民甲: 庄家最欢迎这样的同志,他们寄希望与股评家一道,把我们全部都锻炼培养成"麻木不仁型"。此轮行情被题材股套住的人不在少数,他们眼睁睁看着别人挣大钱而自己无所作为,只能高唱:让我一次套个够。

股民乙:我就不信,"套子"都是给散户准备的。散户被套的比率降低了,肯定就有其他人被套在里面。一些实力不济子弹打光的小庄,一些过江龙社会游资,一些企业法人投资者,一些无法出局的大庄都会被高位套住。

股民甲:但是我们所说的"套牢"概念,是套住后自己无法解套一族。跟被套的庄家不能同日而语,因为庄家可在低位收集到廉价筹码,摊薄后拉抬自救,因此不存在被套牢之说。

主持人:好了。大家的发言确实让我看到了中小投资者的成熟。这种成熟也标志着我们股市的成熟和向健康发展迈出的坚实步伐。下一次我们接着聊中小散户投资心理学。

五年翻十倍 看似很简单

央视二套的中国证券节目正在热播《私募基金外传》,讲述股市大鳄们在市场中的沉浮故事。为凑热闹,笔者趁世界杯期间股市重量级炒家休息看球的档儿,有幸采访到股中的豪杰,五年赚了 10 倍的石先生和万小姐,要他们谈谈如何在弱市中获利,如何战胜庄家及如何面对股评的心得。

笔者:请问石先生,你的大名如雷贯耳,你的故事在股海传颂,请你实话实说,你炒股跟庄吗?

石先生:你听过一首《世上只有庄家好》的新歌吗?

笔者:没听过。好像只有一首《世上只有妈妈好》。

石先生:那首歌是这样唱的:"有庄的股票像个宝,无庄的股票像根草。"你炒股票是要宝还是要草呢?

笔者:请问万小姐,你尽管没有石先生名气大,但钱赚得比他还多,你炒股跟庄吗?

万小姐:庄家是谁?我的眼里只有股票。

笔者:你不跟庄怎么赚钱?

万小姐:我炒股只看大势,行情淡时买进,火暴时卖出。

笔者:这谁不会,说了等于不说。

万小姐:是的。赚钱的股民都是相似的,套牢的股民各有各的不幸。散户吃了太多的跟庄的亏,也有首歌是这样唱的:"今也跟庄明也跟庄,跟庄跟得泪汪汪;成也庄家败也庄家,跟来跟去输光光。"

笔者:请问石先生,你怎么发现庄家?

石先生:跟你一样我也是肉眼凡身,只能用眼睛看用脑子想。我姓石,只认一个理:水落石出。我要出人头地,只有等他的资金像水一样地干涸下去。发现庄家也用水落石出的道理,买逆市飘红的股票,特别是暴跌中能雄起的股票,到头来没一只不是超级强庄股。

笔者:请问石先生你偏爱什么类型的庄家?

石先生:说来不怕笑,我偏爱"敢死队"型的庄家。

笔者:哦,新鲜,有这类庄家吗?

石先生:当然有。这类庄统吃了筹码,出不了货,被逼上梁山,只得把股价往死里拉,像贵州茅台那样不上百元都不行。不能"全身而退"就"全尸而退"吧。陪着庄家玩"死亡游戏"又过瘾又赚大钱。庄家又分善庄和恶庄,像德隆一样的恶庄,出货时排山倒海,像基金一类的善庄出货时很慢很温柔。

笔者:请问万小姐,你说你不跟庄,那你怎么选股呢?

万小姐:我认为股如其人,我把股票当做有生命的人,每一只股票都有自己的性格,有的外向有的内秀,有的豪放有的稳重,摸透了性格也就读懂了整个股市人生。

笔者:那你喜欢什么样子的股票呢?

万小姐:我喜欢稳重型的股票,像云南白药、苏宁电器一类,不张不扬慢慢地成长。我买上了这样的股票有一种安全感,可以慢慢陪着它一起变老。

笔者:哦,明白了。你选股就如同选情人。

万小姐:正是。作为情人,对待它首先要忠诚,只有你钟情于它,它才可能给你爱的回报。对股票是像情人一样长相厮守,还是像露水夫妻一样只追求一夜情,是赚多赚少的分水岭。大多散户都见异思迁,股评家说这只股靓就去追,说那只股帅就去抢。回过头看,股市中所有的黑马我们都骑过,但最后获点小利就弃马而逃。我选股永远就那么几只,对象选好了,然后就是一波一波培养感情,不断注入新鲜血液。

笔者:请问石先生,你对当红股评家的看法。

石先生：散户们对股评家又恨又爱,其实我认为不要轻视股评家,更不要忽略股评的两大功能。

笔者：请问哪两大功能?

石先生：第一是制造概念的功能。有人说中国炒股就是炒概念,而所有的概念都出自股评家之手,当鼠标概念生成时,你去买网络股绝对赚钱。当水泥概念萌芽时,买钢铁股绝对没错,当基因概念走红时,追捧生物工程股便是最佳选择。当酒醉人糖蜜人时,你就一醉方休,口蜜腹剑。当所有的概念都明朗时,就要小心了,因为股评家又在构思新的概念,没准,下一个是鼠标加水泥。

笔者：那第二大功能是不是推荐黑马?

石先生：推荐黑马那是最庸俗的小儿科,股评家应该是最称职的市场营销学家,第二大功能就是造势功能,俗语叫搞气氛。不论牛市熊市,也不论这个板块那个题材,哪一个不是股评家“搞”出来的? 真可谓涨有涨的说法,跌有跌的道道。现在做股评很难了,以前靠发展会员赚钱,现在靠推荐庄股,获得点推介费,很可怜的。

笔者：万小姐,难道你就没有得到一点股评家的教诲吗?

万小姐：当然有,股评家教会了我,所有的美丽都是谎言包装出来的,选情人你是相信自己的眼睛还是媒婆的巧言。

笔者：请问石先生,你炒股的格言是什么呢?

石先生：热爱股市,远离贫困!

我最后问：也请问万小姐,你的炒股格言呢?

万小姐：给股票装上神经,在割它的时候,让你能感到切肤之痛!

中小散户与基金经理、股评家面对面

主持人：本网站为吸引网民（特别是庞大的股民群体）的注意力，提高点击率，特在网上和证券媒体发布广告，将邀请实力派基金经理和著名股评家亲临网站聊天室直接与股民对话探讨相互感兴趣的话题。如此非凡的创意一推出，便一石激起千层浪，在股民中产生了强烈反响。基金经理啥模样？是骡子是马，这回都要拉出来遛遛。通常股民把聊天室喻为"澡堂子"，管他是达官贵人，还是下岗的百姓，大家都赤裸裸站在同一水平线，能言之所言，敢骂之所骂，无论是虚是实，无聊还是有聊，只要酣畅淋漓聊过，就能像洗了桑拿浴一样通体舒畅。广大网民兼股民翘首以待，准备抢占聊天室同基金经理，股评家短兵相接肉搏一场。

股民甲：请基金经理放光吧，你是庄家吗？

基金经理：我……我不叫庄家。

股民甲：不是庄家站一边去，请庄家接招。

基金经理：我就是被你们称为庄家的大机构代表。庄家这一称谓太俗，让人想到赌场。你是谁？

股民甲：我是你爸爸。

基金经理：你这人出言不逊，咱们的谈话到此为止。

股民甲：没错。咱散户是你们庄家的衣食父母，做你老爸给你钱用你不会吃亏。

没等他讲完,主持人鼠标一点,将其删除掉,请进了第二位。

股民乙:基金经理久违了,应该说我们志同道合,在同一股海中生存,只不过你们是大鳄,我们是小鱼儿罢了。有几个问题想请教一下。

基金经理:随便问吧,在聊天室大家都是小鱼儿。

股民乙:古语道无巧不成书,"股"语道无庄不成股,大大小小的庄家在股海里兴风作浪。据我了解,美国股市庄家是无处藏身的,谁要是坐庄,对敲或拉高出货,联邦调查局会在第一时间立案侦查,庄家不仅会被重罚,还将去体验真正的套"牢"。

基金经理:你非常内行,美国的确不能坐庄,是因为它是一个规范的开放市场,全世界的热钱都往一条道上挤,"你有我有全都有",谁还会担惊受怕地去坐庄呢?中国就不同了,对于一个的封闭市场,如果没有庄家,股指恐怕还在千点之下徘徊。可以说没有庄家就没有牛市,庄家在获利的同时也解救了套牢的散户。正如毛主席所说,无产阶级只有解放了全人类才能最后解放无产阶级自己。打倒了庄家,股指也就轰然倒下,这也正如一位哲学家所言,存在就是合理的。

股民乙:有思想。这么说应该为大救星立牌坊,让庄家无休止地骗线、洗盘、出货蚕食散户?

基金经理:此话错也。其实庄家跟散户一样驱利而来,从来没想要蚕食谁,做庄也极难,据我了解大多数机构在以前都是亏损的,承销新股被高位套住,承销配股成了大股东。尽管现在拓宽了融资渠道,但钱毕竟是拆借或募集来的,也随时面临赎回,不可能长期在股市举杠铃,庄家要变现必然要把高价筹码倒给追高者。散户在底部跟庄的赚钱,在高位接庄的亏钱就太正常不过了。

股民丙:咱散户每天都在喊战胜庄家,但战来战去,结果都像唐·吉诃德一样在同风车作战,你能告诉我庄家什么时候吃货,什么时候出货的秘密吗?

基金经理:这个问题请股评家来回答,这是他们所擅长的。

股评家:回答这问题容易让人产生误解,仿佛我们同庄家有染。其实庄家什么时候吃货,在什么板块建仓都是非常隐秘的,倘若我们能察觉,一公开推荐,散户都去同庄家抢筹码,这庄也就黄了。不过,庄家什么时候拉升,我们通过技术分析还是能预测出八九不离十的。

股民丙:哦,明白了。难怪你们荐的股大都像风筝一样飘上了天,要么买不到,要么买到了被套。作为股评家应该杜绝两大误导,一是"庄家完全控盘",二是所谓的"目标位"。实践证明"庄家完全控盘"的股票到头来都是被打翻在地再踏上一只脚的结果。"目标位"更是害人不浅,让股民忘了获利出局或止损离场,不达目标誓不休,坐电梯上去乘过山车下来。请问,这目标是依据什么测算的?

股评家:目标是依据个股的基本面和庄家介入程度和技术量度升幅测出的,只能作为参考,据此入市,赚了你不为股评家送锦旗,亏了就找股评家问罪?

股民丁:近两年股评家的口碑走下降通道,连续两年被排在百种职业民意调查排行榜倒数十位内,与"三陪女"十分靠近,这是何因造成的呢?

股评家:我想造成这一事实的原因有三:一是庄家太狡猾,控盘手法日趋老道,骗线做得天衣无缝,眼看要破位下行又大阳拉起,眼看要冲关夺隘,又大阴杀下,使预测失误率大增。二是股评家队伍庞杂,林子大了什么鸟都有,有的卖身投靠成了庄家的喉舌。三是投资者的误解,好像我们跟"三陪女"一样低贱,其实我们倒像"三赔男",股民亏了要骂我们,庄家出不了货要怨我们,行情低迷,管理层要批评我们。我们真像猪八戒照镜子——里外不是人!

股民戊:请问基金经理,你们这在股市中呼风唤雨的主儿,来无影去无踪,能否简单勾勒出机构的嘴脸,也好让咱散户今后面对面走过而不会失之交臂。

基金经理:我想你要问的是机构的类型和手法?概括来讲,机构有"超级航母"型,这类机构实力最雄厚,为国家级财团,炒作对象为国企大盘指标股,有道是"船大难调头"故持股时间长,股价及大盘涨幅大。此类机构入场,一般都昭示着有一波力度较大的牛市行情。

股民戊:哦,明白了,就像炒工行那一类?

基金经理:另一类是"巡洋舰"型,一般为投资基金和券商,他们的炒作通常瞄准绩优成长股,高速是其特点,快速建仓,高举高打,火力之猛望洋兴叹,可以连拉十个涨停,派发也十分缓慢,逼着你长线持有,如果称庄的话此庄为善庄。

股民戊：前期创造了苏宁神话的庄对吗？

基金经理：对。还有一类是"鱼雷快艇"型，一般为社会游资，俗称"过江龙"，其手法为短、准、狠，不问青红皂白，看准热门股，在极短时间，腾空而起，达到翻番目标后，快速着陆，以连续跌停的方式恶狠狠出货。此庄为恶庄。

股民戊：我想恶炒中国铝业的庄属于这一类吧？

基金经理：不错。庄家的种类还有很多，跟什么庄，散户应因人而定。炒股票是零和游戏，钞票不能复制再生，跟庄如同投胎，含着金钥匙和讨饭棍降生仅一肚皮相隔。

股民己：我有一个问题问股评家，你们的职责是让散户读懂庄家，发现黑马。为什么有的股评家荐一只涨停一只？有的荐十只都原地踏步？

股评家：这个问题也涉及到股评家类型，有的是煽动型，有的是伯乐型。急功近利，一荐就涨停的并非真正的黑马，原地踏步的并非日后不能腾飞。

股民己：此话怎讲？

股评家：这是马太效应在股市中的再现。股市是最淋漓尽致展示羊群效应的地方，煽动型的股评家，由于有以往百"荐"不殆的历史，经常上榜，像当红的歌星一样，拥有大量的"追星族"，加之这类股评家，因稿件极为抢手通常都是一稿数十投，全国所有的证券报刊都"同唱一首歌"，其煽动力可想而知了。全国几千万股民哪怕有百分之零点一去追捧，不火箭发射才怪？不过，你追进去翌日跑慢了就被套。散户戏称这一现象为：榜上有名，钱落深山。

股民己：难怪，只要股评家一力荐，几个亿盘子拉起来都身轻如燕，原来是股民在帮庄家抬轿呢。那伯乐型的呢？

股评家：伯乐型的专挑潜伏在底部，庄家正在悄悄吸筹的股票，尽管门可罗雀车马稀，怎么推荐都不涨，但中线持有，日后必有厚报，回过头看，煽动型推荐的股票，都是伯乐型先前推荐过的。作为散户，你愿意追高呢，还是抄底呢？当然伯乐型未必受庄家欢迎，庄家最欣赏的是煽动型，只要煽动型相中自己坐庄的股票，便万事无忧，只管大胆修改获利目标吧。

股民己：哦，懂了，你属于后者，我下去后一定买一本你的相马书。

股评家：且慢，你能概括一下你们散户的类型吗？

股民己：散户队伍庞杂，杀鸡杀鸭各有各的杀法，对散户研究得入木三分的唯有庄家。

股民庚：我来概括。散户再多，不外乎有"追涨杀跌"型和"猪仔"型两大类。前者整日忙着跟风打探消息追热点，今天在题材股上网一把，明天在国企大盘股上下一注，赚点分子钱就跑，套住了就杀跌离场，追来网去，资金却被别人网走。后者却是在低位买了股票，管他套与不套，都忘了这只股票，像死猪一样失去知觉，或者像猪仔一样，吃饱了就睡，直到把股票的膘养肥，赚足赚够了才出手。

基金经理：厉害呀！还说庄家谁也不怕，这样的散户，恐怕连鬼见了都怕。

股评家：不要被基金经理迷惑，请不要忘了，猪养得再肥，都躲不过挨刀的结果……

中小散户投资心理学

主持人: 本聊天节目已成为了全国散户关注的焦点,被散户视为能吐露心声的阵地,有众多的散户表达了愿意亲临聊天室现身说法,总结自身炒股成败经验,以警示股友的愿望。我们经过筛选,特请来了两位在牛市中亏钱的典型代表褚先生和董先生作为嘉宾,下面请他们二位各自简单介绍一下。

褚先生: 各位股友,我十分珍惜网站给我这次机会,作为股场败将,输的是钱,赢的是经验。我想同大家聊聊亏损的症结,用我的亏换来大家的赢。

董先生: 感谢主持人的安排,作为散户,我想结合我及我身边人的切身经历,聊一聊散户为什么输钱和炒股的心态。

股民甲: 请问褚先生,听说你是股市高手,怎么会在中国最牛的一波行情中赔钱呢?

褚先生: 输钱皆因赢钱起,应该说行情初期,我在资源股上大网了一把,捞到了鲜活的海鲜,后经不住股评家"题材股"将贯穿整个行情主流的诱惑,在该收网时又撒了更大的网,结果指数涨了600点,我却亏了40%。

股民甲: 请问董先生你又怎样被"牛蹄"狠踢了一脚呢?

董先生: 说来可笑,我因怯懦心理作祟,怕追高股票有风险,选择了风平浪静的港湾——风险最小,价位最低,折价率最高的封闭基金,结果也赚了500点指数,亏了几万元钱。

股民甲：看来你们二位一个是追高，一个是追低，一个胆大如虎，一个胆小如鼠，犯的是不同的错误。

褚先生：不，我和董先生或许犯的是同一个错误，而且是所有的散户都在不断重复犯的错误。我称之为"股市病态心理症"。

股民乙：新鲜！褚先生你能描绘一下症状吗？

褚先生：其一是踏空心理症。散户大都不怕跌时套牢，就怕涨时手里没货，比如说，我获利卖出题材股九发股份后，眼看着该股一路疯涨，踏空的感觉就像老婆跟人私奔或心爱的情人被人夺走一般难受。结果通常是守不住寂寞，晚节不保，奋不顾身去接了最后一棒。本想"久发"，结果该股预亏，揪走了我的头发。

董先生：依我看与之对应的还有恐高心理症。譬如我一直看好的山推股份，5元不敢买，7元不敢买，10元不敢买，岂料该股一鼓作气推到20元。有些股票就是这山更比那山高，硬是像犟牛一样不讲道理，散户越不敢摸，它就越疯狂。

股民乙：也许什么时候散户敢买了，这股山顶就显露出来，高不可攀了。

褚先生：这是一个非常简单的道理，筹码在庄家手上，再臭的鸡犬也能飞上天，筹码分散在散户手中，再好的业绩股也只能是自由滑翔。我认为股市中这个黑马，那个庄家，这个题材，那个板块固然重要，但都是外因，重要的是内因，是自己的心态，外因通过内因起作用，战胜股市的唯一法宝就是战胜自己。你别看封闭基金不涨，或许有一天涨起来像洪水一样猛。散户只要经受住了庄家严刑拷打般的洗盘，糖衣炮弹般的拉高诱惑，便能成为股市中的常胜将军。

股民丙：除了这些，还有一连串的变态心理，比如贪婪心理、狂躁心理、博弈心理、偏听偏信心理、侥幸心理等等。

董先生：是的，特别值得一提的是后悔心理，股票一买就跌，一卖就涨，像祥林嫂一样悔不当初的故事，绝对是股市中的主旋律。然而，股市只缺一味药，就是后悔药。

褚先生：后悔都还不可怕，最要命是的恐惧心理。股市一暴跌，就认为世界末日来了，套住了永世不得翻身了。我的一位老乡，鄂州一位田姓股友，因借债炒股被套，在牛市来到前夜刎颈自尽。试想他当时再咬咬牙，克

服恐惧心理，不仅看到了的曙光，迎来了大牛市，而且满仓的股票都能翻番。生与死、贫与富只一念之差，这就是股市！

股民丁：请问两位先生，造成散户心理人格障碍的病根是什么？

褚先生：因为散户投入股市的钱都是养命钱、救命钱，机构庄家的钱是公款，与个人命运毫无相关，两者的心理承受极限不在同一平台。散户一旦买了股票，就等于把自己的命运把握权交给了股市。股票涨，为之狂喜；股票跌，为之扼腕，喜怒哀乐都被指数"套牢"了。

董先生：褚先生说得太对了。残酷的现实是：股票涨多高，跌多深全由庄家发言，庄家左右了股票的命运；而股票又左右了散户的命运。这就是游戏规则。悟出了这个道理，你就战胜了自己。

股民与股坛奇人聊天

主持人：本聊天室请来了一位特殊嘉宾，这位嘉宾既不是庄家，又不是股评家，而是一位写了大量股市文化现象的作家古远先生。古先生关于股市的种种猜想，正逐步得到市场印证，请他来与大家交流，也许比读他喜怒笑骂的文章更过瘾。

股民甲：请问古先生，可以说我是你的忠实读者，你在行情初期提出的"行情没完没了""成交量不见不散的"预测，如今还管用吗？

古远：管用，本轮行情正如我们的猜想"没完没了"地延伸，然而，行情"没完"，参与者却未见得"没了"。

股民甲：此话怎讲？

古远：你问问你身边的朋友，现在手头拿的是币还是货？没准六成散户都是币大于货。我有一大帮散户朋友曾相约，见 4300 点就翻空，谁知大家争先恐后获利了结后，行情却义无反顾地连创新高，你能读懂这个中奥秘吗？

股民甲：能读懂一二，现在筹码大都集中在庄家手中，咱散户终于过了把瘾，把庄家套住了。庄家难出货，对吗？

古远：也对，也不对。是的，主力持筹比例大大高于散户，筹码高度锁定，这便是此轮行情越走越牛的关键。然而分久必合，合久必分，说散户把庄家套住了，此言错也。

股民乙：请教错在何处？

古远：行情演义到今天，参与者"基本面"已发生根本变化，如果说行情早期是全体股民总动员玩"百家乐"游戏的话，而今已演变成庄杀庄的"龙虎斗"了。股民习惯把股市看成是一个大擂台，设擂初期谁都能上去舞两下花拳绣腿，但随着攻擂的升级，众多英雄好汉被踢将下来，台上剩下的就只有重量级高手在过招了。

股民乙：那我们空了仓，岂不是没得玩了？

古远：那要看你怎么玩，你掂掂自己的分量再决定是玩还是不玩。你看清了在台上玩的都是何方神圣，千万级小庄、亿万级中庄、十亿级大庄正斗得难分难解。股市如赌场，散户"根子"浅，充其量只能玩玩开大开小的小玩艺儿，至于"梭哈"那样的豪赌，哪里是吾辈能掺和的。

股民丙：现在行情已突破 5400 点大关，众多市场人士在呐喊：5400 点是底不是顶。我们应该抄底还是逃顶呢？

古远：无疑，5400 点已被踩在脚下，至于是底是顶，就要看散户的表现了。你要去逃顶就肯定是底；你要去抄底就肯定是顶！

股民丙：你把我弄糊涂了，难道散户还能左右股市吗？

古远：不是散户有左右股市的能力，而是游戏规则约定散户"老九不能走"。眼下，有一种危险的信息，怂恿基金坐庄，基金一旦肆无忌惮地坐庄，将后患无穷。以前股市一见百元股，管理层又是查操纵股价又是抓庄家。现在面对百元股二百元股不提查操纵股价了，而没有成交量的空涨，任何人都看得出是操纵股价。资金垒起的沙峰，能耸立下去吗？一旦股市发生逆转或股指期货推出，百元股大小非解禁，股民和基民将面临毁灭性打击。我现在这样说，大家可能会耻笑，但事实还将又一次证明我的警示。庄家把指数推高，把股价炒高为的啥？并不是这只股票值这个价，要买来当藏品，而是要把这只比黄金还贵，比火炭还烫手的山芋倒腾给你，赚取盆满钵满的白花银子。什么时候山芋落入你手中，"顶"也就显山露水了。"5·19"行情时，散户因缺乏经验，被庄家一网打尽，做了大闸蟹，而今散户学精了，见好就收，见麻雀就网，绝不贪食，你一拉抬就走人，反而把高价筹码交还给庄家老大哥。只要庄家出不了局，5400 点就一定是底。

股民丁：如此说来，只要大家不去抄底，不就把庄家套住了吗？

　　古远：你不进去？你以为你是谁？你知不知你是在和游戏规则制定者玩游戏？庄家爱你没商量，你不进去，拉也要拉你进去；哄也要哄你进去；骗也要骗你进去，除非你是睁眼瞎，看不见如同"捷报飞来当纸钱"的钞票。接下来你会看见股指一个劲地往上窜，100元、200元的股票像豆芽菜一样一抓一把，诱人的故事一个比一个娓娓动听。你不去股指就会到6000点、7000点……牛市逼空，连拉九个十个大阳的盘面该让你开眼界了吧？

　　股民丁：目前股指在5400多点，平均市盈率已达70倍，到6000点市盈率已超过100倍了，而美国走了长达十多年的牛市，本益比也不足20倍。100倍是什么概念？等于我现在买进股票要百年后才能收回投资。

　　古远：百年不算久嘛，人类基因密码已破译，我辈都有可能活到一千二百岁，百年只能算是炒了个"短线"。

　　股民丁：为了股市能看到6000点，我辈就豁出去了，拿出贴身面对三级影星挑逗而坐怀不乱的大无畏精神，发誓不进去。

　　古远：光坐怀不乱还不行，现在已是击鼓传花的尾声阶段。我也跟你讲个故事：当年上海滩最早一批大户几乎全军覆没，其中一位幸存者，就是在卖空股票后，每天就带一把菜刀入市，当他忍不住犯瘾时，握菜刀的右手就对下单的左手说：你买，只要你敢买，我就宰了你。就这样他保住了胜利硕果。

　　股民丁：你的意思是教我们该出手时就出手，该收手时当收手。

　　古远：一个成熟的股民要学会经常转变自己的角色，现在行情已进入"梭哈"翻底牌之际，也许耐着性子当一个看客更过瘾。

中小散户与经济学家真情告白

主持人：如果说以前我们的聊天节目多为散户参与的"下里巴人"的话，今次我们就来点"阳春白雪"。今天光临聊天室的有国内著名的经济学家，金融学博士，大学教授。这几位有识之士完全是看中了本聊天节目在散户中的影响力，自告奋勇来就创造了世界股市之最的本轮大牛市行情的性质、运行方向、持续时间、中国股市发生的结构性变化、谁将是大赢家等股民最为关心的诸多话题，发表精彩见解。

股民：能在网上与咱们景仰的专家学者一起来探讨股市现象是散户的福音，请问推动本轮行情的力量来自何方？

经济学家：首先我们来从现象上看看今天的市场都发生了哪些变化。为什么新高叠着新高，利好接着利好？牛市持续时间最长，股指涨幅最大，参与者最多，热点始终不集中，成交量始终不能放大，每每因技术要求或新股集中发行，周边股市暴跌等利空干扰，股指欲调头向下之际，都被轻而易举拉回？尽管市场平均市盈率已达 60 倍，为什么做多不减，做空能量不强？好一头勇往直前的犟牛、慢牛、壮牛。这一切都是因为有一只看不见的手在起作用。

股民：请问这是怎样的一只手？是超级庄家在操纵吗？

经济学家：市场人士普遍认为中国正在发生由政策市向市场化的转型，实际上是一大误区，中国的股市除了政策市还是政策市，这是中国国情使然。本轮牛市的推手有本币增值,经济持续增长的原因,但根本原因是股改后,大股东做多热情提升,以达到高价减持大小非的目的,上市公司业绩的提升这才是本轮牛市的原动力。

股民:请问根据何在?

经济学家:首先让我们来看看国有股减持的意义,减持国有股是国有资产增值和企业真正脱胎换骨的必由之路;而减持后的国有资产增值后一部分用途是作为社会保障基金,这是关系到国计民生安定团结的政治问题。以往国家解决部分社会保障金是来源于打击走私,但打击走私等无疑是短期行为,今年国家利用资本市场来解决社会保障问题,无疑是高瞻远瞩的创举。因为通过资本市场来运作,风险最小,风险最分散,集资最直接,来源最有保障。在国家利益高于一切的前提下,资本市场必然要营造一个大牛市去拥抱它。这就是本轮行情的根本性质。

博士:明白了这个性质,也就看清了行情的大势。大势决定了现在仅仅是牛市的中期,慢牛将有一个向快牛,直至疯牛演变过程。这个过程至少能持续到奥运之后。

股民:在这个演变过程中散户该怎样应对?

博士:首先要弄明白股市较以往发生了哪些根本性变化。我认为最重要的变化就是投资者结构的变化。以前股市的绝对主力是散户,散户是托起整个市值的中流砥柱。法人、机构投资者入市受到了严格的限制,高门槛政策导致托市资金枯竭,风险大得连券商都不敢在股市久留,主力通常只得采取捞一把就闪的投资策略。股市游戏局限在庄家压低价格从散户手中买些筹码,然后抬高价格把筹码又卖回散户手中的恶性循环,股市因资金匮乏陷入牛短熊长的怪圈。致使中国股市成为最不规范,投机风最甚,回报最低的动荡市。而今政策之门洞开,不管白钱黑钱都往股市赶。门槛低得使所有的热钱都别无选择地涌入股市。然而进门容易出门难。眼前股市应该说存在三难。

股民:请问哪三难?

博士:买难,卖难,赚钱难。大家会问一千多只股票怎么会买不到货呢?大家都在抢货,你就很难买到便宜货,你没见只要廉价,ST都有庄家饥不择食,真正有投资价值的股票极少,稍好一点的股票,已经高高在上,成为了可望而不可及的庄股；卖难，典型的是高价筹码鲜有跟风者接盘，庄家纸上富贵如同假币一样难以变现。据统计本次行情入市的机构投资者比重远远大于散户，庄家要想把筹码倒给散户难于上青天，加之大小庄家钩心斗角，结果是一个也跑不了，使其被迫选择长线锁仓；赚钱难，难的是热点极难踩准，指数涨，个股歇，牛头熊身股比比皆是。庄家难以变现，岂能让你散户赚钱后脚板揩油。

股民：如果这三难成立，股市岂不会将牛市进行到底？请回答后市该如何操作？

教授：是的。也许牛市持续的时间会是漫长的。但并不是拉着指标股一路逼空疯涨，慢牛和市场参与各方共赢才是良性的，像中国船舶、中国铝业那样的恶庄，不是黑马，而是害群之马。既然是牛市，就肯定有一个大家都赚钱的共赢机会，我们应该少安毋躁，保持良好的心态，手中被套的低价股要坚定持有，既然大股东都在资产注入，就没有高低之分，相信风水轮流转，明日到你家。没有货的也可守株待兔，待回调时选择涨幅小的股票从容建仓，因为庄家多半不会采取疾风暴雨似的集中出货，而是采取润物细无声似的缓慢出货。

股民：你能预测本次行情谁是最大的赢家？

教授：不是国家，更不是庄家，最大的赢家是老百姓，因为社会保障基金有着落了，终端受益者是老百姓。

股民：世上没有不散的筵席，你认为牛市会在什么时候结束？

教授：什么时候国有股法人股能百分之百无限制减持了，行情也就结束了。

第三章
醒世恒言

把握本轮牛市的最大题材

　　相信年龄稍大一点的中国公民,都看过一部电影,那部叫《绝裂》的影片中,葛存壮表演的"马尾巴功能"的细节,让人永生难忘,其子葛优都望尘莫及。葛存壮的贡献不止是表演艺术领域,而为后来股市无穷无尽的挖掘题材埋下了伏笔。题材,原指文艺作品的材料,考证题材的出处,《辞海》解释为:文艺作品的要素之一。但在股市中被曲解为庄家拉抬股票而制造的借口。题材从文化中来,而在股市里得以创新和发扬光大。题材又是与概念相辅相成的,有了概念就能挖掘出一个题材,有了题材就能诞生出概念。

　　炒股就是炒题材,既然是炒,就必须翻去翻来。这如同年广九的傻子瓜子,就是不停地翻炒,才创出了名牌,什么时候翻慢了,瓜子也就炒焦了。同样,深沪股市什么时候题材制造得多,挖掘得深,什么时候就火暴;什么时候题材炒穷尽了,什么时候就低迷。挖掘题材像挖掘金矿一样,成了股市淘金者永远热门的话题。题材或诞生于庄家精心策划的密室,或流传于散户集中的民间,有的甚至是上市公司莫须有的编的故事。自打中国有股市以来,深沪股市诞生了多少题材,恐怕数不胜数。老股民还记得当年叱咤风云的三无题材,"5·19"受纳市诱惑直线飙升的网络题材,新股民却在津津乐道连拉25个涨停的券商借壳上市题材;当下最热的莫过于资产注入资产重组题材、参股金融券商期货题材、整体上市题材,随着股指期货推出临近,又横空出世了大盘权重股题材。以地域划分的有少数民族题材;

西藏要开发，藏股题材便整体发力。股权分置改革，又诞生了送股、缩股、权证题材。申博有了申博题材，申奥有了奥运题材。真可谓什么热门，就有什么题材相配合。国际原油和黄金大涨，又催生了资源稀有题材。记忆不差的股民还记得网游题材热炒时海虹控股等连续涨停，创造了深沪股市涨停板的"传奇"，新股民亲眼目睹了杭萧钢构连拉10个涨停的"非洲重建题材"的"神话"。然而，回过头看又有多少人叹息追涨停的后悔。题材的欺骗性就在于其神秘，亿安科技的纳米、银广厦的萃取、数码测绘的数码、蓝田的生态都像"蒙汗药"一样不知麻翻了多少人？

　　言归正传，我们来效仿葛存壮，挖掘一下马尾巴的功能题材：减肥题材（马尾骨因运动量大脂肪很少）、美容题材（马尾能做假发）、音乐题材（马尾能做琴弦）、运动题材（马尾巴能保持奔跑中的平衡）、生物基因题材（马尾巴萃取后能做干细胞等生物制品）、中药题材（马尾的药用价值很高能治关节炎和壮阳）、纳米题材（马尾巴有的比头发丝还细）、生态农业题材（马粪还是无公害无污染的农家肥）、卫生题材（马尾巴甩起来能赶走苍蝇蚊子）。够了，再挖掘下去，恐怕比葛存壮数落马尾巴的18种功能还多。题材，多少人把你追捧狂爱，多少人为你倾家荡产。题材，能把聪明人炒成傻子。一个题材被热炒后，便没有了题材。回过头来看，几乎所有的热炒题材并未实实在在提升上市公司的业绩。上述提及的都是小题材，每一轮行情都有一个题材推波助澜，新的行情需新题材，猪年要炒大题材。应从马尾巴的功能转向马的功能，即看马的体魄，奔跑速度和持续耐力，从炒题材转型到发掘上市公司真实的业绩。大题材说白了就是宏观大背景，周边股市的气候和政府的意愿。眼下大题材可分为人民币增值题材、2008年奥运题材、2010的世博会题材。渤海湾发现大油田题材。只有炒大题材，才能使牛市走得更远。倘若深沪股市什么时候挖掘出"无题材"题材股，才算真正有了最高境界的大题材！

西方不亮东方亮?

主持人：东方不亮西方亮,西方不亮东方亮,这本是地球自转带来的一种自然现象。然而,我们有幸看到这个自然现象演绎为经济奇观:被誉为世界股坛"风向标"和"制高点"的美国股市最近受次级债危机风雨飘摇,道指连下三城跌破牛熊分界线,"帝国大厦"的摇撼,推倒了多米诺骨牌,欧美股市告急,亚洲其他国家和地区股市熊气弥漫,有经济学家预测,西方股市的暴跌,有可能引发全球性的经济衰退和金融危机。谁料,中国股市却一枝独秀,形成了"东边日出西边雨"的风景,西方不亮东方亮。中国股市究竟会是同美国股市联动,步入熊途,还是同美国股市逆动,继续走牛呢? 这成为市场最为关注的焦点。今次,我们邀请到了持正反两种观点的嘉宾代表,进行短兵相接地辩论,以期让投资者作出明智的判断。

正方：中国股市与全球股市联动并不明显,这主要是我们是一个封闭型市场,全球股市的每一次波动都没有波及我国股市,美国股市十年牛市,在不断创新高时,我们却在走熊,其原因是外资被拒之门外,美国股市之所以走熊是因次级债风波全球热钱不看好后市而退潮,既然我们没有次级债危机,当然就不存在撤退抽资之忧。目前,中国股市的主流资金是券商、保险资金、投资基金和各路庄家。大资金介入股市相当深,在目前的点位极难全身而退。封闭型市场的特点是:股指涨落可以人为施控,再则中国股市没有做空机制,继续做多,推高股指,营造牛市氛围吸引中小散户接盘,

139

似乎是市场主力现阶段的选择。

反方：把中国股市看成一个完全封闭的市场，这是站不住脚的，这不能简单地从有无外资的直接流入来评判，事实上，中国股市的大门，从改革开放时起，就已向全球洞开，全球资金也全方位多层次向中国市场渗透，特别是 QFII 的加盟，中国早已参与了国际经济大循环，全球经济的一体化，注定了中国经济要同美国经济联动，全球经济的衰退，必须抑制中国经济的增长。虽然，我们没有处在"台风中心"，但西方下雨东方打伞不可避免，特别是美国股市泡沫的破灭，也会溅些水花到我们身上。加之，中国股市的游戏规则和投资理念有很多是模仿美国和香港的，这难道说不会联动吗？

正方：中国股市是一个典型的政策市，可以说是一个内力作用极大，外力作用很小的市场，所以当政策驱动力没有减弱时，股市还会依然惯性走牛。加之，中国宏观经济持续向好，上市公司业绩整体大幅提升。同时，国内的投资大众队伍庞大，投资机会、投资渠道少得可怜，在没有其他投资出路的情况下，"恋战"股市，也是一种无奈选择。资金面的宽松，带来股票供不应求，这一切都支持中国股市风景这边独好。相反，美国是一个面对全球开放的市场，外力作用很大，其内力又主要取决于宏观经济走势和上市公司的盈利能力，由于美国经济增长放缓，新经济的魅力不在，导致上市公司盈利能力降低，硅谷变成了"鬼谷"，大幅裁员，科技公司失去了风险投资支持，濒临倒闭，使股价缩水，在外力作用的反推下，股市走熊有其内在原因。

反方：诚然，中国现阶段还是一个政策市，内力作用很大，但同时也不能小视外力作用。在加快市场化步伐的今天，政策的力量也在逐步减弱。加之，政策也在明显地减速：规范发展，依法治市，监管年的提出，加强投资者风险教育都说明：上层已经敏锐的感觉到全球经济对中国的影响，所以银监会也下令违规资金必须无条件退出股市，把防范金融风险放到了第一位。这一切都说明政策已发出给股市降温的信号。既然国家资金都要退出，再把广大中小散户引诱用进股市，不是十分不道德吗？不可否认，宏观经济向好，但也有过热趋势，加之通胀抬头，宏观紧缩收紧以抑制流动性过剩。上市公司的业绩虽然有所提升，但绝对支撑不了目前的股价，高企的市盈率，已经严重透支了业绩。资金面的宽松，更是表面现象，随着扩容的

加快,国有股、法人股的减持,股指期货的推出,必将分流资金。中国股市之所以没同美国的联动,是因为庄家还没走,一旦庄家出完货,联动滞后现象就随时可能暴发,其杀伤力可能较美国市场有过之而无不及,所以,投资者应该把风险防范放在首位,宁可不要"牛尾",也不要撞了"熊头"。

正方: 说中国股市要走熊,这无疑是危言耸听。牛儿还没长大,正是出大力的时候,谁也不愿意宰杀。由于没有做空机制,走熊不但管理层不答应,几千万投资者也不会答应。美国股市做空也能赚,一旦趋势改变后,向下的引力就十分大,所以,纳市炒高至百元的股票,跌至一元,也没有人出来拦街喊冤。相反,美国股市的大跌,正好是中国股市的机遇,种种迹象表明游资从美股撤离,为了寻找获利出路,都英雄所见略同地看好中国。加之,中国政治稳定,经济稳定,投资者日趋成熟,证券市场正在一步步向国际接轨,投资这样的市场风险极小,可以说是众望所归,东方的月亮比西方圆,不只是自然现象。

反方: 如果一厢情愿地认为外资从美国流出后会进入中国市场,这完全是痴人说梦。我们撇开人民币不能自由兑换的屏障不谈,既使通过其他移花接木的渠道流入的可能性也极小。再说,让外资大举炒 A 股,政府也不会答应,让全球资金进来炒,那还不炒翻了天?眼下 A 股的庄家都在拉着大盘权重指标股,绞尽脑汁想退,妄想让"联合国的维和部队"来拯救你,可能吗?海外投资者对中国上市公司不了解,对游戏规则不熟悉,更不会压低吃货,洗盘,拉高出货那一套中国特色的坐庄手法,他们甘愿来送死吗?看看中国最优秀的公司在美国证券市场的表现,便能证明,国际游资流进中国市场,只能是一厢情愿的单相思。

主持人: 正反两方难分伯仲,时间是最好的裁判,究竟是东方亮还是西方亮,咱们看结果!

股指期货风生水起　中小投资者如何操作

　　股指期货说来就来,2007 年 5 月 9 日,中金所颁布了股指期货交易细则。细则规定,最低交易保证金不得低于 10%,换句话说,起步资金最少要 10 万,倘若一次暴仓,10 万元也就泡了汤。笔者因而联想到股市蛇人的启示。蛇人不是白蛇传里的蛇妖,蛇人其实是印度的一种捕蛇人。印度人捕获巨蟒的传统方式是将瑜伽功练得出神入化的高人,浑身涂满橄榄油,作为诱饵,送到巨蟒的嘴边,让巨蟒吞吃,因巨蟒在消化这个庞大的猎物时要消耗巨大的能量而不能动弹,这样,蛇人的同伴就能不费吹灰之力将巨蟒捕获,然后开膛破肚,将蛇人救出,猎取到价值不菲的蟒肉。蛇人因冒了被巨蟒吞食和在巨蟒胃中窒息的风险,而被推崇为最勇敢的人,富贵险中求,做蛇人有两种结果:一种是吃掉蟒蛇,一种是被蟒蛇吃掉。股市是一个风险和收益对等的市场,收益越大其风险也越大。假如我们把风险喻为猛兽的话,而那些连续亏损濒临退市的 ST 股票和那些到期后价值为零的权证就是股市中的巨蟒,而即将推出的股指期货因风险和收益被成倍放大而成为蟒中的巨无霸。

　　进入猪年,在股市连创新高赚钱效应诱惑下,一大批新股民以每天增加 10 万的速度,大踏步冲进股市。新股民由于没经历过熊市,不知风险为何物;老股民则相反,在熊市中亏怕了,非常谨慎。有句顺口溜为证:新股民胆大骑龙骑虎,老股民胆小骑猪屁股。新股民喜好炒看不见摸不着的题材股,而老股民则爱炒看得见摸得着的白马股。于是让我们在股市中觅到中国蛇人的身影,终于读到了两则蛇人进入蟒口而得到两种结果的故事。据《国际金融报》2007 年 3 月 28 日报道:上海浦东陆家嘴的黄先生入市不到两个月,专买 ST 亏损股,快速翻番赚了 25 万。此乃入得蟒口,战胜了巨蟒的典型。而另一个却没有这么幸运了。据《成都商报》2007 年 3 月 27 日报道:成都的一位新股民小李,在包钢认沽权证的最后交易日,当天投入 80 万元资金并两次炒作,当包钢认沽权证跌到了 0.17 元的时候,他想应该会有所反弹,可以用 T+0 赌一把,投入 65 万元全部买进了该权证,而后,该权一直下跌,在跌至 0.13 元的时候,小李用剩下的 15 万元全仓补进。然而,该权证却一直下跌,跌破 0.10 元以后,小李终于忍受不了巨大的压力,以0.08 元的价格全部卖出,账面亏损达 50%! 40 万元被"末日轮"吞噬! 此乃入得蟒口,并被巨蟒吞食的典型。同样是蛇人,却有不同的结果。由于有上述两则不同故事的启示,股指期货推出后小中投资者如何操作:

(1)股指期货推出前,买入大盘权重蓝筹股。根据国外的经验,一般股指期货推出前,大盘都是上涨的。基金等超级大机构为争夺话语权,一般在消息明朗前拉抬权重股,先买进的坐轿很舒服。

(2)股指期货推出后,卖出大盘权重蓝筹股。因为推出后机构会利用手中筹码打击指数,做空获利。因而中小散户不要抱侥幸心理,要一只脚在门内;一只脚在门外,手头拥有的获利丰厚、股价已翻倍的股票要考虑获利了结,特别是下跌做空趋势已形成时,某一天成交量巨额放大,要坚决离场,要谨防"关门打狗"似的跌停出货,一定要抢在门未关严之前开溜。

(3) 面对即将推出的股指期货这巨蟒之口,要冷静面对,不要轻易买卖,因为该新品种具有双刃剑,在获取暴利的同时也可能暴仓。从全国各地举办的股指期货仿真交易看,亏损者居多,暴仓者不少。如真想参与,可买入指数基金,与机构共跳蹦极。

(4)股指期货推出后,买股票一定要买价值低估潜伏在底部的股票,坚决不追高,买入后持有不动,不频繁操作,不赚大钱坚决不卖出。若买入价值低估的股票被套,要像"瑜伽功"一样憋住气,在巨蟒肚子中耐心等待同伴来救援。

(5)股指期货推出后,大盘单边现象凸现,涨时推涨,跌时助跌,因而轻大盘重个股就十分重要，要精选绩优成长股，资产注入整体上市股，有实质的重组股，这些股会忽视大盘涨跌，走出独立行情，让你在牛市中跑赢大盘。

最后，希望股指期货推出后有更多的投资者能成为战胜巨蟒的蛇人。

大股东一不留神成大庄

——股改后全新的选股思路

庄家,这股市中的"恶之花",让人欢喜让人忧,深沪股市也曾有无股不庄之说,庄股成了股民追逐的对象。勾勒一下庄股面孔:①近两年大幅炒作,翻了一番乃至数番。②筹码高度集中,成交稀少,暴跌中能水落石出,异常抗跌。③有巨大的除权缺口,经连续送股填权,股价看似像平原,实为险峰高耸。④大多做过整容手术,有一个神秘的概念或换了一个好听的名字。其坐庄模式为:庄家利用资金、信息和筹码的优势,通过打压、锁仓、拉抬三部曲,快速翻番,然后利用除权、重组、改名等利好,采用对倒、操纵等手法,制造虚假的成交量,诱骗散户去高位追捧而功成身退。然而,四年熊市,随着德隆神话的破灭,老的坐庄模式已不灵验了。无可奈何"庄"落去,庄股在大熊市里终结。中小散户也从觅庄、猎庄、跟庄到防庄、躲庄、怕庄,无股不庄的股市也成了有庄必跌,其惨不忍睹的逃庄跳水比赛成就了世界上少有的大熊市。

庄股的花儿谢了,但不会完全死掉,当春天来临时,花儿还会再开。股市里的大庄由基金、洋庄QFII们取代,又诞生了有业绩支撑的像贵州茅台等新庄股,但由于可坐庄的绩优股稀少,股市才有了"二八"现象,有新庄的股票像个宝,成为了熊市中的牛股。然而,由于股改,这一现象在2006年得到根本改变。股改后,中国股市将进入全流通时代,大股东拿着占股市市值75%的准流通股票,且从2006年5月开始分批流通,大股东一不留神成了股市最大的庄家,股改给了新庄们千载难逢的机会,新庄家们让基金和QFII比起来真是小巫见大巫。股市又回到了无股不庄千股千庄的时代,国有股、法人股像猛虎在牢笼里锁了多年,一旦放出后果难测,也将让中国股市迎来翻天覆地的变化。研究一下股改后大股东形成的新庄家的坐庄模式,对今后的投资策略和投资理念都是必要和全新的。未来的牛市,将又一次操纵在大股东手上。

"五一"一过,首批股改的非流通部分的5%股份将获得流通权,持有大量筹码的新庄家有三种选择:①持股不售;②低价沽售;③拉高二级市场股价高价出货。根据这三点我们结合投资策略来做以下分析。

一、持股不售

大股东承诺终身不售的公司是不多的,除了像三一重工等公司高管承诺不售外,很少有大股东保证不售的,但大股东为了继续行使控股权,也可能把庄坐到底,持股不售。倘若真有这样的公司,其股票投资者是可以持有的,起码一点减少了抛压之忧,其流通盘也相对缩小,此外上市公司不售就是对公司未来前景看好,今后靠不断的分红送股来使股票增值。

二、低价沽售

低价沽售的公司也不会很多,出此下策的要么是公司债务缠身急需现金还债,股票被锁了多年,一经解冻见麻雀就盖,不顾股票是否跌破净资产,逃庄为上。再就是绩差公司,股价难涨,拉抬又为别人解套做嫁妆,持有已无意义。这类公司的股票投资者应该坚决回避,一旦被低价沽出的垃圾污染,很多年都难解套。

三、拉高二级市场股价高价出货

拉高二级市场股价高价出货,这是超过半数的新庄家会干的勾当,股票被锁了多年,一有机会出笼,不狠咬一口不会罢休,这也是众多的公司承

诺高出现有股价数倍减持的原因,既然一不留神成了庄家,且是合法新庄,何不像模像样的坐回庄,把二级市场当做杠杆,利用资金的优势,拉抬二级市场股票,使手中的筹码坐地日行八万里似的增值,再择机高价叫卖,可谓一箭双雕。回想当年转配股解冻时,几乎所有的上市公司都采取了拉高出货的手法,当时转配时机构大量持有的东方明珠、武汉长印等就是佐证,长印从4元拉到了27元。这回筹码更集中的新庄家会不会效仿?对于这类股改除权后的股票,投资者应逢低及时上轿,等新庄来抬,与大股东共同致富,并在新庄出货前溜走。由于全流通分三步走:第一年5%,第二年10%,第三年100%,这就注定了未来的牛市要持续三年以上,有些股票涨幅会高得惊人,同时,也给投资者提供了全新的理念和独特的选股思路。投资者可从股改时大股东发布的公开信息和持股结构来发现新庄的蛛丝马迹,从而寻找新的投资机会。

从巴菲特实值论看估值论的幼稚性

　　估值论，一段时间以来成为了证券市场热得发烫的词儿，一些基金经理更是崇拜得五体投地，张口一个高估，闭口一个低估，好像只有估值论能包治证券市场的百病。于是，一批华尔街的二流估值师身价大增。于是，股市从"1∶9现象"发展成"1∶99现象"，市场上资金雄厚的基金集中持有1%的股票，而任99%的股票成为无娘之子只有爹（跌）了，深沪股指也像高热中融化了的雪糕，再难捡起来了。

　　据说，估值论是从典当行（俗称寄卖行）的估价师那里移植来的，为了追根溯源，笔者特去请教一位在典当行工作了40多年的估值师宋女士，高度近视的宋女士现高薪被一家私营寄卖行返聘为首席估价师，可见此类人才之金贵。笔者问宋女士道："你们评价一件典当品的依据是什么？"宋女士道："一是要看实值，二是要看虚值。"我心里一咯噔："虚值怎讲？"宋女士道："主要是用双眼观察当物者的心态，如果是急需用钱者就低估一些，不急用钱者就高估一些。如果怀疑是贼货脏货就使劲压价。"我接着问："评估有时也凭感觉哟？""不只是凭感觉，"宋女士指了指已经非常突出的眼睛，"有时简直就像我的眼睛一样，瞎估。"

　　提到瞎估，我联想到了估值论是不是有"瞎估"之嫌呢？估值师崇尚的估值论依赖的是两大法宝：一是上市公司的财务报表，二是去上市公司调研。先看看报表可靠吗？尽管现在有年报、半年报、季报一个都不少，但上市公司报表做假的丑闻还层出不穷。就在全国人大常委会十五次会议上，副委员长蒋正华就陈述了大量的公司和地方政府报表中的"注水数字"和"政绩数字"的弊端。结合上市公司实例来看：贵绳股份报表中的一个小数点移位就使收益增高了 10 倍；中小板询价制推出的第一股黔源电力，上市前报表做得如此漂亮，上市后就现出了原形，一季报就巨亏 0.25 元。由此推来，倘若凭报表来估值，是不是先瞎了一只眼呢？再来看去上市公司调研，这样的美差笔者曾经也干过。不知是不是丑媳妇，上市公司多半对调研者持不欢迎态度，不是拒之门外，就是拿些印得花花绿绿的资料搪塞一下，即使是欢迎的或应邀的，也不外乎是请你吃吃饭，陪你旅游一下当地的名胜景点，再奉上一些报喜不报忧的资料拜托你去锦上添花。有的调研者甚至闭门造车，从网上和 F10 资料里下载数据，为基金经理写估值报告。倘若如此调研，是不是又瞎了另一只眼呢？即使是报表和调研的业绩都一丝不苟，上市公司不分红，反而要增发圈钱，还称得上有投资价值吗？看一看估值师们推荐的基金"抱团取暖"集中持有的几只典型股票吧。神火股份年报业绩 1.37 元，一毛不拔不说，还要高比例增发，而联通、宝钢都相继跌破了配股价和增发价，使持股的基金深受"积忧"之痛。再看炒高值数百元（复权后）的中集和数十元的苏宁吧，曲高和寡，失去了中小投资者参与，已成为自拉自唱的庄股，除了纸上富贵，再无投资价值。写到此，我想起了从不听估值师建议和从不看报表选股的股坛常青树沃伦·巴菲特，尽管这位推崇实值论备受争议的老者 2007 年还因官司上了法庭，但其独特的选股技巧，还是让世人慑服。据新近一期《福布斯》公布：巴菲特以 430 亿美元的身家，占领了世界富豪榜的次席。"世人皆醒我独醉"，巴菲特当年在香港，以一元多港币购进中海油时，并不是因为该股有骄人业绩，当时中海油业绩属于低流，股价也持续低迷，而是看到了其实值，中海油股价太低廉了，已脱离了内在价值，而未来国际原油有可能持续走高，于是悄悄地大量买进，结果赚了几亿港元。同样，当国际重金属一跌再跌时，他勇于购进了黄金、白银。当美元同欧元汇率跌到低谷时，他又购进美元，海捞了一票。巴菲特几乎无一失手的投资取向，都源于他的实值论。他买股票从不看做得花哨的报表和再时髦的概念，而是看你的终端产品有没有人买，市场占有量有多大。他认为企业的诚信慷慨比时髦更重要，巴菲特长期投资的可口可乐、麦当劳、吉列、迪斯尼、华盛顿邮报等就是这类百年不衰的老店。其实巴菲特的投资标准非常简单：①必须是消费垄断。②产品简单，易了解，前景看好。③有稳定的经营史。④经营者理性、忠诚、始终以股东利益为先。⑤财务稳健。⑥经营效率高，收益好。⑦资本支出少，自由现金流量充裕。⑧价格低廉。这一切都不难看出他是一个非常实在而又老谋深算的智者，相比之下，那些时髦的估值师显得多么的幼稚。当然，这也不全怪估值师，我们发行制度尚未摆脱上市为圈钱，圈钱为脱困的怪圈。能上市的不是一些大盘钢铁，就是转嫁危机的银行股？为什么不上些报业集团、电视媒体公司或像娃哈哈那类业绩和成长性一流的公司？

　　眼下，深沪股市跌破净资产的股票比比皆是，值不值得投资？或许估值师们高度近视没看到，而实值论具有远见的巴菲特是不是已经看到了呢？

不要做最后爬上热锅的蚂蚁

　　股市是一个善于制造热点的地方,因为没有热点,股票就会波澜不兴,死水一潭。制造热点就离不开"煽情",离不开热血沸腾的"哄抬"。而股市又是一个人多势众,熙来攘往的地方,故热点会层出不穷,日新月异,"火暴"一词就用得非常频繁。然而,"火"过头,会不会引起"爆炸"呢?《圣经》曰:上帝要其死亡,必先让其疯狂!我们见过疯狂的,却没见过如此疯狂的:S*ST 长控以 14.36 元开盘后一路走高,由于没有涨跌幅限制,最高达到 85.00 元,涨幅达 1 083%,换手接近 60%。同日复牌上市的还有*ST 一投,最高达到 16 元,涨幅也达 500%,由于疯狂的炒作,下午开盘后被上证所双双紧急停牌。随后,证监会对违法违规疯狂操纵这两只股的庄家执行关门调查。疯狂的还有证监会今年头号立案调查的杭萧钢构,庄家顶风作案,在调查期间连续五个涨停,今年证监会二号立案调查的三普药业从 5元钱一口气拉到 23.8 元;还有翻了十多倍的权证,炒高至 150 元的股票。然而,每一次疯狂都是死亡前的回光返照,三普药业因内幕交易联手庄家操纵股价,不仅被证监会立案调查,还遭到证监会绝杀,叫停了藏在幕后的资产注入等砝码,其股价也无量跌停。杭萧钢构的庄家跟证监会掰手腕,最后无疑会被掰断胳膊,证监会必将使出一招致命的"杀手锏"。上交所也从周四开始,对违规坐庄操纵股价的账户实行限制交易。

　　疯狂是要付出代价的,当年炒高至 126 元的亿安科技,最后跌到 3.7

元。曾经疯狂得被称为庄股的一面旗帜的德隆系大厦轰然倒下,把庄主也送进了监狱。曾经一日上涨637%的江苏悦达权证最后跌得只剩几分钱收场。当年疯狂一时的湘证基金,由于上市当日不设涨跌幅限制,从2元暴炒到10元,最后被关门打狗,跌至一元。再就是崛起于"5·19"的网络股,股民们一边高唱着"拉网小调",一边奋不顾身地往前(网钱),结果是作"网"自缚,让"网"事不堪回首。看一看网络股的领头羊,综艺现在什么模样了,就不难体会到狂热过后是多么的寒冷。眼下,深沪股市一些内在价值为零的认沽权证在翻了六倍后,最后也统统归了零。

实践一次次证明,任何一次参与者众多的"全民性热点"在甚嚣尘上的浮躁之后,都会归于沉寂。股市如此,其他亦然。从早期的外汇热、古玩热、邮票热,到近期的彩票热、字画热、黄金热、地产热。一哄而上之后,先行者卷起财富跑了,遗弃下无数的"高位套牢者",不得不让人冷静的思考、热点产生的动机与后果。正如世界上没有无缘无故的爱,股市中也没有无缘无故的热点。热点无外乎是庄家、上市公司、各类利益团体、股评家共同营造出的,其目的在于吸引热钱,哄抬股价,集中优势兵力打歼灭战,让利益各方的财富增值。热点之所以能够燎原,是因为众人拾柴火焰高,它利用了人们的从众心理。笔者就曾形象地解释了"从众"是"四个人"抬着一个人上"人",下面的四个人是广大的投资者,上面的一个人就是庄家和热点制造者。这也是为什么股票涨得越高,股评家推荐得越起劲,股票越是涨停,追高的人越多的原因。

作为本轮牛市的倡导者和鼓吹者,笔者希望看到的是健康的慢牛,而不是庄股的疯牛。投资也是要多长个眼睛,千万别去追高狂炒的疯牛,因为"疯牛病"目前在世界范围内是无药可治疗的,发现它只能灭杀后掩埋。

"热锅上的蚂蚁"是形容的这样一种现象:在锅里放上糖,让先来的蚂蚁尝到甜头,然后一传十十传百,使热点聚集,蚂蚁越来越多,先来的驮着糖走了,热点却开始加温、发烫,直到后来的蚂蚁一个也跑不掉。无疑,"石在,火种就不会灭",只要有股市存在,我们就还将面临一个又一个的新热点,但愿追逐者再不要成为最后爬上热锅的蚂蚁。

太阳会跟着月亮走吗?

如果把深沪A股比喻为太阳的话,那么香港的H股无疑是月亮,因为H股规模极小,只能借助A股的光芒。然而,进入2007年8月,深沪股市却出现一道有背自然规律的奇景——太阳跟着月亮走,A股涨跌看了H股的脸色:2007年8月1日,由于港股H股暴跌,正待A股创新高,冲击4 500点时,下午受H股拖累,A股应声而落,这从当日的分时图上看一目了然。这一神秘的现象暗示我们:A股在撑了两天后还是不能独善其身摆脱港股的牵引,而港股是看美股脸色的,美国股市的导火绳却是本国的次级债危机,因而A股没有理由跟随全球股市联动。本来A股市场近期涨幅较大,突破4300点箱顶后也有个回抽确认,但如此跌幅也太夸张了点。太阳就此会跟着月亮走吗? 回答是否定的,回调只是暂时的。其理由如下:

(1)美股港股走了数年牛市,不断创出新高,我们并没跟其联动,尽管前几年中国经济是全世界最好的,走熊的走熊,走牛的走牛,河水并没有侵犯井水。因为人民币是相对独立的,不能进行自由兑换,A股也相对封闭,尽管现在有QFII,但还是因规模较小而翻不起大浪。

(2)A股的走牛,人民币增值是其动因之一。而美元是不断贬值的,港币也未搭人民币的车而增值,引擎不同,美国次级债不会波及中国经济,故其股市也不会就此跟随美股港股下跌。

(3)主力机构利用H股的下跌,趁机打压含有H股的权重A股从而使

153

指数下跌用大振荡来完成盘中洗盘的任务。2007年8月1日下午就是含有H股的权重股率先下跌,推倒了多米诺骨牌,引发了A股尾市跳水,明眼人一看就知道,这是主力操纵股指的杰作,吓出了浮动筹码,达到了清理获利盘"洗牌"的目的。

(4)A股受制于H股,从另一个角度也说明了A股热点散乱,缺乏有号召力的持续上涨板块,成交量难以放大,此外高价庄股横行,给人一种急于拉高兑现利润的感觉。该涨的股票不涨,中小投资者都感到极难把握热点,在大牛市中难以赚钱,这一切都源于追涨杀跌,落入了主力机构高超控盘技巧的圈套。弄清了主力操作手法后,广大中小投资者就应该调整以往的思路,对于那些炒高的庄股应该回避,选择那些超跌、业绩预增、有资产注入涨幅不大的股票,在每一次急跌时,择机介入。

太阳就是太阳。太阳跟着月亮走,不可能长期维持,A股终将会摆脱外围股市钳制,走出独立行情,做到西方不亮东方亮。

一级市场演绎的不败神话

　　如果问什么投资风险最大？——股市！如果问什么投资风险最小？
——股市！怎么可能风险最大的市场同时又是风险最小的市场呢？这就
是中国特色,这就是中国股市傲立于世界股坛之林的奇特风景。一边是风
平浪静维多利亚港湾;一边是惊涛骇浪的百慕大,中国股市被分成了这样
泾渭分明的两级:一级市场和二级市场。笔者曾将一级市场的"无风险投
资者"比喻为解放后靠剪息票,吃"定息"的那部分人,一级市场"食利阶层"
独享"无风险蛋糕"的特权,让二级市场的高风险投资者颇为不满。让我们
来看看一级市场发生了什么变化。

变化之一:申购资金屡创新高

　　自中国远洋创下万亿申购资金纪录,西部矿业等发行超过 2 万亿后,
最近发行的宁波银行、南京银行等 4 家新股,锁定资金向 3 万亿挺进。同
时,二级市场的交易量却闹起旱灾,跌落至千亿以下。可以预见,这项纪录
用不了几天就会被刷新。超级大资金动辄动用几十个亿几百亿在一级市
场冲浪,已将一级市场的水搅浑,在申购西部矿业时,中信建投北京三里河
路证券营业部就动用了 500 多亿资金。500 亿是个什么概念,超过了城市
整个金融储备的总和。西部矿业此次发行股数为 4.6 亿股,发行价格为人

民币每股 13.48 元,网上发行中签率为 0.38216248%。以此中签率计算,大概 353 万元资金才能确保中到 1 000 股西部矿业的股票。该营业部当日抛出 5.3 亿元西部矿业,按照西部矿业当日成交均价 34.2 元计算,理论上应该不少于 1 500 万股,赢利超过 2.5 亿元。无风险套利回报之高,让人望洋兴叹。可以推算 500 亿的资金有五成以上是透支申购的,也不能排除涌入了大量银行理财资金。如此"恶性捕捞",一网下去,几天工夫便收获数亿元,全年网下来该是多少? 如果我们把一级市场比喻为一条河流的话,以前是所有的投资者都有资格在这条河里捕鱼。中小投资者运气好的话,总有机会捡到几只漏网之鱼。可而今,被恶庄、大资金用"电击"、"爆破"甚至是"毒饵"等手段,将河里的鱼儿一网打尽。随着一级市场生态环境被破坏,河里已无鱼可捞,于是,大资金又将渔网撒向了海里。去海里捕鱼,必须用大资金打造更大的网,拦海网越撒越宽,网眼越来越密,无形中提高了一级市场的准入门槛,这个门槛有多高? 同样以最近的新股蓉胜和高金为例,中一个签需 500 万资金。低于这个数的,基本是竹篮打水一场空。可以说中小投资者已被逐出一级市场。

变化之二:新股接盘屡创新高

一级市场的申购神话永不言败,一是得力于政策的大力扶持,二是得力于二级市场的"冤大头"敢于接棒。跟一级市场中签率屡创新低呈反比,二级市场的新股开盘价则屡创新高。开盘股价高得离奇,新股是没有市盈率衡量的,中国远洋发行市盈率就高达 90 多倍,上市后股价又翻一倍。最为耀眼的拓邦电子,当日上涨 500%,市盈率高达几百倍。其后的东华科技、西部矿业、宁波银行、南京银行、蓉胜和高金一只比一只开得更高,成为股市泡沫的最大发源地。究其原因,主力一旦从一级市场上最大限度地"捕获"了筹码,便会在二级市场上用筹码和资金做出屡屡让人大跌眼镜的开盘价,为其高价出货拓展更大的余地。通常,新股在二级市场上越是高开越能高走,造成"获利空间广阔"的假象。这个假象会直到最后一根"鱼刺"卡住散户的喉咙才会终结。拓邦电子的高开高走,随后连续跌停,不知害死了多少二级市场的投资者。正是机构操纵新股开盘价在二级市场的

"放卫星",才带来了一级市场的持久繁荣。

变化之三：资金大小与风险成反比

如果说一级市场还存在风险的话,这个风险也必然落到了中小散户头上。对于几万元、几十万元的资金来说,而今要想在一级市场上捕到"鱼",其难度同于45中6的六合彩。倘若他们不知趣,不死心,依然赖在一级市场上劳作的话,恐怕网上一年,也将是虾米无收,终将赔尽利息和时间。他们唯一出路只有老老实实去二级市场,捡一点一级市场老大们留下的几根骨头。吃精肉的大机构坐收渔利,资金越大风险越小;反之,啃光骨头的二级市场风险被放得无穷大。风平浪静的"维多利亚港湾",永远只向机构大户洞开,而中小散户面对的只能是惊涛骇浪的"百慕大"。同时,一级市场成为洗钱工具,各种来路的钱,从一级市场到二级市场转了一圈后,其申购中签增值的部分都会变得非常干净。大量的公款在此开立私人账户申购,中了多少签,上市后赚了多少? 没有监控,也无法监控。难怪股民称一级市场为"三机"市场——"提款机"、"抽血机"、"洗钱机"。应该看到一级市场完全被大资金垄断了,那些超级大网,一网撒下去,将那些中签的幸运数字变成为网中之鱼,中小散户很难捡到漏网之鱼。为改变这一垄断的现状,有人认为,应恢复新股按二级市场股票市值配售,实践证明,那种方法是失败的,一级市场的资金是永远不会为了中新股去二级市场买股票的。笔者却有一个点子,可学习香港,不用摇号,按新股比例分到每一个申购账号,也让啃光骨头的投资者,喝点肉汤。逼着大资金,水往低处流,使求"钱"如渴的二级市场的"旱情"得到根本的缓解。

关于股市的智能测验

　　股市是什么？提出这一问题十分荒谬，股市就是股市，还会是什么？世上不荒谬的据说只有神，而神本身就不存在。在股市里混了多年，实在没弄清股市是什么。想必每个人站在不同的角度，对股市都有自己的见解。近日读清人吴文晖有关赌的诗句："相唤相呼日征逐，野狐迷人无比酷，一场众赌白家贫，后车难鉴前车覆。"古人测市如神，居然描绘出今天日征月逐，像妖狐一样迷人的股市。尽管进去的人有的输得一贫如洗，还是有一茬接一茬的往里涌。

　　日有所思，夜有所梦。那日梦中见一位智者，站在股市的入口处，要求所有的进入者必须回答一个智能测验题：股市是什么？

　　经济学家说，股市是国民经济的晴雨表。不过，应倒过来看，譬如国民经济 GDP 持续增长，全球雄居榜首，阳光普照时，股市却下起了暴雨，黑色星期三，一日暴跌近 7%，全球跌幅之最，不知是投资者看走了眼，还是有只巨大的手，把晴雨表拿反了？

　　哲学家说，股市是唯心论复辟的场所。一些虚无的代码，都有人拿钱去追捧，买入的除了一堆符号，一无所有，与唯物主义相悖。说什么存在就是合理的，典型的存在主义，甚至把尼采的"他人就是地狱"发挥得淋漓尽致。

　　社会学家说，股市是社会的"稳定器"，是最伟大的再就业工程。无论是无业人员、失业人员、退休职工、下岗职工都能来股市就业。在股市里人人平等，不管地位高低，本大本小，都能"注册"，自己当老板，且经营品种繁多，从神秘的纳米萃取干细胞到二锅头、二踢脚应有尽有，只要照章纳税，就能自由买卖，交易公平。

作家说，股市是我们最强的竞争对手。无论什么创作题材都被股市抢先挖掘了去，且故事编得精彩绝伦，充满离奇和恐怖，我们想象不出的情节，股市都能虚构出来，既有悲剧又有喜剧，还有像浏阳花炮，业绩放"礼花"那样的闹剧，让我们自叹弗如，倍感惭愧。

记者说，股市是新闻资源库。与作家的悲观相反，我们对股市非常乐观。在这里我们能大显身手，挖到惊世骇俗的猛料：从基金黑幕到杭萧钢构神话，从王小石巨贪到广发借壳操纵股价，一篇比一篇影响更大，真乃你唱罢来我登台，使我们知名度大增，不仅有了侦探的美誉，而且还身兼了技术监督局打假职能。

上市公司董秘说，股市是一座取之不尽，挖之不竭的金矿，但并不是随便什么人都能进山开挖的，关键是得想法弄到一纸"开挖许可证"。有了证就能进山圈一个山头，再拿出愚公移山精神，每天挖山不止，即使坐着吃，山也不会吃空。

庄家说，股市就像一个变废为宝的加工厂。面对一堆垃圾，我们把它们收集拢来，清洗干净，再刷上油漆，进行包装后，再贴上名牌标签，然后放在精品店里，高价卖给那些喜欢追求时髦的股民。

股评家说，股市是一个大名利场，成名十分容易，只要会"吹牛"就成，且追星族众多。深沪股市每周涨幅前三名，都是我们吹出来的，只要你花钱来索取，就能牵走牛。不过名和利同指数一样跌宕起伏。行情好时，可"雷厉风行"，万民仰慕，也可"笑看风云"，指挥万马千军。行情差时，便一落千丈，使名声同股票一起掉价。

券商说，股市就像是一块旱涝保收的自留地。只要在田里播种下红的绿的种子，就有股民前来耕耘，管它是种瓜得豆，还是种豆得瓜，我们都能分到一杯羹。

散户说，股市就像是一个菜市场，熙熙攘攘，大家都想拎着菜篮子进市场弄点小菜，经过一番讨价还价，原本想满篮而归，可一不留神，把钱包忘在了市场。

中户说，股市就像一个收银员临时上厕所去了的超市，任何人都可乘机进去在货架上白吃白拿，一帮人吃饱拿足匆匆走了，另一帮人又忙忙涌进来，直到最后一批被保安逮住，乖乖，前面所有的账都得由后来者结。

大户说，股市就像一场没有回合、没有裁判、没有游戏规则的拳击赛。对手弱，就把他打倒；对手强，就比腿长，逃命为上。因为拳击场上打死人不犯法，股市里没有 110 报警台，也没有 120 急救台。

监管者说，股市就像挂在头上的高音喇叭。行情好时，播放的是悦耳的轻音乐，很动听，很爱听；行情差时，便播放出撕心裂肺的尖叫噪音，什么脏话丑话咒语都得忍着听。

智者见该来的都差不多了，说道：各位站在不同立场评判股市都有道理，但我认为股市更像一个慈善中心，谁家庭有困难，就来股市领钱；国企有困难，股市能为其脱困，现在社会需要保障，股市又慷慨解囊。芸芸股民众生，今生做了善事，来世将得到回报。积德献爱心者，请进吧。

一梦醒来，豁然开朗，所有的不平和怨气都随梦而去。既然是做善事，即使下地狱，也不会变成牛头马面，该留下个好模样。

炒股秘笈"八股文"

据报载,深圳黑嘴利用股民读不懂股市语言之机,用会员制骗取中小投资者入会费上亿元,使已经亏损累累的股民雪上加霜,为使广大股民读懂股市分析,特推出此文。

"八股文"是明清时的一种文体,是科举制度的敲门砖,能传承至今实属不易。做股评很难,难于上青天,要考取资格,需苦读十年寒窗不说,还得死记硬背高深莫测像砖头一样厚的证券理论读本;做股评很易,易如反掌,一旦取得资格,就如同金榜题名,有了进入证券市场的敲门砖,成为指挥千军万马的大将军、点石成金的金手指、涨跌停板的遥控器,同一篇股评文章可一稿十投,"一篇文章天下发,不尽稿酬滚滚来"。纵观天下股评文章,如同一个模子窠臼,十分雷同,尽承管股评家风格不同且力求多变,但万变不离其宗。其宗在何处?鄙人虽孤陋寡闻,但好歹也在股市中抗战了八年,也经历了从散户到大户,从大户到散户的多次循环,尽管没有"十年二十倍"的光辉业绩,但对股评那些套路早已是无师自通。在目睹了广大散户因读不懂股市语言被动挨套的痛苦后,故想发明一种股评应用文本,让天下股民都成为股评家,于是将大师级的精典股文收集整理,经潜心研究发现其同明清的八股文有惊人的相似。八股文严格按破题、承题、起讲、入手、起股、中股、后股、束股八部分组成,此乃正宗股评源头也。鄙人将这珍贵的祖传遗产经推陈出新,创造出一种有中国特色的股评范文:

破题——开宗明义。某月某周某日,大盘概况,高收或低收,阳线或阴线。不阴不阳,称十字星,且有红有黑昭示见顶或见底,可灵活运用。警示:阴阳二字意同生死,倘误导股民,等同谋财害命。

承题——承前启后。指出大盘量能对比。价升量增或价升量减,价跌量增或价跌量减。价升量增,后市有戏;反之,量价背离,后市收锣。价跌量增,逃命要紧;反之,蓄势待发。警示:量价变化发如雾里看花,庄家对倒骗你没商量,应配合基本面判断。

起讲——判断大市。本轮行情性质是反转还是反弹?涨跌受到某某消息刺激,还是经济景气影响?突发利好,人气聚集,水涨船高;利空袭来,人气低迷,股海沉船。警示:利好利空,正道为凭,切忌空穴来风,尤其不要照搬网上消息。

入手——进入分析。涨有因跌有果,分析因果有两方面。技术面有波浪理论、江恩法则、移动平均线、相对强弱指标、人气指标、心理线、宝塔线、乖离率等。均线有黄金交叉和死亡交叉。基本面:经济复苏或回落,银根放松或吃紧,上市公司业绩或政策导向;国外有周边环境,美国道琼斯和纳斯达克对全球的影响。警示:黄金和死亡牵于一线,人命关天的大事,绝非儿戏,万不可将人气变成气人。

起股——顾名思义,起股乃龙头股。龙头上扬将带动板块联动。板块有:网络高科技、大盘蓝筹国企、次新股、资产重组、整体上市概念、资源概念、大合同概念、ST板块等。警示:龙头股并非终身制,今日龙头有可能明日是熊头。板块也非完全联动,强庄股将雄起,走出天马行空的独立行情。也可能高台跳水,拖你下水不留活路。

中股——位于中游。中价区是黑马发源地,这类股多为深沪本地袖珍小盘股。发现黑马除了看盘小,还要看是否亏损,亏得越厉害越具备壳资源,ST板块因超跌更是黑马批发市场,死马当成活马医,置之死地方能后生。警示:黑马有时会克隆出怪胎,有时是用染料包装成的,当心见水后被洗白,现出原形。

后股——后来居上。后股也称补涨股,最易在网游板块和并购板块中爆发,特别是大盘调整时,往往逆市上扬,应该从成交量的异动,发现后股启动的蛛丝马迹。警示:后股振幅巨大,庄家拉升凶悍,出货也不刀下留

情,应该告知投资者,在庄家回枪杀来之前而脚板擦油。

束股——后市测评。编筐编篓,全仗收口,预测后市,不是预报天气,说错了由天老爷负责。后市不外乎三种:上涨、下跌、盘整,应一针见血指出三者之一,切莫闪烁其词,当骑墙高手,风吹两边倒。警示:切忌把算命手法用于测市,倘预测失误,要敢于认错,神有失算,马有失蹄,不做现代墨索里尼,永远有理。

鄙人将这心血凝结的股评秘笈无私公诸于众,并非想去抢股评家的饭碗,而是想为在股海中挣扎的股民普及救生常识,使那些看似十分贵族的玩意儿平民化。股评家也应珍惜职业操守,不要再花言巧语骗中小股民入会了。既然你能天天逮黑马,何不闷着头骑?为什么还要觊觎中小股民已经被掏干的钱包呢?

各位看官,请照葫芦画瓢吧,没准,一不留神,你也成了股评家。

暴跌市道中谁是赢家谁是输家

中国股市遭遇了有史以来最大的一场"六月雪"。接二连三的利空密集轰炸,股指在风雨飘摇中跌去800多点,单日跌幅4%~8%的股灾标志成了常态,有的个股跌幅近高达60%,市值损失掉7万多亿。牛市中也避免不了大调整,投资者两眼一抹黑,感到恐惧。政策恐惧症像一片片落叶,又给市场蒙上锈黄色的阴影,在一片肃杀凄凉的落败中,不得不让人感到冬天的寒意。暴跌中有人长歌当哭,有人仰天长笑。痛定思过,让我们来看看在这亲者痛,仇者快的股灾中,谁是赢家,谁是输家?

赢家:

(1)每天坐收渔利的部门和机构,由于印花税提高,相关部门每天都有大把钞票进账,即使暴跌,投资者割肉,也照交不误,就按成交量每天最小的2 000亿算,也有6亿抽水,当然交易佣金也让券商旱涝保收。

(2)短线投机炒家。短线高手一般不会持股票过周末,怕一觉醒来股票会变成废纸,故能成功的逃顶。即使割肉止损离场,面对50%的空间,看着别人心在流血怎么笑都不过分。

(3)大小非减持者。大小非持有者由于法人股持股成本非常低,故减持时不计成本杀跌,10比1的赔率使他们赢得很开心,他们蘸着"人血馒头"正偷着乐数着钞票哩!

(4)别有用心海外唱空中国股市的看客。中国股市暴跌却吸引住了大洋那边某些人的眼球。包括格林斯潘在内的洋佬们,高盛和摩根士丹利却异口同声欢呼:跌得好,还没跌够,跌到 2 000 点才叫爽。我们喊中国股市跌,就有人很听话,就有权居高位的海龟出来配合。他们骨子里都盼望中国经济出现危机,全球经济不景气,红色中国凭什么一枝独秀? 只有让中国股市多来几次"黑色周末"中国内需才会呆滞,才能使高速发展的中国经济急刹车。"狼外婆"的笑声从来都是像银铃般的动听。

(5)暴跌时回归的发行上市公司,像中国远洋,发行市盈率就高达 90多倍,上市后股价又翻一倍,近日上市的拓邦电子,当日上涨 500%,市盈率高达几百倍,把什么价值投资贬得一钱不值,我行我素,逆市上涨,管它大盘跌得一塌糊涂,反正钱已圈到手了,现金为王,真是乐死人。

输家:

(1)刚入市的新股民。本轮暴跌,损失最惨的首推持有 A、B 股的新股民。他们因信息闭塞,不懂技术分析,对政策报以幻想,希望有"救世主"出来救市,从而舍不得割肉止损,面对暴跌,茫然失措,成为泪流满襟的深套一族。

(2)中长线投资者。中长线投资者多为上班的白领阶层,他们多因忙于事业,没有闲暇时间来股市盯盘短炒,他们买股票是为长线增值,故投资品种多为追逐基金崇尚的绩优股。可万没料到, 政策突变。基金走为上计,让他们欲哭无泪。

(3)私募基金。私募基金作为不太规范的从各种渠道募集来的民间资本,运营成本极高,由于有保本承诺,必须有高盈利的示范效应,注定了他们在高位介入较深。同时,由于资金和信息的局限性,不可能坐庄拉抬一只股票,而只能重仓去哄抬一些小盘股,这类股票拉起来容易,出货极难,使他们逃命无门,面临灭顶之灾,哭天悲地。

(4)投资基金。暴跌市道无赢家,即使常胜的投资基金也不例外。即使抱团取暖,死抱着市盈率高达 68 倍的茅台不放,但因其原老总不争气,中石化的老总又步其后尘,自拉自唱,终将弦断嗓哑,"吃不了兜着走"。由于持仓量巨大,面临弹尽粮绝,硬撑不了几天,很累很受伤,苦不堪言。

(5)最大的输家是国资委。股改前由于国有股不流通,股市暴跌与国有股无关,因而相关部门面对暴跌而麻木不仁。股改后国有股成为流通股和准流通股，由于占的比例极大，跌一分钱都让他们心痛。7万亿市值蒸发，有5万亿摊在国资委身上，输得惨不忍睹，股灾若蔓延下去，最终祸及整个经济。难怪有资深的经济学家认为：人为打压股市，最终是搬起石头打自己的脚！

股市淘金热，使挖矿锄头走俏

在美国流传着一个近乎滑稽的故事：美国西部发现金矿淘金热时，淘金者蜂拥而至。狂潮中，有人却看到了商机，一批专营挖矿锄头商人应运而生。最后据说赚了大钱的不是淘金者，而是卖锄头的和卖牛仔裤的。

当下股市火暴，无疑成了社会各阶层蜂拥而至的"金矿"。从白领阶层、退休职工到在校大学生，甚至是农民工，每天新开户前赴后继冲进股市的人络绎不绝。当然，也让一些人看到了商机，一些与炒股有关的商品走俏，"锄头商人"在股民身上赚得笑不拢嘴。下面我们看看哪些行业在股民身上赚到了大钱。

首先，股票类书报。你在任何一个书报亭里发现堆得最多的就是证券类报刊。熊市时，证券报刊被视若泻药，硕果仅存的只有两三种，且还少有人问津，牛市来了，证券类报刊如雨后春笋从地下冒出，居然有二十多种，有的发行量超百万，超过了一纸风行的《南方周末》，成为了一"股"风行。除了报刊还有证券书籍，股市热让证券投资类书籍纷纷登上了畅销书排行榜。笔者在各大书城看到，不少市民在翻阅、选购证券类书籍，比起其他区域，证券投资类书架区域的人气要旺很多。各类书店超市也出新招纷纷把证券类书籍摆放在了最显眼的位置，用大宣传广告板来吸引购买者的眼球。股市最火时，像巴菲特、彼得·林奇这些投资大师的心得以及一些民间"股神"传奇故事，通俗易懂的"速成"炒股常识书籍每天卖出不少于四位数。

其次,炒股软件。炒股软件何其多,打开电视,翻开报纸,点击网站,扑面而来的都是炒股软件。如何发现黑马的广告,甚至在电梯口的液晶显示屏上都少不了股票分析软件的广告。更莫说在大大小小证券交易营业厅,到处都能见到股票分析软件推销员的身影。大智慧软件还买断了东方财经《今日股》节目的冠名权。可以说市面上的各种炒股软件达数十种之多。据了解,这些股票分析软件种类繁多。多半是收费的,需要信这一套的股民掏腰包。此外,你购了软件后,还要支付每月20—100元的服务费。显然,开发股票分析软件商家在牛市中也分得了一大杯羹。不过,这些软件跟"股神"一样,并非广告中宣传的那般灵验。股票分析软件能让股民"一夜暴富",并从事非法荐股,可信度极差。股票市场瞬息万变,可能存在很大风险,这类广告通常会对功能进行不切实际的保证和承诺,消费者要进行理性消费,避免被违法广告误导。最近证券监管部门已向广大股民发出警示称,一些所谓只赚不亏的荐股软件都是骗人的,请投资者一定提高警惕。

再次,财经炒股专业网站,门户网站的财经版。形形色色的股评家荐出的涨十倍百倍的"金股"、各路"股神"和行侠仗义的博客对股市的"华山论剑",各种以"据悉"开头的怪得离谱的"内幕"消息,各种一夜暴富的淘金故事,以及带头大哥们的"点股成金"术,都吸引着亿万股民的眼球。带头大哥通过 QQ 群敛财超千万。证券类网站的点击率早就超过了任何一类行业和明星的点击率,让老徐、秋雨们恨得牙齿痒痒。网络由于其传播资讯的快捷性、广泛性,早已将股市"一网打尽"。而在巨额点击率的背后,每一个"眼球"意味着的是"黄金眼",让低成本运作的网络运营商赚得个盆满钵满。

第四,炒股手机。由于股市火暴,赚钱效应扩散,连手机运营商都想来分一杯羹,于是最近开始流行手机炒股。手机炒股成了最接近"挖矿锄头"的工具,它打破了时空的界线,让你无论身处何处,都能玩股票于掌股之间。太方便,太好玩,太过瘾,当然也容易上瘾。试想,只要股市继续火暴,手机炒股绝对会成为继手机发短信声援自己喜爱的超级男女生们之后的新的业务拓展增长点。炒股手机卖得很火,早已超过了生产手机公司的股票。

第五，交易厅卖盒饭的。在证券交易厅卖盒饭或送盒饭散户厅的小贩，一直是旱涝保收的，以前卖得极便宜，3元、5元都有，而今大牛市不请自来，交易厅人满为患，盒饭生意出奇的好。于是便借猪肉、粮油涨价的东风，盒饭价也像股票一样攀升，最便宜的5元，最贵的已卖到15元了。若问其为什么涨得如此快，回答的不是猪肉涨，而是印花税、交易佣金都涨了，股民赚钱容易，我们凭什么不涨。

其实，股民赚钱容易，亏钱更容易。我相信，牛市结束时，赚得最多的，不是股民，而是赚股民钱的股市商贩。

和尚炒股，无发有"天"

　　有句俗语叫做"和尚打伞——无发（法）无天"。和尚是佛门中人，在凡人眼里，他们深居寺院，念经拜佛，六根清净，四大皆空。突然，有一天穿着长袍剃着光头的和尚出现在证券交易厅，这就不得不成为社会焦点了。前不久，西安小南门外国泰君安证券公司来了一位不速之客，西安一座寺院的老和尚释常兴来到该证券营业部开户购买股票，引得不少股民的围观。看来股市的赚钱效应明显，诱惑得连和尚也坐不住了！和尚炒股一时间引来各界议论，有人说：和尚炒股如同赌博，玷污佛门，寺庙是静地，股市是闹地，反差太大了，和尚炒股，就是全民炒股热诞生的怪胎。也有人说：和尚炒股，又不是杀人放火，炒股不偷不抢靠本事赚点钱无可指责，和尚炒股也是资本意思的觉醒，是与时俱进。

　　释常兴开户炒股，引起了西安市佛教协会会长曾勤的高度重视。曾勤法师说，曾有两名和尚炒股被逐出了佛门。现在协会不主张炒股，但也不会横加干涉，毕竟社会在不断进步。于是有记者专门采访了释常兴。释常兴说：作为一个世俗的人炒股，显然是再正常不过的，我作为一个出家人，可能犯了佛家的规矩，如果有错，我为自己的行为而惭愧、忏悔。但我的初衷不是为了别的，而是为了做善事。我来炒股，这仅仅只是一个"副业"而已，我不会忘记自己的主业是修行。现代化的许多东西都是为了方便人们的工具，不应该认为它是与佛家修行相悖的。过去是油灯，现在用电灯，过

170

去找人靠腿跑,现在有手机,这些都是时代的产物,有谁说这些东西不好?又有谁现在抵触这些东西呢? 我开户进入资本市场而成为一个持股者,用佛家的话来说就仿佛走进了赌场。现代化的许多工具大多都存在着争议,就拿互联网来说,人们一直在一边使用一边骂,好的东西就看每个人如何去利用。你不能简单的认为炒股就是赌博,要清楚地认识到股票市场带给国家经济建设的益处,如果用古老的、狭隘的眼光去看待股票市场和僧人炒股这件事,是不冷静的。本出为善,心静如水,我把炒股看成跟自己皈依佛门前在家里卖苹果一样。

依笔者的陋见,和尚炒股还有其优势:佛门有"当事者迷,旁观者清"这句话,这句话对炒股而言其中蕴意深涵。而"手中有股心中无股",应该是对其在股市分析应用中的最好诠释。"心中无股",心中无得失挂牵才能更客观冷静地分析大盘的变化,也才能比较准确地进行"手中有股"的个股的把握。一个有修行的老和尚,如果炒起股来赢面较大。因为佛法的修行就是要求人要对"六度"不断的温习,克服自己身上的诸多的毛病! 那么是哪"六度"呢? 那就是布施、持戒、忍辱、精进、禅定、般若。光说布施吧,一个有慈悲心的人,才会无偿的给别人钱和物,这叫布施,将这一切转换到股市上,当大家都在积极的抢购股票的时候,老和尚看到大家都为买不着股票而着急,他肯定会用他那慈悲之心想,把我的股票给他们吧! 让他们不要着急了,就这样老和尚用他那慈悲之心,完成了高位的派发。当大势不好的时候人们还在犹豫,舍不得割肉时,只有忍着当股市快速下跌后又经过慢速的阴跌后持股的人们终于受不了了,才发出了痛苦的声音,要卖出股票了,老和尚看到持股的人这么的痛苦,发自内心的慈悲心油然而生,就全力买下了众股民的股票,来减轻持股人的痛苦,就这样老和尚完成了一次底部的吸筹。这当然是说笑,但有一点是不可忽略的,和尚炒股是做善事,不计较短期的输赢,就容易最后胜出。

其实,和尚炒股释常兴并非第一人。早在两年前,银河证券某营业部就来了一位化名禅一的年轻僧人,禅一剃度前曾在一家公司帮人做工,身边有很多人炒股,这位俗姓张的小伙子当年看来,股票与赌博类似。真心归佛后日常接触的除了师傅、僧友,主要的就是香客和居士。禅一说,一段时间以来,相熟的居士们开始叨叨咕咕说起股票,股票如何红火,如何赚钱快，禅一开始还能努力做到充耳不闻。但是一个居士阿姨开始反复劝诫禅一，股票市场如何行情大好，随便选一个都能赚钱，禅一动了心，把几千元钱交给居士打理，偶尔也去营业部看看行情，因不贪也小有收获。出家人，虽出了家，心还留在社会。炒股也没有引起别人非议。

　　和尚炒股，不能同全民炒股热划上等号。如果说，和尚打伞是无发（法）无天的话，和尚炒股就是无发有"天"。这个天就是股民共同遵守的《证券法》，在国外，《证券法》被称为蓝天法。

黑嘴是怎样"漏嘴"的

黑嘴是广大股民对某些股评人士的特殊称谓,同足球场上的黑哨一样,都是收了黑钱,而违背公平公正公开的职业道德,所以受到股民和球迷的唾弃。证券市场是个逐利市场,因而黑咨询机构,利用报纸、电视、网络等传媒,散布虚假信息,配合主力机构出货,坑骗股民诱使股民上当的故事天天都在重复,广大投资者一定要看清黑嘴的嘴脸,看看黑嘴是怎样"漏嘴"的。

"漏嘴"之一:赵笑云的"笑看风云"

股坛风云人物赵笑云生于兰州,幼年专攻音乐,钢琴演奏达到专业水准,有了神童的天赋,后年仅 16 岁便考入上海财经大学经济信息管理系,获理学学士学位。大学毕业后,赵笑云先在甘肃省保险公司,后在兰州海关工作,然后下海南打工。1992 年,当他到达海口时,除了一张文凭,身上只有 800 块钱。1994 年,赵笑云到北京,加盟华夏证券,任华夏之星股市研究中心副总经理。当时国债期货市场活跃,公司拨给他 50 万元让他当操盘手。一个月后他赚了 40 万元。1995 年,公司又拨给他 200 万元,亏了 90 万元。他并未退却,当年他就用 500 万元赚了 350 万元。1996 年,公司给他 1 000 万元,3 个月后净赚 1 000 万元。这年他还参加了"首届中国证券市场投资锦标赛",夺得亚军,成为小荷才露尖尖角的股神。

出名后的赵笑云离开了华夏证券,自起炉灶筹办一家投资顾问公司,并于 1997 年拿到"东方趋势投资顾问有限责任公司"的营业执照。随后,因有贵人相助,赵笑云和他的东方趋势名声大振,在各大报刊的荐股比赛中频频夺魁,尤其是在"南北夺擂"模拟实战中,居然创造了累计收益率 2 000%的战绩,不过,知情人士认为,倘若他没有背后恶庄的支持,是不可能指哪只哪只就涨停的。他为庄家造势,庄家抬举他,沆瀣一气,称霸股坛。然而,成也庄家,败也庄家。他栽在了青山纸业恶庄身上。青山纸业职工股上市前后,赵笑云开始在各大媒体上对其大肆推荐,随后该股连续上涨。2000 年 7 月 29 日,他再次推荐该股,并明确给出目标价位——第一目标位 28 元,第二目标位 40 元,而当时的股价在 15 元左右。此后,他又多次发表文章,推荐该股的成长性,并利用了陈毅"咬定青山不放松"的诗句煽动散户。他在电视上不止一次的强调,如果大家听错了,就再听错一次,坚决买进。当年 9 月 11 日,他又在"南北夺擂"模拟比赛中力荐青山纸业。而当天,该股小幅高开后就一路下跌,换手率达到 25%,最终跌 5%,庄家大手笔出逃,把筹码抛给了散户。此后,该股一路阴跌,从除权后 8 元一路跌至 4 元多,即使牛市中也再难翻身。直到 2007 年月 6 日收盘,该股价仍仅有 4.78 元。让数百万散户被套,成为散户最受伤的股票。投资者青山没咬出,却咬住了满口的泥。2002 年 5 月 24 日赵笑云终于遭监管层封杀。在公安机关介入之前,卷款去了英国。

▋ "漏嘴"之二:蔡国澍的金蝉脱"壳"

蔡国澍是一位小有名气的注册分析师,不知是不是嫌分析来钱太慢,他认为不如编故事做庄家的"传声筒"致富更快。看到券商借壳股的暴涨,于是专编"壳"的故事。为庄家拉高出货摇旗呐喊,蒙骗中小投资者接盘。岂料,喊得多了,马有失蹄,被证监会的远程监控发现。据证监会有关部门负责人介绍,蔡国澍于 2007 年 3 月 7 日在新浪财经网登出《青海明胶:渤海证券借壳上市的最佳选择》一文,宣称"青海明胶存在被渤海证券借壳上市的强烈预期"。

2007 年 3 月 12 日,蔡国澍又在和讯博客上刊登《辽源得亨：东莞证券借壳上市的最佳平台》一文,认为"辽源得亨自然而然地成为东莞证券借壳上市当仁不让的选择"。以上信息严重失实,对公司股价造成了影响,蔡国澍涉嫌违法违规,被立案稽查。证监会有关部门表示,编造、散发不实信息,误导投资人,影响公司股价,属违法违规行为,如有类似情况,欢迎举报。同时提醒广大投资者,一定不要误信误传,跟风炒作,避免受骗上当,造成不必要的损失。

蔡国澍本想为庄家金蝉脱"壳",但最终还是脱了"壳",被逐出了证券市场,成为禁入者。

"漏嘴"之三：宋华峰自己吆喝卖"药"自己吃

宋华峰是联合证券行业分析师,是《证券法》明文规定的不准炒股的那类人。然而,面对牛市他不甘寂寞,他不仅炒股,还专炒自己的分析调研向基金推荐报告的内幕股。2007 年 4 月中旬至 5 月中旬,宋华峰连续 4 次推出关于广济药业的价值分析报告,重申广济药业价值被低估。这 4 篇报告分别为 4 月 17 日的《广济药业调研简报——已错过鑫富岂可再错过广济》、4 月 23 日的《广济药业深度研究—VB2 价格持续涨夯实广济投资价值》、4 月 27 日的《广济药业更新报告—07 年业绩增长趋势已彻底明朗》和 5 月 11 日的《VB2 价格再创新高 上调广济 07 年盈利预测》。在此期间,广济药业股价从 9 元持续上涨至 19.9 元,涨幅超过 100%。宋华峰以本人的名字开户,在低位吃进了广济药业直到东窗事发时,已获利 10 多万元。

宋华峰买卖自己推荐的广济药业股票,涉嫌违反证券法相关规定,被监管部门立案介入调查。联合证券负责人表示,公司已经对这位研究员予以开除,并没收和上缴其股票买卖非法所得。目前,公司正在积极配合监管部门的调查,并将支持、配合落实监管部门依法作出的处罚决定。结合本次事件,公司立即对公司从业人员买卖股票行为展开清理整顿,坚决杜绝再次发生类似事件。这位负责人说,尽管宋华峰事件只是个案,但公司对此高度重视并已采取措施,对研究人员加强法律和职业操守方面的教育,加大对研究员研究态度和方法的培训,进一步加强报告审核、把关力度，加强对报告流转环节的管理。同时，欢迎监管部门和社会公众对公司及从业人员进行监督。严格内部制度，对违纪者予以严厉处罚。

宋华峰自己吆喝卖"药"自己吃，最终还是吃错了"药"，落得个终身悔恨。

股坛的黑嘴何其多，岂止上述三个，笔者举一反三，就是想让投资者听话听声，锣鼓听音，少上当或不上当。

"带头大哥"戴上了枷

先讲几句题外话,数年前,笔者写了篇数万言的报告文学《气吞山河》,披露当时气功界的顶级人物"中国超人"严大师的真实成长史。文章尚未发表,超人托人传来话:"倘文章发表,我一发功,会将你住宅烧为灰烬。"笔者传话回去:"好,倘若陋宅能起火,便向世人反证了你神功的奇效。"岂料,拙文发表后,陋宅并未遭涂炭,多家转载此文的刊物也毫毛未损,而超人却变为了凡人,消失得无影无踪了。

2007 年,是中国股坛超人频出的一年。股民中流传着一句民谣:股坛红,旭日升,股市出了个"带头大哥 777",他为股民选黑马,呼儿咳哟,他是股民的大救星。股民对"带头大哥",喊"呼儿咳哟",并非盲目崇拜,皆因他有超人的本领,所荐股票涨停率极高,他推荐的多只股票都成了有目共睹的超级黑马。真正让股民神往的是他的"每周一股",他在周末推荐过的股票,在周一都能涨停。"带头大哥"如同指点江山的红军统帅,指挥着封住涨停板的红军,形成了一道"全国山河一片红"的风景线。有股民做过精确的统计,一段时间内,"带头大哥"在周末所荐股票在周一涨停率极高,涨停率达到 67%,如此高的成功率,非凡人所为。渐渐一个个光环,闪耀在"带头大哥"头上:"股神"、"股圣"、"股市超人"、"股坛伯乐"、"股票魔法师",像五环旗一般飘扬起来。有人说"带头大哥"手握着涨停板的遥控器,也有人说他有一架能够同步追踪庄家的尖端"雷达"。于是,股市里又有了"紧跟

777，黑马骑骑骑"的顺口溜。尽管他的 QQ 群入群费高达万元，股民们还是趋之若鹜，把绳子往脖子上套。

　　股民的热捧，网民的点击，庄家的抬轿，使造神运动愈演愈烈。笔者曾看过一段"带头大哥"的股评报告会的播客片断。据说，三天前价格不菲的门票早已售罄。开讲那天，场面如同"开奖"，其火暴程度，超过了歌星笑星影星等"五星级"的大腕们。会场里，摄像机、望远镜、录音机延伸着眼和耳，记录着那激动人心的一刻。尽管"带头大哥"其貌不敢影星，但其传销似的金玉良言，还是赢得了阵阵雷鸣般的掌声。此情此景，使笔者联想到当年听"中国超人"的带功报告会，超人在台上口若悬河，顶礼膜拜的信徒在台下接着"仙气"。冥冥中，跛子箭步登上讲台，瞎子睁开了亮眼，哑巴开口说了话……

　　"带头大哥"的崛起，众多的庄家成了捧星巨手，也使众多的股评家感到了危机，有人放出风，说他是庄家的"扬声器"，总有一天要嘶哑。这话果真被言中了，随着监管措施的出台，各路庄家纷纷逃遁或转入地下掩体，使"带头大哥"的尖端"雷达"一次次失灵。皮之不存，毛将焉附？"带头大哥"自然找不着北了，他栽在了庄股手上，成为庄家的"陪葬品"。而今，"带头大哥"头上的光环黯然，带头去了铁窗，戴上了枷。

　　唱过《国际歌》的人，应该还记得那句"从来就没有救世主"的歌词。"带头大哥"走下了神坛，庄家们也作鸟兽散，而那些曾在神坛下顶礼膜拜的信徒是否也认清了一个事实：随着股民的成熟，市场将循着更规范、更理性的轨道发展。作为投资者，不应该盲目崇拜神坛上的大哥二哥们，不信神，不造神，而是应当调整心态，以良好的心态和操作方式进行理性投资。

螳螂捕蝉，黄雀在后

"螳螂捕蝉，黄雀在后"典出《战国·庄子·外篇山木第二十》"睹一蝉，方得美荫而忘其身，螳蜋执翳而搏之，见得而忘其形；异鹊从而利之，见利而忘其真"。

《刘向·说苑·第九卷·正谏》："园中有树，其上有蝉，蝉高居悲鸣饮露，不知螳螂在其后也！螳螂委身曲附，欲取蝉而不顾知黄雀在其傍也！黄雀延颈欲啄螳螂而不知弹丸在其下也！"《清·纪昀·阅微草堂笔记·卷四·槐西杂志十四》："后数年，闻山东雷击一道士，或即此道士淫杀过度，又伏天诛欤？'螳螂捕蝉，黄雀在后'，挟弹者，又在其后，此之谓矣。"

春秋时，吴王欲伐楚，曰："敢有谏者，死！"此时，其下有一年少者，自知人微言轻，谏必无用，徒遭横死。惟日怀弹弓，游于后园，露沾其衣，如是者三。吴王问之，对曰："后园有树，上有蝉正饮露，不知螳螂在后欲捕之也！而螳螂作势欲扑，竟不知黄雀蹑其旁也！黄雀伸颈仅顾啄螳螂，而不知树下之弹弓也！彼皆欲得前利而不顾后患也！"吴王听后，甚觉有理，乃不出兵。

"螳螂捕蝉，黄雀在后"，形容行事仅顾前而不顾后，或喻目光短浅，仅视眼前利益，而不知后患随之而来。

全流通时代，大小非如笼中之狮，得以解禁，于是，不计成本减持就成疯狂之举。2007年5月17日《中国证券报》在《前5月卖掉近5亿股 大非减持热情高涨》一文中披露道：

今年以来,共有35家公司遭遇第一大股东的减持,减持股份数共计达到48 603万股。仅5月8日至5月11日开市的4天之内,就有12家公司公告第一大股东减持,减持股份数共计达到13 026万股,以目前股价计,总市值约为15亿元。据统计,5月份将进入解禁高潮期,5月12日至5月31日共有64.5亿股大小非进入解禁期,而从现在起至2008年年底共有约1 003.78亿股大小非陆续进入解禁期。

减持潮如此汹涌源于大股东持有的非流通股的成本非常低,有的经多年送配分红低到几分钱一股。这部分股权流通后,大股东获利的空间非常丰厚,必然引起他们的套现冲动。

大非减持套利乍一看是一种短视行为,但对上市公司基本面和业绩提升有一定好处。但是,螳螂捕蝉,黄雀在后。全流通后市场必然会产生一个全新的并购时代,从而诞生一种新的游戏规则,使从二级市场买入其股票达到控股和并购成为常态。

当大非们套现减持忙得不亦乐乎时,却忽略了另一些上市或非上市公司虎视眈眈的眼睛。以工程机械的常林股份为例:5月份大小非减持1 600万股,而同是工程机械的龙头公司三一重工包括董事长和公司却在二级市场增持了1 000多万常林流通股。作为同一行业,三一重工以前又曾有收购同行业的上市公司徐工的意向,不得不给市场带来了种种猜想。三一重工的老总出来解释,这是正常投资,不存在并购,这多少有点此地无银的味道。假如是正常投资,为什么不在全流通前? 即使三一重工善意投资,但随着增持的递增,常林也不得不防。从国际并购案例看,恶意收购总是在善意的加码后暴发的。作为大股东,享受高价在减持股权的乐趣时,是不是应该在脑后再安一对眼睛? 特别是那些小市值具备壳资源的公司,在只顾自己觅食时,随时都有可能成为别人的美餐。因为,我们不要忘了古人"螳螂捕蝉,黄雀在后"的警示。

花炮是怎样引爆的？

　　花炮是绚丽夺目的，在夜空中看礼花曾是我小时候的最想，在长江嘉陵江交汇处看礼花，别有一番景致，空中的礼花映衬在水里，水天一色，美不胜收。花炮又数湖南浏阳的做得最好。然而，当2001年浏阳花炮上市时，笔者曾提出了疑问，生产花炮离不开同炸药打交道，是风险最大的企业。这类企业上市，是把风险转到了股市，倘企业发生意外，二级市场的持股者将会受牵连而被炸翻。当时，笔者还写了一篇幽默文章，花炮公司上市还不如殡仪馆上市，殡仪馆是绝对垄断企业，价格想订多高就有多高，且不缺"资源"业绩成长绝对可靠，而花炮就悬了，业绩随时都可能引爆。

　　没想到笔者一句戏言，竟被言中了。2001年上市的浏阳花炮，现已戴帽为*ST花炮，2002年至2005年披露的利润竟然都是虚假的！随着财政部一纸检查结论和处理决定的曝光，*ST花炮四大罪状浮出水面。我们就来看看*ST花炮有哪四大罪状：①财务上疯狂造假。②偷税漏税。③挪用募集资金。④高管不当牟利等违规违法事实。近日，财政部驻湖南省财政监察专员办事处派员对*ST花炮本部及下属8家子公司2005年度会计信息质量进行了现场检查，并对*ST花炮开出检查结论和处理决定的通知，责令公司限期改正，对公司及有关责任人处以罚款，并将其中有关事项移交中国证监会湖南监管局以及当地司法、税务机关依法处理。经过初步调查，中国证监会湖南监管局于2007年5月11日对*ST花炮下发了立案稽查通知书,调查组将于 5 月 21 日起正式进入*ST 花炮调查。调查事实是:*ST 花炮 2002 至 2005 年对外披露利润分别为 1 330.5 万元、122.44 万元、164.63 万元,亏损 8 550.21 万元。经财政部检查核实,该公司以少列费用、少列成本、转移费用、亏损挂账等方式虚增 2002 年至 2004 年的利润。经检查调整后,其 2002 年至 2005 年的利润实际为亏损 110.9 万元、578.04 万元、1 282.42 万元、1 705.1 万元。

*ST 花炮 2006 年年报已报亏。这就是说,除上市当年外,这家上市公司实际上已连续 5 年亏损。*ST 花炮造假用了多种手段,转移费用到账外,费用挂账、推迟确认或不确认,少结转业务成本,虚增业务收入,手法不一而足,时间跨越了 5 年。

此外,*ST 花炮上市以来一直未设置库存商品明细账和现金日记账,其下属南非公司自成立以来一直设两套会计账簿。其上市以来筹集的资金也没有进行专户管理,从 2000 年至 2005 年累计使用 29 372.27 万元用于抵押、还贷、担保。除了少缴增值税、营业税外,*ST 花炮 2001 年至 2005 年还少代扣代缴个人所得税 1 134.55 万元。通过虚增利润,该公司高管层和业务部门多计利润提成奖 1 014.33 万元。

连续 5 年亏损,应该说,*ST 花炮早应被退市了。但其不仅没退市,还吸引了庄家大幅炒作,成了典型的庄股,股价最高被炒到 37.4 元,其谐音为上山的齐死。

*ST 花炮给我们的启示是深刻的。启示一,选择什么样的公司上市不仅关系到投资者的利益,还关系到资本市场直接融资的动机。把关者不能再把危险品推到股市里来了,否则,引爆后伤害的却是整个资本市场。启示二,每年为该公司作中介报表的会计师事务所干啥吃的?难道没有相互勾结,难道不承担连带责任。启示三,当地政府和税务机关难道就没有察觉?难道就没有睁一只眼闭一只眼的放任?答案不问也十分清楚,只有投资者才是被满眼美丽的礼花迷住了。

尽管我至今依然非常欣赏礼花,但我知道,无比灿烂的后面,转瞬间,便是过眼云烟。

让"沉默羔羊"不再沉默

主持人：证券市场一直是被认为没有多少新闻题材可挖的地方。最近，各大媒体仿佛像英雄所见略同一样，把"枪口"一致对准了"西线无战事"的证券战线，连续引爆了像 ST 金泰、ST 花炮等几枚响雷。近日，证监会主席尚福林对部分券商拉学生开户等七种可能酝酿高风险的股市怪相提出批评，并提醒投资者关注市场整体风险的累积。尚福林对新股上市涨幅过高、绩差股普涨、"挂羊头卖狗肉"型重组、涉案公司销毁证据、理财产品误导性陈述、部分券商追求假开户和拉学生开户、基金公司老鼠仓等七种可能酝酿高风险的现象提出批评。一时间，引起全社会的关注，有人叫好，有人说不。上市公司认为把过去的陈谷子烂芝麻翻出来炒有失公允，市场人士认为在中国十年未遇的大牛市中，媒体出来揭短，会给前进的壮牛注射"镇静剂"。而有的股民却见惯不怪，显得麻木不仁，面对那些除了法院的封条，已经无可破的公司的股票，还一个劲地跟着庄家跳股价大起大落的"蹦迪"现象，我们欢迎大家以自由论坛的形式来参与聊天。

睁眼瞎：鄙人是一介小股民，手里还捏着几手"暂时休克"的达尔曼股票，虽然已经"麻木"了，但还没到"不仁"的地步。鄙人五尺男儿，也有一身正气，面对股市中的种种制假行为，也敢在交易大厅高喊打假，但喊破了嗓子也白搭，自己还得赔上"金嗓子喉宝"。鄙人认为，媒体现在来揭黑幕，只是在放"马后炮"，而且打的都是死老虎，冰川下面的东西还没挖到。我不明白,媒体以前干什么去了? 非要等企业"病入膏肓"再来动手术? 对于死老虎,就是剥了它的皮,抽了它的筋,它也感不到痛,受伤的只有股票持有者。与其说我们见惯不怪,还不如说是眼不见心不烦。眼下,我只关心手中的股票什么时候能够"解冻",哪怕就是破产、摘牌,也要当机立断。毛主席说:一万年太久,要只争朝夕。同时,要把蚕食巨额亏空资金的人揪出来,要像治理黑砖窑案一样动真家伙,看他们还敢不敢坑咱老百姓?

愿赌服输:毫不讳言,本人是一位大户,也想代表被散户称为庄家的机构说几句话。媒体在一波大牛市上升途中站出来揭短,其目的说白了是为了新闻炒作,跟我们炒作股市题材一样是醉翁之意不在酒。每到年底,报刊发行竞争白热化,他们都会弄点题材来提高订阅量和收视率。对于中国牛市,管理层的意图一目了然,只能是呵护扬长,而不是抵毁揭短。我认为,股场如赌场,庄家眼里上市公司都是一种筹码符号,质地优劣并无关紧要。君不见不是在揭短 ST 花炮吗? ST 花炮股票却照涨不误,既然你敢进入到处处有风险提示的股市里来下注,唯一的选择就是愿赌服输。

白哨:说到赌,要看怎样赌? 如果是公平公正的赌,大家输得心服口服。倘若你的对手"出老千",庄家再大的资金也是菜。为什么吴敬琏先生至今不买一手股票? 并非他不能预测宏观经济向好的背景,有"恐牛症",而是他认为投资者没有一个"三公"环境,在一个信息不对等和人为操纵的市场里,即使指数涨到一万点,也只是少数欢喜多数愁,六成以上的中小投资者永远亏钱。正是股市的虚假繁荣,庄家和股评家充当"催化剂",才使得那些亏损的公司有恃无恐的一天天烂下去。什么叫呵护? 用纸去呵护火吗? 国务院发展研究中心披露了上市公司搞关联交易坑害投资者的六大花招,招招"点穴",让投资者防不胜防。就好比一场足球赛,一方实力再强,只要遭遇了"黑哨"便必输无疑。好在足协已准备清理门户,"黑哨"吹不响的日子为期不远了。尚福林指出部分券商拉学生开户等七种可能酝酿高风险的股市怪相还少了一怪:高炒庄股自拉自唱操纵股价,对于这八大怪也该美美容,彻底整治一下了。

路见不平:我是一位留美归来的律师。我发现一个怪现象,与我在美国买股票每每赚钱相反,我家属在国内却屡买屡套,用股市的行话叫"赚了指数赔了钱"。这一景观是怎样形成的? 从媒体揭露出的黑幕就可见一

斑。在美国,媒体是很少揭股市的黑幕的,因为大牛市是在规范中进行的。一旦有黑幕揭出来就不得了,上市公司轻者被揭牌,重者被追究刑事责任。美国股市的交易系统都装有自动报警装置,一旦发现大成交量的对倒,便能自动报警,如果有投资者投诉,像国内的110报警系统一样,联邦调查局会在第一时间前来取证、听证。作为一位法律工作者,我认为黑幕的形成是因为监管不力和有法不依。监管不力表现在企业上市后地方政府和国资局不得干预企业的经营决策,企业行为由董事会决策、监事会监管。一旦形成"董事会不董事"、"监事会不管事"的格局,导致决策失误就易如反掌。有法不依表现在该破产的不破产,该摘牌的不摘牌,该分红不分红。机构坐庄,操纵股价触犯《证券法》的不能被依法制裁。倘若长期放任下去,规范发展就会变成越"规"越"犯",也会出现更多的达尔曼,浏阳花炮,股票虚高的现象。

沉默羔羊:我们是一群老股民,属于股市中的"无产者"。多年来,我们像羔羊一样,吃的是草,奉献出的是肉(我们有一大堆割肉的交割单便是证明)。如果没有我们的沉默,就没有股市的喧哗,好在监管层和媒体终于为沉默者发言了。这里,我们想借用两位伟人的两句话来概括沉默者的意愿。一句是鲁迅先生的:"不是在沉默中死亡,就是在沉默中爆发。"一句是列宁同志的:"死亡不属于无产者!"

面对大调整,中小散户如何想怎么做

网站帖子:本网站点击率能保持增长,得益于"网上聊天"这一"增长点"。为了满足广大散户的需要,本聊天室将降低"门槛",让参与的散户都能成为嘉宾各抒己见,真正办成讲真话讲实话的"蓝天论坛"。

主持人:中国股市已经站上 5300 点上一个新的历史平台。这一平台是高台跳水的"跳台"呢?还是低台"蹦极"新搭起的"蹦床"呢?目前,多空双方分歧已到了刺刀见红的地步。周五股指出现调整,监管重拳双出,面对调整,欢迎广大股民来此"华山论剑",希望大家拿出"绝招"唱多唱空都各自讲一条最有说服力的理由。

棒棒军:我将棒棒作为网名,有着双层含义:一层是棒棒能下苦力,在这劳动不能致富的股市里,咱散户永远都只是为庄家打工的"下力人",出的是伤筋动骨大苦力,赚的是养家糊口的稀饭钱。另一层意思是我们是接棒者,在每次行情见顶时,我们都在劫难"逃"接住了最后一棒,成为了套牢的"棒棒军团"。不过我们手中的棒棒,既是下苦力的工具,也会成为痛打庄家的"打狗棒"。面对历史高位,我们已经获利出局了,大盘不高台跳水,我们决不去接棒,所以我认为当前的平台是"跳台",理由嘛,指数已经搭起高台,高价股业绩严重透支已在做跳水前热身。

庄上皇:我的网名叫庄上皇,是因为我是庄家的爸爸,不错,古时皇帝的老子叫太上皇,现时庄家的老子也该有此桂冠。我想完全站在庄家的立场,用事实来阐明该平台不是"跳台",而是新的"蹦床"。因为这张"蹦床"是政策之手编织起来的,宏观经济向好自不必说,QFII加码、新基金不断发行、保险基金提高入市比例、财务公司入市、社保基金入市、中外合作基金入市等"进入许可证"的发放,像鞭子一样赶着庄家争先恐后地入市。目前庄家的阵容非常庞大,做多的胆量更大,故筹码也吃得腹满胃胀,有些入市晚了的,甚至狼吞虎咽,连市盈率高得出奇的铝业都啃上一口。至于本轮行情究竟能"蹦"多高,股评家夸下海口,不到8000点不回头。庄家也志存高远,"蹦"起的目标位也不在话下,因为"蹦床"是高科技、新材料制成的,弹性极好。只要有股评家助威呐喊,庄家就可能把行情做足做长做得你想都不敢想,就像唱双簧一样,庄家在台后放录音,股评家在台上对口型,直到什么时候,台下的观众坐不住了,都忍不住到台上跳起了"蹦迪",本轮行情才会提前结束。刚才那位棒棒认为,股票需要业绩支撑,那是在翻老皇历,炒股票就是炒未来,要敢于不断观念创新。我这样说的理由是做股票好比做传销,不以商品品质论价,传销的商品之所以1元能卖到100元钱,就是参与者都能抽头。大家都有赚头,谁还嫌它贵?换句话说,现在的股票是8块钱,还有8块的上升空间,你买不买?在眼下存款利息少得可怜,什么生意都不好做的市道里,只有股票最具魅力。

我比我傻:我的网名叫我比我傻,不是因为看了电视剧《谁比谁傻》,而是因为我有两个我,一个现实的我,一个股市里的我。后我比前我傻,是因我初入股市时,把股评奉若神灵,相信"爹亲娘亲不如股评家亲",股评家与股民心贴心,绝不会骗人,当股评家鼓吹股市将遍地盛开"百元之花"时,我在90元买了网盛技股。没想到"百元之花"没摘到,却捏到了满手大刺。见他的鬼,现在看来,那些股价高达几十元上百元的股,中报业绩几角钱,空有其美名,金玉其外,败絮其中,像豪华垃圾一样让人恶心。尽管这样,我也会将高价垃圾一捂到底,发誓坚决不割肉,死等庄家大兵来拯救。我深信庄家最后的疯狂,要去摸摸百元"天花板",我准备等庄家拉高时,做漏网之鱼,择机出局,找回现实的我。

惊堂木:我本不想对网名多做解释,但前几位多此一举,只好效仿。惊堂木是说书人常用的玩艺,莫看它只有巴掌大,却能声惊四座,制造悬念,说书人一拍,俗称"咂板",就意味着故事就此打住。我认为这一平台既不是"跳台"又不是"蹦床",而是"三足鼎立"的战场。一方是空方,其阵容是众多的散户,他们获利出局后虎视眈眈,不见股指大跌,决不会盲目冲锋;一方是多方,其阵容是吃了大量筹码的庄家,他们为了把高价位筹码倒给散户,就不得不把上升通道做得非常漂亮;另一方即套牢方,他们既不宰仓,又不补仓,盼星星,盼月亮等待庄家最后狂拉时解套。目前三方自峙都有看家本领,尽管子弹已经上膛,但都不敢贸然开第一枪。就这样枪口对着枪口,子弹对着脑袋僵持着,比耐心,比定力。空方握有"周边股市暴跌"的尖端武器,更有准备和庄家赌最后一把的多头散户兄弟随时会倒戈;多方在等待基金进一步扩军的幻想,且逼空行情一天天奏效;"套方"期待"鹬蚌相争",好坐收渔利。要命的是,其间谁一不小心走了火,就会万弹齐发,血肉横飞。也许,我们有机会看见中国有股市以来最为壮观的多空搏杀,其结局恐怕是三败俱伤:做空的被逼翻多套牢;做多的庄家不惜血本强拉指数或杀跌,付出昂贵的代价,纸上富贵大大蒸发;等待解套的刚见云开日出,又被乌云盖顶。欲知理由?"啪——"且听下回分解。

发现会飞的黑马

"不怕亏,亏不怕,怕不亏"是一个违背常理的悖论,但被中国股市演绎得十分正常。

如今股市牛了也使各营业部热闹非常,股民阅报翻刊,谈股论市,分享着多年未遇的大牛市的快乐。也由于本人曾在各大证券报刊写了几篇拙文,为股民说了几句真话,被他们视为知心朋友,笔者为收集正在撰写的反映股市生活的长篇小说素材,于是,便"趁火打劫",在多家营业部向股民进行采访似的调查:请问在今年的大牛市行情中,哪个板块涨幅最大?

第一回答几乎是一致的:券商概念股。

我微笑着摇摇头:不对,再想想。

第二回答:那应该是次新股板块?像华峰氨纶、鑫富药业涨幅都惊人。

我说:再往深处想想。

第三回答:那肯定是大盘蓝筹股,像万科、中国石化、工商银行、长江电力等。

我哈哈大笑起来:NO,NO!见关子卖得差不多了,才一板一眼说:就整个板块而言,真正涨幅最惊人的应该是 ST 板块!

此言一出,便马上遭到众人非议:你这不是睁着眼说瞎话吗? ST板块每日只能涨 5%,两条腿的瘸马怎么跑得赢四条腿的黑马?

且慢,那就让我睁着眼睛说亮话,用板上钉钉的事实来回答吧。毋庸置疑。ST 的桂冠只能戴在亏损公司头上。笔者曾慧眼发现 ST 的"T"象征此路不通。"S"代表道路是曲折的,前途是光明的,并在长文《股坛十八怪》中指出,ST 是黑马的发源地。现在看来,经过股权转让重组资产注入等曲线救"股"。整个板块前途光明得耀眼了。ST 岂止是黑马发源地,简直就是一个黑马"批发市场"。请看仔细了。我们撇开 ST 重机已经翻了近 50 倍如今已 240 元的中国船舶不谈,翻了 5 倍 10 倍的个股比比皆是。现今戴帽的有 ST 金泰有 42 个涨停的纪录,有从 5 元涨到 20 元的 ST 北巴,有从 2 元涨到 20 元的 ST 仪表,有从 1.5 元涨到 24 元的 ST 幸福,*ST 长控复牌当日以 14.36 元开盘后一路走高,由于没有涨跌幅限制,最高达 85 元,涨幅达 1 083%……无须一一例举,今年以来 ST 股票没有咸鱼翻身(股价翻几番)的已经是寥寥无几了。唯一涨幅不大的 ST 长运,因西南证券借壳而停牌,倘一开闸,还不知有多少涨停?笔者敢跟任何一位股评家打一分钱的赌,该股咸鱼翻身连续 20 个涨停只是个时间问题。写到此,还有谁不认为整个 ST 板块的涨幅不让其他板块望其项背呢? ST 板块为什么能涨?这是连股评家也未能挖掘出的新理念,这就是"越亏越涨"。因为亏,就只有重组卖壳一条路,一旦脱胎换骨摘帽后,ST 掀起了新一轮摘帽高潮,大唱"翻身道情"就不得不让人刮目相看了。尽管 ST 帽子沉重,戴上也不雅观,但庄家却嫌"富"爱"贫",在当今投机为上,资金说话,有"庄"就是"草头王"的市道里,还能不涨吗?

"亏损诚可贵,ST 价更高,若为摘帽故,两者皆可抛。"这则流传的顺口溜,尽管有些黑色幽默的味道,但不争的事实是,都阐明了不怕亏亏不怕怕不亏道理!

这就是新兴加转轨的中国股市?这就是一个高举价值投资大旗的股市?没有股评家的吹捧,没有新理念诱引,更没有什么估值体系的参照,ST 板块"悄悄地,打枪地不要"攻上了一个个制高点。两条腿的马,插上了一对翅膀,就变成了会飞的黑马……

从现代"公厕意识"看上市公司的诚信

现代"公厕意识"是由中国 WTO 首席谈判代表龙永图提出的。中国加入 WTO 的前夕，央视邀请龙永图作为《实话实说》的嘉宾，当现场观众问及加入 WTO 后，国人必须遵循什么时，龙永图掷地有声地答道：诚信！为了诠释这二字的分量，龙首席讲了一段自称是难以忘怀的往事：一次在瑞士罗桑，他去一家公园上公厕，听到相邻的隔间传出奇怪的声响。出门后，一位女士焦急地问他看没看见进去多时的男孩。龙永图又返身进厕，打开隔壁的门，却见一个七八岁的小男孩，正满头大汗摆弄着马桶的抽水器。龙永图问：小朋友你在干啥？你妈妈在外面等你。小男孩答：这马桶抽不出水来，我不能就这样走了。龙永图震惊了：这是一种什么意识？既然公厕的抽水器坏了，这小男孩完全可以拍屁股一走了之。他为了不侵犯规则却没有离开。这就是一种社会责任感，从小培养出的一种遵守规则的习惯。久而久之，就能自觉养成诚信的可贵品质。

诚信，这当今中国证券市场呼唤得最多的两个字。造成诚信危机的原因是，以往封闭的市场，参与的各方正是缺少这样一种"公厕意识"。不是吗？有的黑庄上完厕所，不冲水就拍屁股离去；有的制假的上市公司，连自己屁股都不擦就提裤子走人；有的监管部门（或监事会），明知抽水马桶已坏了，却不及时派人去维修；有的中介机构，甚至昧着良心，去人为的弄坏马桶的抽水装置；而众多的股民，面对环境极差的"卫生间"却熟视无睹，对

191

随地大小便者听之任之。

加入 WTO，封闭的国门洞开，寰球同此凉热。如同我们面前突然出现了一座装修豪华的"五星级公厕"（也称无国籍 WC），门口却伫立着一块牌子：衣冠不整或不守规则者止步。因为所有的进入者无论贵贱都必须无条件遵守"厕规"。诚然，在 WTO 的诸多规则中，起码有三条原则适用于证券市场：

无歧视待遇原则。也叫无差别待遇原则，它要求缔约方能在同等条件下进行交易。落实到证券市场即为投资者无论资金规模大小，地位高低，都应一视同仁，公平交易，不会受到歧视，政策和实惠不能只向垄断的机构大户倾斜。

互惠原则。互惠是指交易方利益或特权方面的相互或相应让与。落实到证券市场，即为投资者付出资金买了股票，就应分享上市公司收益，得到上市公司回报，那种只知圈钱不知付出的公司毫无疑问将被取消再融资资格，那种糟蹋股东钱财一而再再而三亏损的公司将光荣退市。

透明度原则。即缔约方在法律、规章、政策、决策、裁决和信息方面都必须透明。落实到证券市场就要求参与各方信息对等，做到高度透明化。上市公司信息披露必须规范及时。管理层重大决策出台前，须广泛征求各方意见，再不能请几位专家闭门造车。透明化将杜绝制假贩假的黑箱操作和一切内幕交易。

中国已加入 WTO 多年了，上市公司的诚信记录又如何呢？请看：近期暴露出浏阳花炮那样制假贩假不讲诚信的公司层出不穷，再看，深市的一只绩优股 TCL 集团，该集团整体上市之前，曾信誓旦旦说："整体上市会大大提高公司股票的投资价值。"但是在国内圈到钱后，又张开大口把效益最好的 TCL 移动分拆到了香港上市。不讲诚信，任意愚弄流通股东，到了何等地步？其结果是亏损戴上 ST 帽子，股价被腰斩，吃亏的还是流通股东。可笑的是这些公司在股票上市时，曾一只手按着良心，一只手对着天进行过诚信宣誓。

要实现和谐社会首先要实现诚信社会，试想，连起码的"公厕意识"都没有，谈和谐就是一句空口号。毋庸置疑，还有不到一年时间，按照承诺，中国证券市场将全面对外开放，对于那些蹲惯了"茅坑"的邋遢者而言，上

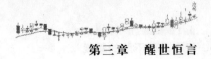
"五星级公厕"还很不习惯。诚信意识还很差,但这不要紧,还有时间让你加快适应。倘若五年后证券市场对外完全开放后,谁还占着茅坑不拉屎,那就只能当茅坑里的石板——又臭又硬,让世人踩来踩去了。因为,我们已向全世界宣布:将遵守 WTO 规则,履行承诺。

　　我们已别无选择!

洋为中用与洋不中用

　　"古为今用,洋为中用",是毛主席他老人家留下的思想遗产,近年得到发扬光大,一大批喝足了洋墨水的博士学者,高唱着"洋装虽然穿在身,我心依然是中国心",学成归来,报效生于斯长于斯的祖国。然而,也有那么一两个患有"洁癖"的洋博士,不仅身着洋装,头顶博士帽,而且换了洋心,把手中的派克笔当做投枪,掷向手无寸铁的股民。在他们眼里,中国股市"脏透了",应该"推倒重来";中国股民都是些赌徒,应该输个精光,指数跌到千点,才算干净,才叫"完美市场"。或许,洋博士的初衷是善意的,不像某些人猜测是西方和平演变中国派回的"卧底",他们希望中国股市尽快同国际接轨,但却忽略了西方是独轨(全流通的高速悬浮列车),中国是双轨(存在流通和不流通两类是普通慢车),倘硬性接轨,除了颠覆,还会有其他结果吗? 重要的不在是否恶意,而是情感取向。有的人喝了太多的洋咖啡对中式茶感到索然无味了;有的人脑子里塞满洋数码,却忘了是包括股民在内的纳税人为他们付的出国费,如今衣锦还乡了,攀上了要职,一阔脸就变,变成了薄情薄意的"薄士"。同样是喝过洋墨水,在纽约生活过十多年的龙永图先生却是厚情厚意的。央视《对话》栏目,邀龙先生作为对话的嘉宾。当现场观众问他是海归派还是本土人才时,龙先生说:"我是来自贵州山的本土人才,我深知农民的贫苦,所以我在谈判中凡涉及到农业问题时,就会产生一种责任感,我不允许侵害他们的利益。"这情深意厚的一席话,

让亿万观众都为之动容。龙先生是这样说的,更是这样做的。有一次在谈判中,洋对手谈道:"中国的猪肉,在我们那里只能喂狗。"没等对手说完,龙先生便愤然大怒,拍着桌子,毫不留情的请对手出去。这就是一个有良知的中国官员对生他养他人民的情感,而"洋薄士"们却恰恰相反,在股市暴跌中,高呼:OK!　OK!　他们叫嚣:股民的钱都是不当得利,应该当泡沫挤掉。推倒中国股市,不知他们站在谁的立场?在笔者从业的证券公司,一位下岗的股民抓住笔者说:"求求你向上面反应,不能再人为打击股市了,我们的养命钱都亏没了。如果我死了能止跌,为了其他股民,我愿从楼上跳下去。"这撕心裂肺的声音,他们听不见,听见了也会无动于衷,他们的情感和良知早已扔进了太平洋。诚然,中国股市是不那么干净,出了银广夏那样的几匹害群之马,但美国股市也并非那么干净完美,不也出了制假的安然公司吗?是不是也该"推倒重来",让道琼斯跌到千点呢?洋为中用,就是要求我们学习借鉴西方先进的东西。譬如,安然东窗事发,人家首先考虑的是给投资者赔偿,然后依法让其破产退市。而不像银广夏露了馅,既不赔偿,又不破产退市,除了被"洋薄士"当做推倒股市的大功率"铲车",就是被投机客充当假重组的道具。

龙永图先生在《对话》中回答观众,用海归人才还是用本土人才时说:"我认为大型企业和单位的一二把手,应该用本土人才,基层干部和科研部门可以用海归人才。因为本土人才更了解国情和厂情。"一语道出了洋为中用的精髓,倘不顾国情,照搬西方模式,克隆成熟股市,不管你手中握有多么高档的派克笔,都会是银样镴枪头,尽管洋到了家,却中看而不中用。

中国股市个人投资者状况启示录

近日,由深圳证券交易所综合研究所和多家机构联合举办的"中国股市个人投资者状况调查"鲜活出炉,透过这一调查,给了我们如下启示:

启示之一:投资者群体大而弱

据最近的公布,在深沪股市开户的股民已经超过了9 000万,这是一个非常大的投资群体。然而,人多力量大的时代已经成为了历史,调查显示股民队伍虽众,但十分弱。从年龄情况看,25岁到55岁的适业人群构成了中国个人投资者的主体(77.59%),但55岁以上的离退休人士也有不容忽视的份额(16.96%)。从受教育程度看,股民总体受教育程度较低,其中不足中等文化程度的投资者(高中及中专以下)占了总被调查者的43.81%,而初中以下的低学历者有数百万之众(因而加强投资者的教育,办好各级股民学校,普及证券知识非常重要)。从职业构成方面看,投资者主体为机关干部、工人、科教文卫新闻工作者、商业服务业人员和个体工商户、私营业主。而相对弱势群体为工人、商业服务业人员和待业、无业人员、退休职工居多。前段时间有一个错误观念,认为股民都是有钱人,应该被"打土壕,分田地",甚至连比内地富得多的香港都想来掏大陆股民的钱包;近来居然有学者认为股民都赚了大钱,应该被征收资本利得税。其实

他们是不体恤民情,大错特错了,90%的股民都是亏钱一族,他们才是社会弱势群体,是社会保障的对象。

启示之二:入市动机纯而不正

应该说,投资者入市之初的动机还是较纯的。调查显示,54.6%投资者的投资策略是做中线投资,其中年龄较大或资金规模较大的投资者更倾向于中长线投资;在所投资股票的类型方面,大部分个人投资者偏好于投资中价、中盘、绩优类股票(但由于上市公司诚信不高,信息披露不完善,制假贩假层出不穷,使投资者投资动机受到干扰,不得不被动投机)。调查显示,78.6%的个人投资者入市的主要原因是为通过股票的买卖价差而获利,只有11.7%的个人投资者进入股市是为了获得公司分红的收益;38.0%的投资者因有闲置资金而把股市看做是一个长期投资的场所。我国证券市场上以投机"炒作"为主,加上"没有工作,通过炒股找点事做"的个人投资者约占总数的14.5%,则专门从事证券投资的个人投资者比重约为22%。投资动机不正表现在问题股、垃圾股大行其道,股民热衷于恶炒,约61.4%的投资者购买过ST或绩差题材类股票。

启示之三:投资行为形左实右

从表面上看,投资者买股票已告别了完全依靠股评家的"傻瓜"阶段。调查显示,绝大多数个人投资者的买股票主要通过亲朋好友的介绍、股评专家的讲解以及报刊、杂志的文章等(三者相加约占总数70.4%);在做具体的投资决策时,投资者依据"股评推荐"、"亲友引荐"以及"小道消息"所占的比重高达51.5%;在投资决策的方法上,两成以上的个人投资者决策时几乎不做什么分析,而是凭自己的感觉随意或盲目地进行投资。投资者进行投资决策的主要方法是进行公司的基本面分析和技术分析;大多数投资者在评价投资失误时,往往将失误归咎于外界因素,如国家政策变化(67%)、上市公司造假(50.9%)以及庄家操纵股价(41.6%)等,而只有少数个人投资者认为是自己的投资经验或投资知识不足(28.7%);在投资信息来源方面,个人投资者通过"报纸"获取信息的人数最多,其次是"电视",两者相加约为总数的 78.3%,通过互联网来获取信息的约为 8.8%。投资者对上市公司信息的关心程度不高,表示"一般关心"或"不太关心"。投资者应该关注的上市公司财务指标主要是:盈利数量指标、成长性指标和利润分配指标,而资产状况指标、现金流量指标、偿债能力指标、营运状况指标等则关注者很少。由此看来股民依然处在盲目投资阶段。

第四章
初刻拍案惊奇

炒股必读　操盘手的不二法则

隐居在山城锦绣山庄的操盘手项军，突然接到一通来自鹏城的电话，要他重出江湖去操盘一个大运作。项军当年因策划操盘"六六粉"（代码600666），而名扬股坛，现已金盆洗手，著书立说。电话是他的战友加"操友"，现为鹏城投资公司总经理助理戚胜打来的，鹏城投资是一家拥有数亿资产的私募基金。戚胜突然造访让项军吃惊不小，在听了要出酬金百万借用他半年的电话后就更受宠若惊了。他明白受命于危难之时，有大买卖做了。项军问："庄主（戚胜的外号），怎么会想到在下？有什么项目？"项目是圈内行话，即操纵股票。戚胜在电话那边笑答："你什么都不要问，相中你，是因你这冷面杀手，谙知操盘手的游戏规则和铁的纪律。"

项军经不住高薪的诱惑，当即爽口接了招。他启程时对妻子说："我要在地球上消失半年。"他扔下一张长城卡，"要用钱，去柜员机上取，我会在外星球不断存钱进来。"

项军飞抵鹏城后，下榻进富丽堂皇的香蜜湖度假村。戚胜在为项军盛情接风时告诉他："人在江湖，身不由己。不过这里山珍海味随你叫，还可打电话给桑拿部，随时有小姐上门服务，所有的消费都记在我账上，但不要忘了游戏规则。"

"放心，"项军说，"咱响鼓还用重槌吗？"

豪华套房里，摆着几台顶级液晶电脑，两部热线传真电话，并配了几名助手。戚胜给了他数十个股东账号和密码，要他和助手分别背得滚瓜烂熟。当戚胜拿出"策划于密室"的方案时，项军便明白，周密细致的策划，资金庞大的运作，自己是个走卒，只能当被人牵着线动的木偶了。他们策划操盘的是一只叫 S 的股票，整个策划大手笔、大气派，与之相比"六六粉"的策划成了"小儿科"。惊心策划的游戏法则分别出自中国民间流行的四大神话故事。

操盘法则之一——女娲补天法。把天戳漏，再补之。戚胜指令项军，用不同的账号，低价抛出 S 股，做坏图形，让所有的均钱和技术指标走弱，超卖了还超卖，KDJ 低位钝化了再钝化，造成一种乌云盖顶，天要倾塌下来之势。项军问："如此不计成本砸盘，筹码会不会被其他庄家吃进？"戚胜说："不用怕，上市公司马上有重大利空出台，吃进去我叫他连肠子一起吐出来。"果不其然，三日后，S 股中报突然预亏，业绩大幅下滑。复牌后，项军命令助手把股价死压在 8 元接近跌停板处，但又让天留一条缝，股民看到天漏了，纷纷夺路而逃。而此刻，戚胜他们又操纵另几台电脑，用买单"补天"，抛多少，吃多少，天衣无缝地做着现代"女娲"。

操盘法则之二——精卫填海法。把海搅浑，让人填之。连续的诈空吃货，使五成筹码落入囊中，为洗浮筹，他们又无风起浪。在某日开盘时，用大成交对冲，突然涨停，让其他庄家和散户全线踏空，低位补不着仓，只得继续做空抛筹码砸开涨停板，自然不自然的都成了填海的"精卫"，庄主像"海"一样雄厚的资金，你填多少我吞多少，直到填海的"木石"穷尽。

操盘法则之三——愚公移山法。人造山峰，移山不止。筹码收集得差不多了，项军便开始用愚公移山的精神，把"太行、王屋"二山移到 S 股的 K 线图上，垒起一座山峰，使该股延着 45°角山脉，股价从 9 元起步缓缓上升，开始长达数月的慢牛行情。这期间，是项军最轻松的日子，只需把电脑程序设计好，一边买，一边卖，在为国家多创印花税的同时，账面呈几何数递增。不知不觉中股价攀上 25 元海平线。

操盘法则之四——天女散花法。利好显灵，天花乱坠。当 S 股价翻了 3 倍，投资者感到高处不胜寒时，该公司的因资产注入和参股的券商，赢利猛增，年报闪亮登场，业绩增长 400%，且推出 10 送 10 并非公开定向增发的诱人方案，股评家不厌其烦大挖其"最热门的参股券商题材"，多家反复

推荐。广大股民如梦初醒,仰首伸眉,市价追捧。项军的几台电脑步调一致,开始"天女散花",在高位把筹码悉数抛出。有一首宋陆的诗为证:"初疑天女下散花,复恐麻姑行掷米。"天下逐利的股民接到的不是救命的"米",而是将凋谢的"花"了。

　　项军轻车熟路圆满完成了操盘任务,双方合作愉快,上市公司和投资公司实现双赢。戚胜为奖赏项军,还多付给他50万元"花红"。临别时项军问道:"庄主,你哪来这雄厚的资金?"戚胜诡谲一笑:"怎么,你忘了行规?响鼓还用重槌吗?难道你没有发现S股增发价高达20元?大小非都高价减持了,这叫羊毛出在羊身上……"

股神 PK 股圣

全民炒股热浪滚滚,席卷各行各业。某某电视台收视率最高的娱乐节目《快乐无极限》的编导也经不住诱惑去开了股票账户,成为了一位新股民。善于创新思维的他灵机一动,联想到如此吸引观众眼球的股市,为挖掘搞笑题材,破天荒地想到了同样当红的股星——股评家和股神。于是,他们经过精心策划,用最高出场费,请来了雄踞南北的股坛双雄举办了一场股神对股圣的"PK 节目"。

外号叫"股神"的股民,是一位经常上电视、上电台、上报刊的"多媒体"人物,此人号称从 1 万元炒到了 1 亿元而进了"封神榜"。外号叫"股圣"的南方股评家,是一位留洋归来专门研究波浪理论,著作等身的博士。

南北双雄一左一右往演播厅一坐,拍摄现场顿时光亮了不少。参与节目的现场观众是剧组从几家证券营业部临时邀来的股民,分为一左一右两大支持者阵营。当导演让左边观众戴上红帽子,让右边戴上绿帽子时,现场响起了阵阵哄笑。导演解释说:"红帽子表示多方,绿帽子象征空方,没别的意思。不管戴什么颜色,参与就有奖品,得分高,还有大奖,奖品多多,欢乐多多。"大家一听说有奖品,都不顾帽子颜色,齐刷刷戴在头上。

光彩照人的女主持人先来到左边的股神面前:"请问大师,你能对中国股市作一个预测吗?"

"行,"股神慢条斯理说,"猪年是证券市场最肥的一年,我预测股指将掀开 4 000 点的盖头来……"话音未落,旋即被雷鸣般的掌声淹没了。他桌前的计分牌分数呈三位数往上跳。股神像伟人一样频频挥手道:"这只是越过雄关的第一步,到 2008 年,指数将超过 8 000 点,涨幅世界第一,换句话说,在座的现在买了股票,1 年后都是百万富翁……"掌声一浪高过一浪,连众多戴绿帽子的,都倒戈为他鼓掌。

主持人又来到股圣面前:"不知你的看法呢?"

"大相径庭,"股圣满脸堆笑道,"上节目前,导演要我扮演空方角色。其实我要讲的,绝不是违心话,我认为年线将收阴线,将跌破 3000 点……"掌声同样响起,但稀稀拉拉的,计分牌也只是两位数上跳。他接着说:"也许,我的话无人喝彩,也使支持我的观众拿不到大奖,但股市不是靠掌声来支持的,有时占小便宜会吃大亏。"

"是啊,"主持人又来到股神面前,"支撑股市的是业绩,你认为什么力量能推动股市涨呢?"

"问得好!"股神说,"我们来看看宏观背景,中国经济增长是全世界最高的,GDP 增长在 10% 以上,加之人民币本币增值,激发起了全民投资热情,没理由不支持股市持续上涨……"

"哗……"掌声越发经久不息。

主持人又步到股圣面前:"那么,你认为股市要跌的原因是什么呢?"

"原因有二,一是业绩,二是资金。"股圣说,"我给各位讲个故事。昨日到贵市后,导演请我们去最有名的鲖鱼大王吃清炖鲖鱼。鱼汤端上来后,导演看了一眼,就叫服务员端下去,说汤有假。领班闻声赶来后,导演对她耳语了一句,她便乖乖把汤端走了,并免费让我们用餐。事后,我问导演怎么知道是假汤?导演说,这很简单,看汤里有没有头。有一种鲶鱼体型和肉色同鲖鱼都十分相像,唯一不同是鲶鱼头是圆的,而鲖鱼头是尖的。鲶鱼 4 元一斤,鲖鱼 40 元一斤,这中间有多大的利差?这个故事说明什么?因关联操作和做假报表等因素,我们看到的某些上市公司业绩,如同没有鱼头的汤,现在要不做假账和多项计提了,不得不端出整条鱼来,亏损便会自然浮出水面。现在股市上涨主要是靠恶炒垃圾题材股,一旦业绩兑现,就会被打回原处,像杭萧钢杭虚构题材暴炒后,从哪里来就会回到哪里去。"

"哗……"暴风雨般的掌声响起,连戴红帽子的都情不自禁鼓起掌来,使分数向上狂跳。

"还有，"股圣得势不饶人，"资金方面，央行再一次提高存款准备金率，发出了紧缩银根的信号。此外 IPO 扩容要加大力度，红筹股要回归 A 股，增发、大小非解禁、可转债、配股形成圈钱包围圈，股指除了重心下移，进行杀伤力最大的 B 浪调整外，别无选择……"

"且慢，"不等主持人提问，股神抢过了话茬，放开了连珠炮，"在政策不断推出利好的背景下，资金不成问题，开放似基金不断壮大，QFII、券商扩资、保险基金直接入市、个人股票质押等利好正在兑现，每天开户的股民超过 30 万，入市的资金近 3 000 亿，特别是上市公司业绩大幅提高，成为股市上涨的基石。"

股圣打断股神："目前深沪两市平均市盈率超过 40 倍，大量的获利盘择高待沽，而利好的王牌一张张快出完了，利率再次上调的大鬼还按兵未动。"

股神打断股圣："这一切都不用怕，银行还有几万亿存款，新股民入市势不可挡，在股市赚钱效应的牵引下，还怕资金不流向股市？"

主持人看完全脱离了脚本，要穿帮了，便暗示导演打住。导演却做了一个OK手势，悄声道："出彩了！这唇枪舌剑，最出真刀真枪干的效果。我估计收视率会再创新高……"

听庄一席话 胜炒十年股

　　严格算来,我也属于久经沙场,在股市中"抗战八年"的老战士了。多年来,在股市中追涨杀跌,亏多赚少,已经从大户炒成了中户,从四楼包间下放到二楼卡座,离一楼散户只有一步之遥了。每每在盘中,我瞪大眼,像饥饿的猎人一样,捕捉庄家,但往往骑上了黑马,又被庄家洗盘而抓不紧缰绳,跌于马下。于是,时常把自己模拟成庄家,揣摩着庄家在做什么,怎么做,在想什么,怎么想?更渴望有朝一日,能同庄家面对面过过招,然后咬住庄家不放松。

　　机会来了。

　　那年5月底,应中央电视台邀请,我飞抵北京参加《证券法》专题晚会的创作。下榻在五棵松中央电视台"影视之家"后,便给北京温总打了一通电话,告知他下榻处及房间电话,他当即表示要为我洗尘接风。温总是驻京一家中外合资外贸公司的老总,尽管未曾见面,但电话交往已久,这如同在互联网上谈情说爱,双方是男是女,是美是丑都无关紧要,我们早已是相见恨晚的老朋友了。温总自诩是沪市那只赫赫有名的阿城钢铁股的庄家,这多少让我置疑,并非怀疑其财力,他同我们公司做外贸代理,信用证一开就是几千万美元,但要把一只流通盘6 000多万的股票,从4元多炒至18元,这不是光凭财大气粗能做到的。当初,他从5元就要我吃进该股,但我都因信心不足而充耳不闻,结果错过了一次发财的机会。我想象中的他,是一位老谋深算、大腹便便的老板。岂料,当温总赶到"影视之家"并自报家门后,我才发现眼前的大老板同想象判若两人。他高挑瘦黝,一脸的稚气,简直就是人们常形容的"嘴上无毛,办事不牢"的那一类年轻人。简短的寒暄过后,温总开车把我们接到五棵松附近的一家豪华餐厅,同行的有中央电视台《证券法》晚会的总导演和主创人员。因为原来晚会中设置了一个《要不要庄家》的节目,他们也想听听庄家的高见,目睹庄家的风采(后播出时改成了《要不要包装》)。

这是一家经营上海菜系的餐厅,我们点了虾蟹海鲜,温总却点了一道名字古怪的"腌笃鲜"的汤。我们边吃边聊,话题自然离不开股票。闲聊中得知,温总是炒港股起家的,当初投入 80 万美元入市,被金融风暴刮走了 30 万,后又追加 120 万美元补仓,时适港府托市,港股席卷千军,让他海赚了一笔。从港股获利离场后,他又杀向了国内 A 股,瞄准了阿城钢铁股票。当时,沪市极度低迷,日成交量只有几十亿,他上亿的资金,足以兴风作浪,硬是让该股逆市上场,所向披靡,一翻再翻,成为了深沪股市最亮丽的一颗明星。

我不解地问:"深沪股市几百只股票,你为何就偏偏选准了行业和业绩都一般的钢铁股呢?"

温总得意道:"老人家说过,'世界上没有无缘无故的爱',我们选它,自有它可爱之处。"他指着小姐刚端上桌的"腌笃鲜"汤说:"这道汤就是用腌肥肉和鲜肥肉加上笋一起炖的。大家都谈'肥'色变,我却偏爱,来,尝一尝……"

我尝了一口"腌笃鲜"汤,果真鲜美无比。

"温总,"电视导演问,"你成功炒作了阿城钢铁,下一步又看中了哪只?能不能透露点消息?"

"哪一只都没看中,你们大胆买阿城钢铁吧。"

我连忙说:"导演,千万不要去接最后一棒。"

温总笑道:"错也。当初我要你买它,你不信,结果同财神擦肩而过。阿城钢铁虽翻了几倍,但而今迈步从头起,还有十几元的上升空间。"他拍着胸口说:"你现价买进,要是亏了,我包赔。"

我反驳道:"空口无凭的承诺谁不会?"

温总说："实话告诉你,该股马上更名为科利华网络科技股。你看看,东方明珠已经跃上了 30 元大关,它才 17 元,你想想空间还有多大?"

翌日,我遥控操作,用电话委托在 17.02 元的价位进了该股,数日后,果真改名成了科利华。制作完节目回家后,我将所有被套股票统统换成了该股,后该股稳稳站在 25 元之上。"八年抗战"这回总算从庄家身上咬了一块肥肉。当我衣锦还乡,从二楼卡座重回四楼包间时,此刻的感慨是:听庄一席话,胜炒十年股!

无意成庄家

来无踪，去无影。这是股民对庄家的印象。庄家，这股市中呼风唤雨的主儿，谁见过何等模样？人们天天在股市寻觅庄家，却从未见过其尊容，股票涨了，山呼庄家万岁；股票跌了，又咒骂庄家为害群之马。真可谓成也庄家，败也庄家，恨也庄家，爱也庄家。正因为庄家若即若离，虚无缥缈，才给股市平添了无穷魅力。

那日，几位超级大户围绕在一起，品尝着券商提供的免费午餐，话题自然不自然移到庄家身上。这位说，庄家有三头六臂；那位说，庄家是青面獠牙。经纪人汪浩却指着外号叫"地主"的农民企业家陶壮说："其实庄家也是一鼻子两眼的普通人，不瞒各位说，陶总就做了一回大庄。"此话一出，语惊四座，有的被噎住，有的喷饭，大有身在庄中不知庄之感。真人不露相，尽管陶总横看竖看都没有"庄相"，但依他的实力，在股市中打两个喷嚏也能引起流感。

陶壮是千湖村村长兼千湖实业总公司总经理。千湖村先前是一个四面环水的渔村，以水产养殖为主业，后因长江二桥从村中穿过，财富便像彩虹一样从天而降，地价陡增，村民们围湖填地，往日的湖泊，耸起了一幢幢如栉似林的高楼。千湖村也因卖地皮而成了全国闻名的亿元村。陶壮也成了新社会的"地主"。名气一大，自然会引起"打土豪"者的注意。千湖村的发迹，勾起了证券经纪人汪浩的觊觎，于是，他找熟人认识了陶壮的侄儿

陶青,又经陶青认识了陶壮,并游说他把闲钱投入股市,进行无风险投资。陶壮说:"天下哪有这等好事,莫非有长江三桥从证券公司门前过?"汪浩向陶壮解释道:"你把闲钱存进来认购新股,包赚不赔。"并拍胸保证,"每月有 8%的收益。"

陶壮是何等精明人,这不明摆着是洗钱吗?便大笔一挥,一张千万元的支票进了证券公司账户,并全权委托汪浩、陶青操作。起初,汪陶二人屡屡得手,如此大的资金,拦河网一般怎么也能网住几条大鱼,每月也有丰厚的进账。后来,国家为激活二级市场,提高了新股发行市盈率,使一、二级市场的差价缩小。渐渐,申购新股收益锐减,并有了风险,有时连利息也赚不回来,眼看着当初拍胸夸下的海口要穿帮,弄不好利息的空缺要自己去贴。

低迷的二级市场,被新股发行方式的改变激活,股市开始反弹,火暴的个股行情,诱得汪、陶二人心发慌,手发痒。他们决定斗胆背着陶壮去二级市场短炒一把,弥补些损失。他们首选了各项技术指标完美得无可挑剔的 CY 股票,据说该股有重组题材,他们在 9 元左右吃进半仓的货,数日后,该股开始拉升,他们又在涨停板满仓跟进。岂料,他们成交后,该股发生戏剧性变化,大笔买单突然撤走,庄家倾巢出货,K 线图上的"避雷针"竖起,昭示着雷雨将临。CY 的连续暴跌,使他们账面损失了 200 万。窟窿捅大了,他们只好硬着头皮找陶壮求救。陶壮闻后,咆哮如雷:"当初你们指天发誓不摸二级市场,现在认赔吧!"陶青见状,当起挡箭牌,跪在叔叔面前。汪浩嗫嚅道:"就是把我们两条贱命全赔了也填不了窟窿,弄不好还牵连了您的贵命。"陶壮问:"怎样才能补救?"汪浩说:"唯一的办法,继续注入资金,把股价拉起来再出货。""能出局吗?""能,我的同学都是久经沙场的操盘手。"

陶壮为了救陶青也是为了救自己,调来了上亿的资金,并亲自坐镇证券公司。经操盘手精心策划,CY 又重抬升,逆势涨停,义无反顾地冲过 14 元。当大盘第二波反弹时,它却背道而驰,操盘手沿着下山的路把筹码全数抛出。陶壮最后算账,好险,打了个平手,他想起来都后怕,大有"黄山归来不看山"之感。他感慨道:"那真是一场噩梦!"汪浩却讨好卖乖道:"不,是场美梦,起码过了一把庄家瘾!"

股市带头大哥 888

一则真实的笑话。报载,一位以算卦为职业的算命先生,正煞有介事地给人算命,他告诫来算命的女士,近日有血光之灾,出门当心被汽车撞上。说话间,家人慌张来报,称算命先生的老娘被汽车撞了。女士大惊遂抽身逃逸,被算命先生一把抓住:"你咋没付钱就溜?"女士说:"你为了钱,连老娘都不救?"算命先生说:"我没钱拿什么去救?"女士说:"你不是说算不准不给钱吗?你连自己老娘要出车祸都算不准,还想骗谁?"

算股同算命只有一字之差,却有天壤之别,算命先生像钓鱼一样等人上钩,赚的是小菜钱;算股先生却如同撒网,金口一开,便不尽钞票滚滚来,尽管二者的原理都同出一脉,号称懂易经星相占卜等玄学,手法也一致,离不开坑蒙拐骗等法宝。

被众股民称为"算股先生"的这位先生姓卫名大宝,或许,他没有金庸笔下的韦小宝那般家喻户晓,但在本市股民心中,也算得上一位如雷贯耳的人物。本市百万股民大都通过无线电波听过他极有煽动力的股评,谙知他股算得特准,有神机妙算特异功能。卫先生知道股市里有个"带头大哥777"很牛,很了得,便给自己取了个"带头大哥888"的网名,其意比777更牛。

卫先生算股之前也是炒股的,多年的实战经验告诉他,炒股风险极大,算股却旱涝保收。时下有一顺口溜为证:什么人最好哄?股民最好哄。什么钱最好赚？新股民的钱最好赚。芸芸新股民，在茫茫股海中随波逐流，谁不祈盼天降神灵，为其导航？算股又十分简单，只要能吹就行。吹是他的强项，只要上嘴唇挨着天，下嘴唇挨着地，就能把死吹成活，把沙吹成金，把熊吹成牛，把跌吹成涨。然而，光能吹也不中，你把嗓子眼吹破了也无人喝彩。吹股得有资格，《证券法》规定，股评家须持执业证上岗。要拿证，还需学历、资历、考试和很高的职业道德。这一切卫先生都不具备。不过，这难不倒他，他懂得"没有条件创造条件也要上"的真理，没有资格能创造资格。他看准了大众传播媒体，他经常收听调频电台的一档节目"股市指南针"。尽管电台受电视的冲击，曲高和寡，但这一档节目却像"永不消失的电波"，收听率绝对的高，百万股民起码有40万能锁定此频率。在该节目作股评的都是资深的股评家，倘能见缝插针挤进去，就无疑站在股评家肩膀上了，很快便能出人头地，得到股民的"追捧"。

　　卫先生通过熟人的熟人，同电台联系，愿意有偿参与节目。原本不景气的电台，业务员跑断脚也很难拉到广告，听说有羊主动跑进圈来，岂有不宰之理？于是，提出苛刻条件，参与节目要按广告时段收费且不打折。卫先生牙一咬签了协议，反正羊毛出在羊身上。电台破例将该节目延长一刻钟，让卫先生唱压轴戏。随后，卫先生租了一间能容纳300人的会议室，扯起了杏黄旗，办起了"超龙"股评讲座培训班。

　　商品经济，广告付出就要回报。卫先生的培训班成本太高，故听课费也高达300元。如此高的消费缘何吸引股民？卫先生自有噱头，他在电台上口若悬河地承诺，免费赠送8万字的《黑马十八法》的资料。最诱惑人的莫过于不花钱听课了。所谓的不花钱，就是先交钱后，由他推荐黑马，要股民隔日去从股市中赚回来。所谓资料，也是断章取义，从其他股评书中抄来精华，再加上点星相学神秘作料而已。更绝的是，他每次上电台都吹嘘，深沪股市每周涨幅排行榜前三名的股票，都是自己在培训班上推荐的黑马，反正股民上了当也不会听第二次，他还信誓旦旦重复一个故事，指名道姓地说有位老太太，按他的黑马法买股票，5万变成了50万。其实，那名字正是他年轻老婆的名字。

　　卫先生在媒体的烘托下，有了"算股先生，带头大哥888"的美誉，受到股民的热捧，连租的会议室都人满为患，不得不考虑再次"扩容"。

　　一日,培训班学员外号叫"连珠炮"的新股民下岗女工找上门来,因她听了韦先生荐股,买了烟台冰轮,损失惨重,要来扯皮,她质问道:"你推荐的什么黑马? 明知道是驶向冰山的轮船,还要我去撞?"卫先生回道:"印花税提高,股指跌了 900 点,什么船都沉了。你亏了多少?"她说:"亏了 2 万。那是我的'卖身契',买断工龄的钱呀"! 卫先生从怀里掏出一张交割单,递给她说:"你仔细看看,我以老婆的贞操保证,我买得比你还多还贵,亏了不下 20 万,把股评赚的钱和看病的钱全赔了进去……"

寻找翻百倍的股票

买股票是为赚钱,这是连傻瓜也懂的道理,买什么样的股票能赚大钱,这便要考考聪明人了。也许,你能在股市中逮住翻十倍的黑马,但要找到翻百倍、千倍的股票肯定会被认为是痴人梦语,非傻即怪了。

潘善就是一位搜寻这样股票的"股"怪。

世上真有此种超越业绩的大幅增值的股票吗?回答是肯定的。1986年11月4日,邓小平在人民大会堂接见了美国纽约证交所的金融巨头,并赠送给纽交所董事长约翰・凡尔林先生一张面值50元的飞乐股票。据说,这张股票收藏在美国最大的纽约城博物馆,它价值几何?你充分发挥想象力去天马行空想吧!

潘善就收藏着这样一张最原始的,面值为50元的飞乐股票。

收藏已成为一种时尚,且五花八门,千奇百怪,但人们为了得到独家收藏而几乎穷尽了思维。潘善收藏股票却纯属偶然。若干年前,潘善南下淘金,在深圳一家外贸公司当翻译。一位朋友向他借了1 000块钱,因无力偿还,便给了他一张面值1 000元的100股宝安股作抵押。那张印得像钞票一样精美的宝安联合投资公司的股票上面有一只展翅高飞的雄鹰,还暗印有云彩般的水印。潘善把这张股票随手夹在一本英汉辞典里,便让它长眠于书架上了。若干年后,当他再次翻开这本辞典,才使这张股票重见天日,他即赶去证券公司要求兑现,一位工作人员告诉他:这张宝安原始股因错过了股东登记时间,早已作废了。不过,这早已在市面绝迹的股票有纪念意义,并愿意出十倍的高价赎回。思维超前的潘善顿时受到启发:股票发行早已无纸化了,这原始的票证,不就成了稀世珍品吗?再说,这不仅仅是一种金融符号,它是中国资本市场改革的最形象的物证。他没因贪图小利而出手,而是着手挖掘"第一桶金",开始了原始股票的收集。在深圳,潘善用"挖地三尺"的精神,收集到了发展、万科、金田、原野等原始股。为了扩大战果,又挥师上海,去寻觅建国后在上海首发的"老八股"。在上海,潘善用"踏破铁鞋"的最原始的方法,在真空电子、延中等企业职工家中,收到了压箱底的股票。当他得知家住静安的万春元老人有一张飞乐股票后,便喜出望外,拎了厚礼上门求索。尽管开出了两万元的高价,但万春元不为财所动,死活不卖。潘善软缠硬磨志在必得,他念叨着电影《卖花姑娘》里的一句台词:"只要心诚,石头也能开出花来。"那晚他在万春元家门口,站了个通宵。凌晨邻居起早床,发现可疑的陌生人,大喊抓贼。潘善并未辩解,人们围住他,一阵痛打。直到打翻在地,他才高喊万春元的名字。万老出屋后,被鼻青脸肿的潘善感动了,看来不卖要闹出人命,只得慷慨转让,成全了他的"飞乐梦"。

潘善用"苦肉计",使石头也开出了花来。

这些年,潘善上北国下海南,走新疆闯西藏,跑遍了大江南北,他不仅收原始股,还收中签表和各类股权证。收到多的,他也转让给其他收藏者,以股养股,收益颇丰。在他家里的书橱里,那些精心装裱的原始股,按不同年代,分门别类,昭示着股份制企业发展的轨迹。

名气大了,见有利可图,各路掮客都往名人圈子里钻。一日,一位掮客领来位号称老经纪的吴先生,拿出张20世纪40年代的上海永安公司的股票,那泛黄发脆的绝品喊价十万。潘善翻开解放前出版的《华股手册》对照,没发现破绽,他吃不准,便向朋友外号"智多星"的民间鉴赏家何芸贵先生咨询。何先生把股票翻来覆去看了看,凝神定目说:"你从我这里拿张十万元的支票,去同他交易,他敢成交,便是真品。"

潘善如法炮制,提出支票交易,谁知,吴先生接过支票,瞄了两眼,便爽快成交了。

三日后,潘善估计那支票已兑了现,便抱了十万元现金和部分酬金去

拜见何先生。

岂料，何先生婉言拒收，他轻描淡写说："老潘，你不要高兴得太早了，那永安股票是一文不值的赝品。"

潘善惊呆了："怎么会这样？！"

何先生笑道："嘿，因为，我那张支票是空头支票……"

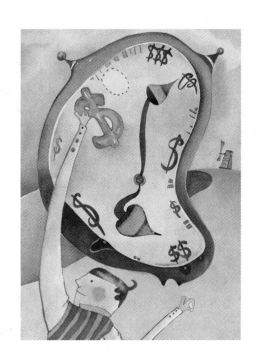

熊市中赚大钱的实战经典故事

　　股谚道：炒股七赔二平一个赚。为寻访这珍贵的一个，我慕名去曾从业的证券部采访熊市中赚大钱的奇人孔孟先生。孔先生退休前在一所大学教学，退休后，夫妻俩将几万元养命钱投进股市，时间不长，资金却进了一位数，从没听说哲学问题同股票有什么瓜葛，莫非他们从康德、黑格尔等先哲那里继承下来什么制胜法宝？见到先生，我冒昧的问道："先生取名孔孟，难道是想从先哲那里继承什么？"孔先生却谦虚地说："我以前爱好理科，学哲学纯属偶然。"

　　我又问："据说，你们有一套选股哲学，特别是经典之作——海油工程。哲学是否真有帮助？"

　　"说有也有，说没有也没有。"

　　我也乐了："这不就是哲学吗？矛盾的两个方面，或者叫二律背反。"

　　"说有，就是选股有时要进行形而上的思考，说没有，我们也是凡人，也要碰运气。"

　　我请教道："能结合海油工程，具体谈谈吗？"

　　"好，我先说运气吧。哲人培根说：'运气老人先给你送上他的头发，当你没抓住在后悔时，却只能摸到它的秃头了。'我在海油工程低位 13 元左右时买进，是抓住了运气的头发，而有人在出季报 26 块多买进时，却只是摸它的秃头了……"

我这才发现,他的头秃得厉害。

"形而上就是人们通常说的透过现象看本质。选股要用全球的战略眼光去俯视。"孔先生眼里有了几分得意:"当初伊拉克战争时,我就注意到国际原油价格在猛涨。我国是贫油国,随着经济的高涨,能源缺口极大,要大量依赖原油进口,而国内开采又以海上开采出油量大且成本最低,所以我就开始关注该股,尽管当时这只股票业绩平平,股价也不低。"

"哦,"我惊叹道:"你是在关注它的未来?"这才是本质,深刻呀!

"在战术上我关注它但不买它,我想等跌破 10 元后下手。"

"这不就是毛主席的哲学思想吗?"我问道:"在战略上藐视敌人,在战术上重视敌人。"

"后来我等了一个月发现该股横竖跌不下来,尽管指数一个劲地跌,而国际原油一个劲地涨,我看不能再等了,就和老伴在 13.2 元的价格时,果断各自吃进了 10 手。一圈人都骂我们傻。"

"其实炒股还真要向傻瓜学学,"我说:"因为即使是神也永远买不到市场的最低价。"

孔先生说:"我买进该股后发现太谨慎了,因为有很多投资资金也在买它,又加码买了 20 手。"

"真是英雄所见略同,"我说:"其实你走在了基金的前面。"

"不,是站在了巨人的肩膀上,"孔先生斩钉截铁说:"由于加强监管,这个市场老庄家已几乎灭光了,以往的坐庄模式已经改变,市场只有基金才是最合法实力最强的善庄。"

这不是辩证唯物主义的哲学思想吗?我自问道,看来孔先生把一生学问也用在了炒股上。

"后来,实践证明,我对该股未来的判断没错,从外因看,国际原油一路飙升,从内因看,该公司由于新建一大型油气田,产量将倍增,另外其海底管线铺设业务占了国内市场的 90%,完全处于垄断地位,于是我又东拼西凑筹钱买了 30 手。"

我说:"外因通过内因而起作用,先生真是把哲学运用得淋漓尽致呀!"

"反过来讲,有时外因也会起重要作用。"孔先生这会儿用上了哲学教授讲课的口吻:"做股票一是要看它的内在业绩,海油工程今年一季报 0.15

元，二季报 0.55 元，三季报 0.83 元，年报不会低于 1 元，呈上升趋势。二是要看它外在有没有大资金关注，如今的股票，没资金关注的，像没妈的孩子，跌到一元钱都没人要；有资金关注的就等于生在富豪家，干爹干妈一大堆。海油工程十大股东全是基金：普丰、裕阳、鹏华、长盛、嘉实……我背都背得出来。"

"孔先生，海油工程股价同业绩一路上升，而当时股指却在暴跌，你就没想到过卖？"

"咋没。可抓住了幸运的头发，就不会轻易松手。老庄说：忍字当先，就有意无意要我当忍者。当该股跃上了 20 元，老伴忍不住了，嚷着要卖。我说，再忍忍吧，你爬黄山，不到天都峰，那不白爬了吗？当该股攀上了 25 元，进入了险峰。老伴说，再往前爬，可能就是悬崖了。你看那贪字多一笔就成了贫字。她最终忍不住以 25.6 元卖了……"

"什么，她卖了，你不卖？"

"好像太残忍了。其实，我也是忍无可忍，多次想卖。但《老子》云：'玄之又玄，众妙之门'，炒股的玄妙，就在于手中有股，心中无股，视涨跌而不见，才能欣赏到无限风光。我想等它出年报时风光出尽了再抛出……"

"高哇，你手里幸运的头发，不成了一把金穗了吗？"

"唉，"老孔叹口气："老啦，你看我自己满头沃土，却难长出寸草了。"

我恳请道："那对后来者，有什么忠告吗？"

老孔抬了抬圆框眼镜："股市无智者，只有忍者，你发现没有，忍字是心上面一把利刃，面对多空搏杀，谁能做到脸不变色心不跳，谁就无敌于股市。"

下岗女工的选股绝活

　　"美酒飘香啊,歌声飞,朋友好呀请你干一杯——"这首曾风靡大江南北的《祝酒歌》而今还经久不衰,但如果有人歌不离口,天天哼唱就有些奇特了。

　　2004年是中国股民最痛苦的一年,股指叠创新低,投资者亏损惨重,赢利者如凤毛麟角,在我曾经从业的营业部就有位投资者,用切肤的感受,发表了惊人的高见:如果你想害一个人,最佳的办法就是让他进入股市,只要他把资金投入股市,就大功告成,借刀杀人的事,股市会帮你圆满完成,且杀人不见血。因而,能在股市中小本赚大钱者却像濒临灭绝的珍贵鸟"黑脸琵鹭"一样稀有了。

　　在有人毒咒股市的同时,有人却在赞美。同样在我们营业部有位股嫂却挺着美丽而不高傲的头颅,她嘴里哼着《祝酒歌》的曲儿,喜滋滋向股市走来。

　　股嫂姓周名玉令,她不笑都不行,手中持有的张裕股票在暴跌中忽视大盘涨跌,一如既往地连创新高。进得交易厅,她旋即被股友团团围住了,不仅是股友把她当时星追捧,炒股也能炒出状元,这也从一个侧面佐证了投资者对国企改革的奉献。

　　"股嫂,你又看中了哪只股票?"

　　"股嫂,你的股票真的是酒香不怕巷子深!"

　　也有不服气者道:"股嫂,你的红酒喝多了也谨防醉倒!"口气有点像林彪当年质疑"红旗究竟能够打多久"的味道。

股嫂神秘兮兮笑答道:"我的张裕股票已经在出季报时抛了。又换了另外一只股票。"

股嫂是从国企下岗的,从喧闹的工厂回到寂静的家中,生活像有滋有味的百事可乐一下变成了索然无味的白开水。在经历了求职碰壁的数不清的失望后,她选择了高风险的股市。自己给自己上了岗,尽管没有月薪,但不会遭人愚弄,让人像挑处理商品一样被人筛来选去。

股嫂把养命钱投入股市,故把选股视为生死攸关的大事。她借鉴了求职时用人单位的初选、复选、录用三大步骤。不知是不是丈夫爱喝张裕葡萄酒的缘故,她打量着家中数不清的空酒瓶,竟初选中了张裕股票,其理由是:别人越不看好的冷门股,越易被庄家相中。打量一下张裕A,流通盘4 000多万,行业不错,属当时股评家常挂在嘴头的"消费升级热门概念"。选这类股确实需要一些超出常人的方法。复选时,她又自费去了烟台,对新兴的海滨城进行了实地考察,不仅去看了海市蜃楼,尽管没看到实景,多少有些遗憾,但还是去看了位于大马路的张裕酒厂,辗转周折找到了张裕公司的高层人物,得到正在进行资产优化,开发新品种扩大出口的第一手信息后,便吃了定心丸。

经过严格的初选、复选,她决定录用张裕股票。她倾其积蓄在9.46元买进5 000股,准备跌到8元再买,谁知,不跌反涨。后来她又发现嘉实基金等大量持有该股,又打电话死缠询问这些公司持有的理由。在得到满意答复后,她又东拆西借,筹措资金,在9.86元买进了5 000股。眼看着大盘一天天江河日下,张裕却我行我素节节走高,她不想一人独食蟠桃,要让股友分享胜利果实,便向他们力荐该股,当股友问及理由时,她横竖只有一句话:"酒香不怕巷子深。"

股嫂一路持有张裕,即使在股指连连破位30%,张裕却逆市上行30%,2004年11月19是个吉利日子,股嫂以14.98元的价格全部卖出,收到了有生以来最大的一笔回报。酒不醉人人自醉,股嫂心里比看到了海市蜃楼实景还兴奋。

"舒心的酒啊浓又美……"难怪她天天嘴里哼"祝酒歌"就不足为奇了。

在牛市中赚钱,不是本事,在熊市中赚钱那才叫绝活!

昔日百万大户今开股民茶馆

股民茶馆坐落在繁华的金融一条街上。毗邻着生意兴隆的钱龙餐厅。这一餐一饮都是昔日没落的超级大户"陆百万"专为股民开的。

股民茶馆是真正意义上的茶楼,没有袖珍包房,没有情侣卡座,也没有卡拉OK,更没有那些打着茶文化的招牌却干着其他勾当的掩饰。因而,厅堂装饰得古色古香,翠竹田园,高山流水。竹桌藤椅,盖碗瓷杯,营造着一种返璞归真的氛围。在股市中惊心动魄鏖战的股民们,休市后可来茶馆一坐,花上十元钱可泡上一壶由金银花、玫瑰花、菊花、丁香花、茉莉花组成的清热解疲的花卉茶饮。一边细品香茗;一边闲聊股市现象,也不啻是人生的一大乐趣。股民茶馆生意同股市热冷成反比,股市热茶馆冷,股市冷茶馆热,没有任何协会保护的股民,把茶馆当成了自己的家,当成了说话的地方。

茶馆的厅堂的正面有一幅醒目的对联:

四方来客坐半晌无分贵贱

三镇股民喝一盏各自多空

横批是:谈"股"论"经"

临街靠窗的五号桌,经常有一胖一瘦两位老者对饮。胖的是离休的"老革命"毕石,他穿着中山装,扮一种庄严的"酷"。瘦的是退休的教书匠贡虬先生,以前讲国文,而今潜心研究股市文化。两人以股会友,情投意合,常切磋股艺,猜一些股市中的谜语,对一些对联,怡乐谐趣,以排遣被股票套牢的忧烦。

瘦的问胖的道:"老哥,你最近又买了什么股票?"

胖的呷一口茶,答道:"还是老规矩,我出谜给你猜:'天上掉下大元宝'。"

瘦的不假思索:"如此简单的谜也来考我?天大天财是不是?"

胖的一笑:"不是,这回算是把你考着了,我买的是天元基金。眼下,大盘已高,不敢买股票,只有买点基金等着分红。"

瘦的不服输道:"这哪叫谜语。老兄呀,我最近研究了大盘走势,股指成交量始终不能放大,其原因是主力不愿在此点位进场为散户抬轿。你发现没有,抬轿的动作由哪两个字形象地组成?"

瘦的再不草率回答,边饮茶边思考,兀地,茶杯一放:"有了,由'从众'二字组成。"

胖的再作惊讶状:"怎么讲?"

瘦的比划道:"你看那从众二字,是四个'人'抬着一个'人上人',抬轿的不是四个抬一个吗?再说,从众跟风炒股,不正是为别人抬轿吗?"

胖的喝彩道:"高!你真是绝顶的聪明。"

接下来,他们又聊起今年年报不尽如人意的话题,特别是一些像大唐电信、清华紫光等美其名高科技的股票让投资者大失所望。瘦的说:"我这里有一上联,不知你能否结合股市对出下联:房屋矮旧桌子矮旧板凳矮旧矮旧环境难不倒矮舅。"

胖的深思熟虑,逐字逐句工整对来:"长春高新东湖高新倍特高新高新业绩不让人高兴。"

瘦的说:"佳对。应该收入古今楹联大全。"

两人聊得正惬意,外号叫"连珠炮"的股嫂坐了拢来,扯开嗓门道;"二位前辈,你们给我诊断一下,这股市真是无可救药了,指数创新高倒赔钱,我'5.30'前满仓杀进,结果又给套惨了。"

胖的说:"不套你套谁?强心针只能救命,不能医病。所以嘛,任何一次冲动,回报的只能是后悔。"

女的嗓门越发大了:"这又是高层领导讲话,又是物价涨,钱存在银行

贬值,还不明摆着把我们往股市里赶吗?"

瘦的说:"还用问吗?资本利得税隔三差五流传悬而未决,谁有胆量用头去接?"

胖的说:"有一个寓言:说的是有一群羊,看见远方有一片鲜嫩的草地,羊蜂拥上前,结果草丛里埋伏着猎人。猎人把草地一圈,把想吃草的羊给宰了。又来了一群兔,经过侦察后,确认没有猎人,又跑了进去,结果草丛里藏着一窝蛇,小兔子又成了蛇的美餐。后来,又来了一群马,面对美丽的陷阱,任主人鞭子怎样抽,马宁可绕道都坚决不跑进草地去。"

在一旁听热闹的老板"陆百万"凑拢来道:"鄙人就属马,如今就是拿十八抬大轿来抬鄙人,我也不会再进去了,赚点茶水钱,也比当年豪赌自在。"

因祸得福

老子云："祸兮福所倚，福兮祸所伏。"这古老的辩证法则，在股民顾小飞身上得到新注脚。

顾小飞姓顾名直，他因专炒小飞而得此名，并同张延中、王爱使、陈申华组成了大发证券的"四大金刚"。四位短线高手，各攻一股，高抛低吸涨10%卖出，跌10%止损，永远套不住。

公元2007年1月8日，这是个非常吉利的日子——要发要发。顾小飞骑着嘉陵摩托风驰电掣向大发证券驶去，他在6.67元买进的一万股小飞，已经有了10%的升幅。他欣喜若狂，想赶在第一时间，集合竞价时抛出。引擎飞旋，灾祸也一步步逼近，在接近大发证券门口的转弯处，迎面同一辆逆向而来的"麻木的士"（载客营运的火三轮）撞了个正着，只听得山崩地裂一声巨响，顾小飞被甩出一丈开外，要不是戴有头盔，恐怕他早已魂飞天国。摩托车同"电麻木"两败俱伤，惨不忍睹，扭成一堆废铁。

吉利的日子，也会乐极生悲。顾小飞苏醒时，已经成了"石膏人"，被固定在医院的钢丝床上，左脚粉碎性骨折，他母亲坐在床边擦着眼泪。顾小飞醒来后，第一句竟是："小飞，小飞什么价了？"这情景让人联想起心系灾区被从死亡线上救起的抗洪英雄问："决口堵住了没有？"母亲忙按住他："别动，翅膀都摔断了，你还想飞？"顾小飞心系小飞，连望梅止渴那句成语都变成了"望股止痛"。他叫母亲从腰间摘下股票王传呼机，调出小飞一瞄：成交价 8.6 元，忙叫母亲打的去大发证券卖出。母亲说："那股票是啥玩意儿，怎么比麻药还管用？造孽呀！"顾小飞威胁说："妈，你去不去？不去我就挣脱夹板爬起来。"母亲依着他哄他说："好，我去卖，伢呀，你能爬起来，莫说去卖股票，就是去抢证券公司我都不拦你。"

顾小飞一丝不苟地要母亲抄了证券账号、股东代码、股票代码、密码、操作程序。并再三强调："卖出后，一定要看成交回报。"母亲依依不舍出了病房，下楼打了几通"没有生命危险"的祸情电话，之后，在医院花园里，挨了一个小时，便踅回病房，进门就宽慰儿子道："卖了，9.1 元成交，我还专门看了回报。"母亲的欺骗是善意的、崇高的，如同苦口的良药。顾小飞卖了小飞，悬在心里的石头落了地，伴随而来的却是锯骨的疼痛。母亲怕他再看股票影响康复，便把股票机藏了起来。

数日后，张延中等哥们，"押"着肇事的"麻木"司机老甘来医院。老甘老实巴交，左手吊着绷带，右手拎着一袋礼物，一个劲说："对不起……"顾小飞说："你说一万个对不起也没用，这医药费，还有摩托车，看着办吧。"

老甘说："我下了岗，'麻木'也撞废了，一家人生活都没着落……"说着打开礼物袋，一圈人都忍俊不禁，竟是一袋猪脚。"这是我一大早排队买的，熬汤喝了，腿好得快。"顾小飞接过猪脚说："喂，你想得出来，拿猪脚来换人脚？"说完，顺手从窗口扔了出去。

伤筋动骨 100 天，顾小飞如鸟困笼中，在医院躺了 90 天，4 月 7 日办了出院手续。一出医院，他的心像出笼之鸟飞向股市，要母亲搀着他直奔大发证券。从张延中口中得知，小飞已盘旋上了 13 元，他懊悔万分，准备高位补回。打开电脑一看，便傻了眼，账上的钱不翼而飞。再一查股票，荧屏上显示的数字，惊得他张口结舌，难辨真伪：居然有一万股小飞股票！顾小飞手足无措，问："妈，那股票你没卖？"

"没有。妈不该骗你……"母亲欲言又止。

顾小飞腿一下直了，抱起了母亲："妈，谢谢妈，你是世界上最伟大的妈！"

顾小飞在 13.6 元亲自卖了小飞，多赚了 4 万。翌日，他买了一辆崭新的"麻木"，张延中载着他，沐着送爽的秋风，驶向老甘家。他要"仇"将恩报，给那位下岗职工一个意外的惊喜，让他终身记住"要发要发"那个吉利的日子……

"勾股定理"

　　勾股定理是一个全新的创意(且慢,请不要先入为主,联想到那著名的数学定理)。该定理是由智者舒旗运用古为今用(祖先的《周髀算经》)、洋为中用(洋人的毕达哥拉斯定理)原理发明的。舒先生是政治经济学硕士,却得了"风水先生"的雅号(按说彻头彻尾的唯物主义者,是不信风水那一套的,这能否称为彻头不彻尾)。他戴一副24K金边眼镜(尽管并不太近视,学者的派头必不可少),说话轻言细语(作谦虚状)。他轻政治重经济成为职业股民(一种新岗位,下岗职工可望而不可即)。他认为炒股,那个"炒"字,尚欠准确,应改为"勾",名曰勾股(颇有创新精神,这在股评八股文成灾的时下并非坏事)。其理论依据是:股无常性,深奥如潭(北大教授周其仁说:正因为未来经济和企业发展存在不确定性,才会有股份制,以共同抵御这种不确定性带来的风险)。股民在明处,庄家在暗处;股东在水上,上市公司在水下,买股票像钓鱼一样全凭感觉和运气(这比喻贴切,庄家的暗器,上市公司的黑箱,让散户防不胜防)。作为定理,要自圆其说,当然少不了勾三股四弦五等要素。勾三:三思而行。股票连跌三天买进;连涨三天卖出(俗语有万事不过三,这是股市中屡试屡爽,放之深沪皆准的真理)。股四:业绩四角以上,流通盘4千万以下,市盈率不超过40倍。弦五:此弦非彼弦。他的弦是去掉了弓旁的玄(古人云:弦去掉弓,玄之又玄)。弦五乃众要素精华所在。玄一:选一家风水好的证券营业部。玄二:选地处好

风水的上市公司。玄三：所选股票要有吉利的名称。玄四：股票有吉祥的代码。玄五：操作要奔腾双核电脑（尽管牵强，但去粗取精，简单实用，应该去申请专利）。

理论总是贫困的，要付诸实践才富有（贫与富有时在一夜间转化）。为寻觅一家风水好的营业部，舒先生从江北辗转到江南，最后舍近求远，落定在青山（山清水秀，风水一定不错）。为严格按"勾股定理"选股，他首勾了獐子岛（业绩、流通盘都符合，且有一个美名）。该股代码：002069（谐音路久），为考察其风水，他专程去了威海海滨（风水这边独好，最适合人居的城市）。他勾的第二只股是长城电脑，该股代码：0066，六六大顺，业绩、流通盘适中，风水更不用考察，长城乃民族象征，随群山蜿蜒起伏，有龙脉之称（不到长城非好汉，不买长城股票更非好汉）。他勾的第三只股叫承德露露（听起来像女人，不知是否有荷尔蒙在作祟），该股代码：0848（谐音通发死发），盘小绩优，风水更是登峰造极，承德乃明清两代皇帝相中的避暑山庄（山有灵性，水似清泉，仙气氤氲，气候宜人）。无疑这三只股给了他丰厚的回报，使他运交华盖（让他獐子飘香，长城不倒，露露迷人）。

舒旗有了从理论到实践的雄厚资本，准备第二次飞跃。他自编讲义，扯起大旗，准备向社会推广独一无二的"勾股定理"（讲座费恐怕不低）。却逢股市退潮，连连破位，使他满仓套在另一只风水绝佳的股票上（再好的风水，也难敌大盘的潮汐引力）。

一日，大学同窗，现留校攻读博士的郭放来访（该博士满腹经纶，对《易经》颇有研究）。觥筹交错之际，舒旗酒后倒出满腹苦水。

郭放问："你买的什么股票被套？"

"西藏圣地。我就是冲其风水好才满仓的（世界屋脊上的圣地，风水也堪称世界之最）"

"什么？你知道什么叫圣地吗？藏人死后，尸体被运到山崖顶上，让老鹰啄去，这叫天葬。那天葬的地方，才被称为圣地……"

舒旗愕然。

作"网"自缚

20世纪80年代末,《诗刊》曾发表了一位朦胧诗人的一首诗,在全国引起了轰动。诗的标题只有两个字:生活,而诗只有一个字:网。当时评论家提出疑问,把生活比作网,十分荒唐。现在看来,荒唐的倒是疑问者了,那位诗作者,不仅是一位诗人,而且还是位伟大的预言家。在网络经济十分发达的今天,人们离开了网,真是难以生活了。即使像我们刚刚"网"开一面的国度,人们也以网为荣,乘网而兴,谈网而乐了,一批批追"网"族,也无"网"而不胜了。

网无处不在,一张张有形的无形的网,会在有意无意间把你网住,更有甚者,像作茧自缚的蚕一样,使自己作"网"自缚。

这是个过去时的真实故事。深沪股市"5·19"井喷似的行情暴发,一向门可罗雀的证券公司也变得人满为患了。大户室也水涨船高,50万升级为100万,原来两人一间的包房,也不得不插进第三者。新股民水上宁200万资金,也只能委曲求全挤进我们100万的包房了。人称水总的他,是汉正街小商品市场的大批发商,地地道道的土老财。他其貌不扬,团团脸,眯眯眼,见人满脸笑,尽管看上去不美,体态还有些臃肿,但因颈上挂着金链,手腕上炫耀着手铐般粗的手链,每日来包房,总有花蝴蝶般的漂亮妞围着他转。包房的另一位外号叫"快枪手"的大户戏称他秃顶的脑门是招蜂引蝶的"亮点"。

　　水总先前是不屑一"股"的,他亲眼目睹汉正街众多的暴发户都是因炒股而落魄的。一位因炒股而潦倒的朋友李珂告诫他:热爱生命,请远离毒品;热爱财富,请远离股市。然而,也正是这位李珂把他拉进了股市。那日,李珂找他高利借钱。他问:"借钱干啥?"李珂说:"炒股。"他不解地问:"你不是说股票如毒品吗?"李珂说:"不错。你是井底之蛙,不知道真正的大牛市来了,那股市天天涨,成交量几百个亿,人人都在赚钱,现在是钱生钱、钱变钱的时候了。"水总到底禁不住诱惑,取出做生意的全部积蓄义无反顾地加入了炒股兵团。入市的首日,他便在"快枪手"的指点下,逮住了网络股的领头羊东方明珠,当日就赚了 10 万,第二日又有 15 万进账。他甩给身边的小姐每人一千,大言不惭道:"哈,没想到,这做股票真他妈比贩鸦片还来钱。"见他得意忘形,笔者善意地提醒他道:"世上没有只涨不跌的股票,新股民最重要的是要防范风险,少碰业绩差、投机过度的网络股,多买一些绩优的股票。"

　　"快枪手"却开导地道:"美国股市连连创新高,功臣便是网络股,你知不知道,雅虎、美国在线、亚马逊图书等网络股涨了 100 倍以上。"

　　笔者反驳道:"美国网络股大都没有业绩支撑,连巴菲特都敬而远之,买网络股是在博傻,这如同热气球,过热后必然会破裂。"

　　水总却说:"管他雅虎俗虎,管他博傻博聪明,我就认定了这网,我用它网住大鱼。"

　　深沪股市在网络股的烘托下,200 多只股票涨停,网络龙头综艺早早封死在涨停牌上。唯有深沪的网络大哥厦门信达停牌一天半。水总算准了,厦门信达漏掉了两个涨停板,定会前赴后继补涨上去。下午开盘后,他用满仓资金去涨停板排队,但因落后于他人而难以买上。两点过后,大盘开始巨幅振荡,眼看封停的买单减少,我劝水总,赶快撤单。他却说:"我还没被套过,想尝尝被套的滋味。"当厦门信达打开涨停板,在接近历史的天价使他的钞票换成股票时,他还和小姐们一起鼓掌欢呼。

　　接下来的事实,让水总再也欢呼不起来,厦门信达领跌于大盘,几个交易日便暴跌去 40%,真可谓乘电梯上去,坐滑梯下来。水总也用自己编织的网把自己网了进去。200 万资金只剩下 120 万,连身边的花蝴蝶也都飞得无影无踪了。那日,我问他:"套住的滋味咋样?"他长吁短叹道:"真他

妈比毒瘾犯了还难受。"我想,此刻若问他什么是股票？他的回答恐怕也同
那朦胧诗人如出一辙,只一个字:网！

双　赢

双赢这词儿，因被中美世贸谈判引用，仿佛一夜间成为了上口频率最高的时髦用语。做外贸要中外双赢，做内贸要商家顾客双赢；做股票要上市公司、股民、券商三赢。然而，这里要讲的却是另一种触目惊心的双赢故事。

随着反腐倡廉的呼声日益高涨，重拳之下贿赂双方受到威慑，隐形贿赂也就成了一个全新的"看不见的战线"。在市场竞争日趋激烈的今天，已成气候的"不拿好处办不成大事"的歪风，不会因树欲静而风自止，只不过做得隐蔽，花样更多罢了。送名人字画，绝版珍邮，稀世古玩已成一股暗流。然而，这毕竟是有形的，败露的贪官不大都因收礼品而栽了吗？于是，行贿受贿双方都在挖空心思寻找一种无形的看不见摸不着却能保值增值的"好处"。

H 钢集团供应处资源科的科长黄临是一个官不大权不小的炙手可热的人物，手里掌管着数亿元的原料燃料采购大权，也是纪检部门重点监控的焦点岗位。每年有上百家企业围着这个焦点团团转，想从他手上分到一杯羹。无疑，那岗位是货真价实的"仅次于总统的职业"。黄临深知，自己是坐在"火山口"上，稍有不慎，便会化成"熔岩"。他从不亲手拿任何单位的任何好处（他的手永远都是干净的，他亲戚的手就难说了）。"手莫伸"是他能稳坐钓鱼台的座右铭。

今春，黄临进京开计划会，京城一家合资企业的温总请他去一家西洋酒吧小坐。温总是 H 钢的小客户，每年只能拿到极小的份额。为了攻下黄临这道"防线"，他曾使出了十八般兵器，但还是久攻不克。他知道请黄去洗桑拿，用肉体炮弹是徒劳的，黄怕被人家偷偷录像拿住了把柄而绝对不去。黄唯一的嗜好就是喝咖啡，却并非要体验那好极了的味道，而主要想欣赏洋人演奏的原汁原味的古典音乐。

在环境宜人音乐醉人的酒吧里，温不失时机问黄道，你怎么不炒股票？黄呷一口咖啡道，听说那玩意儿风险很大？温说，对别人有风险，对你却是保险。黄故作惊讶，怎么讲？难道我比别人多两个头，多四条臂？温不加讳言道，因为有我们坐庄，你炒股包赚不赔。黄问道，什么叫坐庄？温说，坐庄就是能控制股票涨跌，想让它涨就涨。黄说，那不跟赌博中的老千一样，想开大就开大，想开小就开小？温说，对呀，你如果炒股，准能心想事成。黄说，我没钱拿什么炒呀？温说，没钱，我们可借给你。黄愠怒道，不行，这不明摆着把我往火坑里推吗？温说，这样吧，钱你自己去想办法，我们只给你提供信息，保证你的钱能大幅增值。黄心里咯噔一响，信息，不正是那踏破铁鞋无觅处，无形的能保值增值的"好处"吗？时下叫什么"老鼠仓"吗？黄问道，你们坐庄的是什么股票？STX，这只小盘股，我们已吃进了七成的货。黄说，在我印象里这支股是做地产的，炒得动吗？温说，原来你懂股票。不错，它今天是地产股，明天就会改为 YA 科技股，重组方案的影印件就在我皮包里，你有兴趣可看一看，黄把手一摆，不用看了！

黄临回到单位 H 钢后，从亲戚处"借"来巨款，存入老婆的证券账户，在 8.25 元的价格买进了 3 万股 STX 股票。说来也怪，那股票像被人操纵的风筝轻飘飘地往上飞，但瞬间摸高 12 元后，又像断了线的风筝直往下栽，几乎又跌到了黄临的买价。他慌了神，忙拨通了温总的手机。温轻描淡写地说，不要慌，这叫洗盘，你最好忘了它，该干什么就干什么，到秋后准备收果子吧。

黄临果然忙着应酬忙着廉政建设忙着三讲，早把股票忘在了脑后。直到秋后的一天，忽接到温总电话，告知股票该出手了。黄临一看股价，差点骇昏了过去，那股票稳稳站在 35 元以上。惊喜之下，他卖了股票。一算账，净赚了 80 多万！这财产绝对不是来历不明呀！有买进和卖出的原始

交割单为证据，即使检察院采用最尖端的高科技手段，也侦查不到丁点蛛丝马迹。除非反贪污贿赂局，改为了反信息贿赂局。

温总用"隐形轰炸机"攻下了黄临这最后的"马其诺防线"，击败了众多的竞争对手，拿到了 H 钢进口原料的二成份额。两个心照不宣的大赢家，最终都如愿以偿……

"垃圾王"变废为宝的幸福传奇

两次在电视台露过脸的陆大力,也称得上一个人物了。第一次是作为反面人物,当上了"垃圾王",上了中央电视台;第二次是作为正面人物,炒"垃圾股"成功,上了本省电视台。

单看"大力"的名,便能推断出他父辈没多少文化。他们家是计划生育的反面教材,大力上有八个兄弟姐妹,他排行老九,小名陆老九。人多必穷,陆大力说,那"穷"字好像专为自己设计的,一顶"八"斤重的"帽子"(宝盖)压在"力"气人头上,直不起腰。穷则思变,他率先在自己工作的钢厂前开了家废品收购站,炒废钢铁,因这行当来钱快,跟风效仿者众,一时间,多过了米铺。大力快速脱贫,掀掉了"八"斤重的"帽子",并有了"垃圾王"的美誉:由于废品站如雨后春笋,钢厂却失窃严重。中央电视台"焦点访谈"得到新闻线索,下来采访,"垃圾王"作为"出头鸟",撞在了记者的"枪口"上,电视播出后,他自嘲为"蛮上镜头"。

陆大力的侄儿陆大智大学毕业后,分到证券公司当经纪人,他见叔叔废品站被取缔,便怂恿他把钱投入股市。大智给叔叔讲了一个故事:美国有一位叫保罗·盖蒂的商人,在经济萧条时他的公司破了产,时逢股市暴跌,他却把养命钱全部买了没人要的便宜股票。之后,不理睬股价波动,十个月后,经济复苏了,那些股票翻了六倍,他成了百万富翁。

陆大力心动了,进而心动变成行动。他把十多万资金投进股市。大智给他推荐了绩优成长股,他一概看不中,对侄儿说:"我是'垃圾王',你给我选'垃圾股'。"大智犟不过大力,便开了张最贱的'垃圾股'清单,有马钢、金杯、幸福等。大力却独具慧眼,相中了一只幸福。嘿,幸福不是咱一生追求的吗?苦日子过惯了谁不渴望幸福。今生有缘!他板上钉钉地说:"就买这只,幸福。"大智说:"这只股亏损大,面临破产,风险极大。"大力说:"那个保罗·盖蒂都不怕破产,我怕啥?十八层地狱都穷过来了,还怕有十九层不成。"于是,大智帮他在 3.52 元的价位,吃进了 5 万股。

"垃圾王"买了"垃圾股"便不闻不问了。那 ST 幸福股却像乘上了峨眉山的索道,延着 45 度角,缓缓爬升,不到两个月,竟翻了一番。大智忙叫来大力,说:"叔叔,你真有股缘,那垃圾变废为宝。据传有家远华地产公司要买它的壳。"大力问:"什么乌龟壳,这么贵?"大智说:"这壳是一种资源,比金蝉的壳还贵。你已经赚够了,该卖了。"大力不容置疑:"我又不等钱用,那保罗·盖蒂都守了十个月,我才守两个月。"大智解释道:"股票都是见光死,利好一出来就要看跌。再说你买了不卖,没有交易量,公司也有意见。"大力固执道:"要做交易量,我不卖,还可以买嘛。娃儿,我虽然不懂股票,但认得准秤。你看那个'福'字,多像自家的'一口田',我一定要守住这一口田。十个月后再卖。"他又倾其财力,追加了三万股,再现了"垃圾王"的王者风范。

十个月后,ST 幸福的股价攀上了"峨眉金顶",站在了 19 元,陆大力要大智在 18.8 元全部卖出,赚了上百万,成为中国的保罗·盖蒂。

陆大力把"穷"和"富"形象地比为"帽子"和"田"。他富了,但想着穷。他要取之于股民用之于股民。他把赚的钱存入银行,设立了"股民基金",并租了一个礼堂,创办了"股民之家"。他要请一流的股评家为股民免费讲课,为权益受到侵犯的股民请律师伸张正义。

股民之家剪彩那天,省电视台前来采访,再次面对摄像机,陆大力不躲不闪,找回了感觉。电视台记者递过像接力棒一样的话筒问道:"请问陆先生,你当初为何选择投资'垃圾股'?"陆大力的回答语出惊人:"富兰克林说:'所谓垃圾,就是人们尚未发现其价值的东西。'"

有权不用过期作废

权力是金钱与地位的象征，在一个官本位的社会里，有多少人为之奋斗，为之献身。古人严忠济曾说过："宁可少活十年，不可一日无权。"一语道出了生命诚可贵，权力价更高的感悟。然而，并非所有的权力都能给人带来财富。

有"铁算盘"之称的蔡尚退休前是我们公司的总会计师，他那天堂并不十分饱满的脑袋，因能像电脑一样频频升级换代，故胜算率非常高。他笃信凯恩斯"用最小的投入，取得最大的回报"的思想。在公司一次洋设备的引进中，由于他的精算，使国家少花了 60 万美元，他也因此上了报纸、电台、电视台而成为"多媒体"人物。我就是因采访报道他的事迹而同他相识的，但没料到也因此把他拽下了股海。

那是个偶然的日子，波澜不兴的股市，偶遇突发性利好，掀起热流。我和老蔡在证券公司门口邂逅。望着堵塞了交通的自行车的交易厅内攒动的人头，老蔡问我："那些人在抢购什么便宜货？"我回答说："抢一种并不便宜叫股票的货。"老蔡又问："都是些什么人在买卖股票？"我又回答："是一些闲得无聊，喜欢斗牛斗熊人，再就是一些想找人说话的退休老头老太了。"老蔡像悟到什么突转话头："你知道我也退了吗？""哦？"我顿时明白在这种地方在这种时候同他邂逅并非偶然了。他此番莫不是来火力侦察，想利用尚未生锈的"铁算盘"来股市拨弄拨弄？有种说法，股市中老者居多是因为寂寞难耐,仿佛在喧闹的氛围中更能增加人际交流延年益寿。老人在股市鏖战,并不看重输赢,就像唐·吉诃德,他同风车作战,不是要打倒风车,而是要找回当年叱咤沙场的感觉。我对老蔡说:"我在大户室,有事可找我。"

数日后,当老蔡拿着刚办好的股东代码找到我要我推荐股票时,便顿感愧疚,又引一只飞蛾扑火而来了。我问他:"你准备买什么股?"他说:"便宜股,越贱越好。"我说:"买股票不是买二手的洋设备,便宜无好货。"他说:"我先买五千块钱试试水性,贵的买不起。"我旋即浏览了一下大盘:"眼下最便宜的是凤凰权证,每股 0.48 元。"老蔡大惑不解地问:"什么是权证?"我不厌其烦地向他解释了权证是最高风险品种涨上去可赚钱跌下来一钱不值但可参加配股,并慎重告知他这是 A2 权转配的是国家股、法人股,不知猴年马月才能上市。"好!"老蔡眼珠像鼠标一眨,大脑屏上便有了显示。"这年月凡是跟权字沾边的都吃香,就买权证。"看着他视死如归地下单吃进一万股,我心里直打鼓。他如此豪壮,并非以小博大,而是经不住"权"的诱惑。曾经握过大权的人,或多或少对权力都有一种依恋。他退下来后,最大的失落就是手上无权,这回莫非他想大抓一把。说来也神,老蔡买了凤凰权证后,真像逮住了凤凰,那权证一路攀升,一口气涨到 1.5 元。恼得我直打自己的耳光,当初下单的怎么是他而不是我?我多次劝他见好就收,他都岿然不动摇。他不知从哪条渠道得到据说是加密的消息:权证要继续延期交易,可创 5 元的历史新高,凤凰迟早要变成金凤凰。

泰戈尔说:"鸟翼上绑上了黄金,还能飞起来吗?"这凤凰要变金凤凰,怕是也难飞起来。凤凰权证冲高至 1.9 元后,便开始脱毛,颤巍巍往下掉,快跌到 0.5 元时,我向老蔡下了最后通牒:"现在卖还可保本。"老蔡还沉溺在金凤凰梦里,他说:"我赚了一万多没卖,现在更不会卖。"我想他是铁了心要去参加配股了。无情的事实证明了:脱毛的凤凰不如鸡,那凤凰权证摔到了地上。到最后摘牌日时,只剩 4 分钱。4 同死谐音,不知有多少人潇洒地死了一回。

两个月后,老蔡抱着几万块钱出现在大户室,说是来存钱配股。我敲开电脑一看,忙告诉他:"配股期早已过期了,换句话说叫自动放弃。"

老蔡惊呆了："这么说除了空气,我什么都没有了?"

"不,起码你还有一张交割单。"

"我连交割单都没去打呀……"

我陡然想起一句非常时髦的流行语:"有权不用,过期作废。"

上班族炒股的酸甜苦辣

　　上班族古先生在股市中摸爬滚打多年，股市留给他的印象，就像一盆酸甜苦辣味甲天下的火锅。

　　古先生涉足股市时工作时间不长，在一楼"广阔天地"同散户们同甘共苦。后来，他的股途同仕途一般顺利，提科长时他进了中户室，当上处座时，楼上的豪华大户室也有了他的一席之地。然而，正因为他当上了处长级的大户，才让他感悟到了个中滋味。

▌ 酸

　　古处长嗜醋，是因他患有高血压，医嘱常喝醋能平抑血压。真正让他感到酸的是，当上了处长，失去了股民资格。只听说股评家要考资格，没听说股民也要资格的？其实，国家早有规定，军人及县处级以上干部严禁炒股。按说处长与股民二者必选其一，但要他戒股，不如要他戒饭。他说："吃饭是生理需要，炒股是精神需要。"既然是鱼和熊掌都要，古处长不做贼心也虚，每每进出交易厅，都要伪装一番，冬日戴口罩，夏天戴墨镜，要是遇到不冬不夏的季节，戴口罩、墨镜反而显得此地无银三百两，便缩头驼背，用报纸遮挡着脸，或晴天里撑把伞把头藏起来，快速通过"封锁线"。一日，古处长在一家高档商场，看见了一种新材料做的假面具，那各色各样的人脸,又薄又软,跟真的似的,往头上一戴能以假乱真。他顿时来了灵感,倘戴此出入股市不是正大光明了吗?古处长买了个中年模样的假脸,戴着他,处之泰然进了股市,岂料,在四楼大户室门口被经警拦住,古处长解释说:"我是老古呀!"经警说:"新股也不能进。"古处长只好撕下面具,露出真容,经警一边道歉一边说:"老古呀,你为了炒股,连脸都不要了?"古处长顿感一股酸味涌起,从头酸到了脚。

▌ 甜

古处长在生活中是忌讳甜的,日趋臃肿的身躯让他谈"甜"色变。然而,股票带来的甜,却是来之不拒。他在苦心经营二级市场的同时,对一级市场的申购也积极参与,但终因网小(资金不大)鱼少(中签率低)而落空。一次,沪股市西部矿业上网发行。古处长账上的十多万元只能申购 10 000 股,可那日时逢大盘下跌,他为了锁定资金免得手痒买股被套,便全数申购了西部矿业。海里捞针,他未抱丝毫希望。孰料,数日后,他突接证券公司祝小姐的电话,要他买糖请客。他问道:"我凭啥买糖?"祝小姐说:"凭你中了西部矿业。"听到此消息,他比范进听到中了举还兴奋,双脚开始悬空,飘飘然起来。后来,西部矿业抛出后,赚了 2 万多,他买了 10 斤高级糖,楼上楼下满撒。有股友问:"老古,你烧了何香,百万分之一的概率落到你头上?"他回答道:"我用恒心,射穿了太阳。"股友问:"此话怎讲?"他说:"你看申购的'申'字,不是一支箭,射穿了'日'吗?"

▌ 苦与辣

古处长信奉炒股要听股评家的话的真理。一次他去听崇拜得五体投地的股评家的报告,股评家推荐了古越龙山,对股评家的话,他理解的要执行,不理解的也要执行,便在 34 元左右买进了 10 手。后来该股莫名其妙地暴跌到 28 元,让他对股评家的金口玉言产生了疑问,他找到股评家质疑,股评家说:"古越龙山生产的黄酒,大量外销日本,因出口量减少,业绩可能滑坡。"古处长得知信息后,旋即用手机要祝小姐帮他卖掉该股,不知

是手机电池不够，还是他心急说走了调，祝小姐将卖听成了买，又吃进了 10 手。交割单打出后，才发现犯了严重的方向性错误，他想找券商打官司索赔，又怕暴露了处长股民的身份，只得打掉牙往肚里吞，一气之下在 23.7 元抛掉了 20 手古越龙山，并买回一瓶原装黄酒，猛喝一口，原本清香扑鼻的酒，他品出的味，却是又苦又辣……

农民炒股寻牛启示

　　"牛儿还在山坡吃草,放牛的却不知哪里去了。不是他贪玩耍丢了牛,放牛的孩子王二小。"这首影响了几代人的脍炙人口的革命歌曲却被农民投资者赵大犇篡改成了:"牛儿不在山坡吃草,放牛的却不知哪里去找?只因他贪玩股票丢了牛,放牛的大人赵大犇。"

　　因贪玩股票丢了牛,这有些荒唐,但并非杜撰,记忆不错的人们大概还未忘记报纸连续报道过的卖了耕牛买股票那位耳熟能详的人物。赵大犇原本是近郊的菜农,承包有几亩土地和几头耕牛,因菜种得鲜亮,提前进入了小康,后又添了铁牛,专跑蔬菜运输。荷包鼓了,便有了非分之想。一日,他进城卖光菜,便径直去了高档时髦的桑拿浴,泡在冲浪池里,任汩汩热浪松开筋骨。这时,同池的一位膘肥腹壮的大款问他道:"朋友,你做哪行的?"大犇不遮不掩:"俺种菜的。"大款吃惊:"哦,新鲜,农民也进城洗桑拿,看来城乡差别真他妈消灭啰?"两人同泡一池,不说话都不行,大款又问:"朋友你贵姓?"大犇答:"姓赵名大犇。就是三条牛的犇。""哦,"大款来了兴趣:"这么好的名字,怎么不去炒股票?"

　　"股票是啥东西?"大犇问。

　　"股票不是东西。"大款说:"说多了你也不懂,你们种菜、种豆收什么?"

　　"当然是种瓜得瓜,种豆得豆啰。"

　　"这股票就是种豆得瓜。你一人独占三牛,进入牛市中,还不他妈的发大财啰！"

　　种田人谁不想种豆得瓜？赵大犇后来得知大款姓崔名牛，是职业大户股民，在他光辉发迹史的循循诱导下，大犇卖掉了耕牛，进城去开股票账户。岂料，在填写职业时，他填的农民引起了工作人员的好奇，旋即拨通了报社的有奖新闻热线，一位快速反应的记者赶到现场，对凤毛麟角的农民开户者进行了即兴采访。后来，那篇《卖了耕牛入牛市》的报道，被多家报刊转载，中央电视台也作了类似的报道。

　　赵大犇入市时，恰逢牛气冲天。崔大户告诉他：要买就买领头牛。于是，他顺手牵了三头：不到一周便有了20%的收益，那股指也像脱缰狂牛，向历史高位冲去。

　　果真是种豆得瓜！赵大犇抛出股票举手之劳，便撷得硕果，比种田来菜多了。然而，他并不满足，他还想成为崔大户那样享受包房和独占电脑待遇的大户，便审时度势，卖掉了铁牛和新房，借来亲戚朋友的存款，挤进了武装到牙齿的大户室。无疑那位跟踪采访的记者，少不了又有一篇《卖了铁牛成大户》的新作问世。

　　股谚道：先买的骑牛骑虎，后买的摸牛屁股。那股市从牛崽长成壮牛，进而成了狂牛，最后变成野牛，疯狂之后，便跑得无影无踪了。股指自由落体般下滑，使得拥有三头牛的赵大犇抓不住牛尾巴，市值损半，他一气之下，将所有套牢的股票换成了深沪唯一的一只带有牛字的股票，日夜盼望着牛的归来。

　　而今，大户室还为他留着一席之地，但他早已解甲归田，重操旧业。他多次传呼那位曾追踪报道过他的记者，想再追踪一下套牢后的窘境，但百呼不应。万般无奈之际，他请代写书信的捉刀先生，写了一张《寻牛启事》，贴在证券公司门口：

　　俺赵大犇，因听别人吹牛，说股市走牛、牛气冲天，遂卖了自家耕牛、铁牛，买了牛股，岂料，那些牛都泥牛入海没了影子。害得我终日想牛，盼牛，唱牛。倘哪位好心人能指点牛津，或能提供牛线索，帮俺找回牛，将有重谢！

　　启事下面写有通讯地址、联系电话，还复印着记者写的两篇"牛文"，表明并非假冒。

翌日,启事便有了反馈,一位自称是资深股评家的人拨通了电话:"请问,赵先生买的什么股?"

赵大犇受宠若惊:"俺买的罗牛山……"

"什么?"对方惊诧:"嗨,你的牛都落到山里去了?对不起,除了上帝,谁都爱莫能助。"

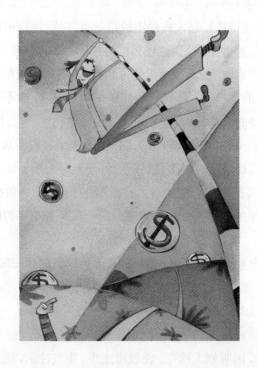

农民炒股后记——俺"牛"回来了

《寻牛启事》的农民股民赵大犇。那位被媒体热炒过的典型人物,卖了耕牛铁牛去炒股,结果如泥牛入海,股票被深套不说,整个人也被弄得神经兮兮的,终日寻牛唱牛,其家人将赵大犇送进精神病院,进行了一段时间象征性治疗,出院后重归乡里,种菜卖瓜,汗水洗面,早把股票抛在了脑后。他一不看行情,二不听股评广播,两耳不闻股市事,一心只种自留地。

自《寻牛启事》刊出后,引起了各方人士的关注。中国第一代农民投资者,卖了牛参与股市,可入市后便倾家荡产,投资热情遭到了重创。前车之鉴,无疑会使数以千万计的准备入市的农民望而止步,这对新兴的证券市场将是多么难以估量的损失呀!有人认为,农民没有文化,炒股十有十亏;也有人认为,农民卖牛入市,便是大盘见顶的信号。最为关注的当推曾给赵大犇通过电话的股评家樊雄了,这位取得了股评资格的股坛新秀,一直在追踪着赵大犇,出于股评家的职业道德和历史责任感,他不失时机地在每一次股评中都力荐罗牛山股票,想用自己"指熊为牛"的号召力,将该股煽动起来,让大家追捧,好让赵大犇早日解套。

细心的读者不难发现,那解套的"解"由"牛""角""刀"组成,这也暗示着解牛还需要技巧高超的"庖丁"。

突然有一日,赵大犇正顶着烈日在自家田里施肥浇水,忽听得有人扯着喉咙喊:"赵大犇……"

　　大犇定神一瞄来人正是把自己牵入股市的大款崔牛,他身边还有一位戴着金边眼镜,斯斯文文的年轻人。崔牛走拢来,大咧咧问:"大犇还认识我吗?"赵大犇答:"你烧成灰,俺认得你骨头,你又来干啥?是不是叫俺卖了牛去买股票?"崔牛拍着大肚子乐道:"哈,我们是给你送牛来了。"说着指着身边的年轻人:"你不是满世界寻牛吗?正是这位股评家樊雄帮你找回来了,还不快磕头谢谢人家?"

　　赵大犇诧异道:"牛呢,牛在哪里?"

　　崔牛说:"嘿,牛当然是在股市喽,你的罗牛山股票解套了,全靠樊先生吹牛吹起来的。"大犇急不可待问:"罗牛山现在什么价了?"

　　樊雄说:"现在已经 8 块多了。"

　　大犇说:"解个鬼套,俺当初 11 块买的。"

　　崔牛说:"你真是个大苕,罗牛山送了 7 股,股改时又送了 9 股,你不仅解了套,每股还净赚了 10 多块。"

　　"妈呀!"大犇听傻了眼,少顷,便禁不住哭起来:"真解套了?俺的牛真的回来了?"他丢了手中干活的农具,拉着樊雄:"走,快到俺家去,俺要请你们喝一杯,好好庆贺庆贺!"

　　赵大犇领着他们往家里走,逢人便欣喜地说:"俺的牛回来了,俺的牛回来了。"到了家,立马吩咐老婆去餐馆打酒炒菜,酒菜摆了满桌,他又请樊雄上坐。樊雄说:"还记得吗?曾跟你通过电话?"大犇说:"俺记得,你当时好像说,除了上帝,谁也不能帮俺?"

　　樊雄说:"上帝不能帮你,政府能帮你。是党中央激活证券市场,推出了一系列利好政策,真正的大牛市来了。"

　　大犇说:"这下好了,俺赚了钱,明天就去把股票卖了,买回铁牛,今生今世再不炒股了。"

　　樊雄说:"不,你这样做就太对不起党了。你不仅要继续炒下去,还要给农民兄弟做个榜样,让大伙瞧瞧,农民照样能在股市里赚钱。罗牛山获了利可先卖了,换成绩优股票我包你不会再亏了。"崔牛接过话茬:"听樊先生的绝对没错。先前你入市,只逮住了牛尾巴,这回是抱住牛头了。我早说过,股市是种豆得瓜,你收了瓜,难道还想去捡豆?"

　　正说着,忽听门外又有人喊:"赵大犇。"大家一看,来的是那位写《卖了

耕牛入牛市》和《卖了铁牛成大户》两篇报道的记者。

　　大犟问:"你来干啥? 当初打传呼你不回?"

　　樊雄说:"是我们请他来的,想再写篇报道。"

　　记者说:"对不起,来晚了,报道的标题我已经想好了……"

　　赵大犟说:"不用费神了,标题就写成《俺"牛"回来了》……来,坐下,一起干杯!"

荐股状元的传奇人生

　　在山城证券公司多于米铺的金融一条街上,有一道亮丽的风景。一把直径为五米的特大伞,撑起一片阴凉。绿色的伞上有一排黄色的醒目大字:股民之友——报摊李。落款写的是:金鑫证券赠。

　　一把伞,竖起一个品牌。那伞下的股评书报摊人头攒动,生意火红。股民读者像追捧"绩优股"一样,簇拥着摊主——报摊李。

　　券商馈赠巨伞,只因报摊李办出了特色,成了股民的贴心人,筑巢引凤,吸引来大批客源。前两年,股市暴跌,证券公司都是门可罗雀,唯有金鑫证券这家营业部转进的股民与日俱增,人们是冲着报摊李来的,券商不失时机的送伞,可谓匠心独运。正如凯恩斯所说:"用最小的投入,取得了最大的回报。"

　　报摊李何许人也,有如此能耐? 摊主李华山原本是该营业部最老的股民,有李满仓之称。李满仓靠做牌机发迹,他老婆的哥哥是公安局特行科的,近水楼台先得月,让他拿到了许可证。那牌机人称"印钞机",日进斗金,深奥莫测。

　　赚了个钵满仓满的李满仓进入股市后,把股票当牌机来做,他以为只要抓住"大王二王",就能赢得同花大顺。他说:"股市嘛,就是'估市',估对了就赚,估错了认赔。"于是,捕风捉影,追涨杀跌,起初手气还不错,逮住了几只庄股,赢了几个满贯。为了操练"估功",他还自修了易经八卦等占卜术。然而，股市不像押大押小。熊市中，成交量极少，券商难为生计，便开绿灯让大户透支，且手法五花八门。无本万利正中李满仓下怀，他选了一种 T+0 透支额最高的当日平仓协议。开盘前，只要在那盖了大印的协议上签了字，便可指令报盘小姐随便买卖股票。不过，收盘时，无论涨跌都得根据协议条款平仓出局。券商稳赚不赔，股民就生死未卜了：做顺了可能一夜暴富；做反了就可能"底被打穿"而扫地出门。明知是刀刃舔血，可迎刃而上者不减，越透越赔，越赔就越透。

有一次李满仓签完字后，准备下单买一只超级庄股。下单前他问报盘的宋小姐："你说今天是金项链，还是上吊绳？"宋小姐嫣然一笑："当然是金项链啰。"他斗胆吃进 5 万股，准备涨起来就吐出。谁知，碰上庄家洗盘，一路阴跌，收盘时被市价平仓。因接盘稀少，股价被自己打得七零八落，下跌了两块，那零零星星的交割单，拖了几米长，真如同一条上吊绳。宋小姐照样对他一脸的笑，他自嘲道："惨吧，我今天开一辆皇冠进来，恐怕只有骑一辆自行车回去啰。"

李满仓告别了金鑫证券，破产被扫地出门。为了生存，他撕破脸面，当上了报贩。之所以赖在金鑫证券门前，骨子里有一种"要饭也要在你家门"的犟劲，想有朝一日，混出个人模狗样，挣回些面子。

七十二行，行行出状元。报摊算哪行？自古华山一条道，李华山发誓要做出个七十三行，创出像"狗不理"、"泥人张"那样的品牌。他另辟蹊径，在报摊云集的金融一条街上，亮出了"报摊李"的招牌，并率先挂出了一块折叠黑板，摘录股评报刊精华。他创办的"今日特别提示"，"重点文章摘要"，"黑马出栏"等栏目，因编排新颖，成为了"焦点"，引起了股民的青睐。接着，他又喊出了送报上门，送报到大户室的口号，使其他报摊的读者，纷纷倒戈，投奔到他摊前。

报摊李有了自己的读者群，又频出新招，他推出了别出心裁的"龙虎榜"专栏。他从十多家股评报刊上，筛选出推荐率最高的股票，去伪存真，精选出每日"龙虎"二股，翌日公布涨跌反馈。起初，股民半信半疑，不置可否。后来发现那"龙虎"果真了得，几乎每日都能在深沪涨幅头屏亮相，便大胆舞龙骑虎，获利匪浅。股民陈二粗，照本宣科买股，得到实惠，他问报摊李道："你荐的股怎么比股评家还灵？"报摊李笑答："因为我站在股评巨人的肩上。"渐渐,报摊李口碑传开,使其他证券部的股民都舍近求远前来求教。每日,股民去股市"上班"前,都要来报摊李摊前"早请示"。报摊李为人谦和,笑颜悦色,有问必答。一到周六,他的报摊就热闹非常了。成了股民赶集交流的场所,报摊李推心置腹同股民探讨大势,研判个股,忙得不亦乐乎。陈二粗说:"报摊李,你咋不买股票?要是按'龙虎'股买,恐怕早成百万富翁了。"报摊李说:"我干这行后,便发誓不炒股了。以前做牌机,就是坑人,知道被坑的惨像。我是老股民,深知股民受庄家和股评家做笼子坑股民的害。我荐股无私心,心无鬼胎,才能产出真黑马。"

树大招风。独树一帜的报摊李成了七十三行的状元,他的股评报刊卖疯了。为了进一步服务股民,扩大市场份额,他又出新招,开办了报摊夜市。绿伞下又亮起了一圈明亮的灯,他要让上班族的股民,下班后也能切磋"股艺",获取到最新的股市信息。

木秀于林,风必摧之。竞争把周围和其他证券部的报贩逼上了绝境。一天傍晚,一群不明身份的人,打着城管执法队的幌子,袭击了报摊李,砸了摊子,撕了绿伞,并把他打成脾破裂重伤。翌晨,股民看不见绿伞,心里像失去了主心骨,打听到遭袭之后,便自发地买了花篮去医院看他。报摊李躺在病床上,上下插着管子苦不堪言说:"原以为做股票有风险,没想到办报摊也有风险,我发誓再不干了。"陈二粗说:"要干,不能打退堂鼓。既然是竞争,就要争个赢,适者生存嘛。今后你出夜摊,哥们来保护你,哪个敢来捣乱,老子不骗了他狗日的。"

报摊李出院那天,陈二粗包车把他接到金融一条街。一下车,一把更新更大的伞映入眼帘,上面写着:股民之友——报摊李。落款是:众股民赠。面对夹道欢迎的股民,报摊李泪如泉涌。他双膝一软,下意识跪在地上哽咽地说:"谢谢股民朋友,为了大家,我舍得一身剐,也要把这报摊办下去……"

中国股市第一人

　　股票，这字眼在早年国人的眼里，等同于洪水猛兽。年轻一代是从茅盾的《子夜》认知股票的，它是冒险家尔虞我诈豪赌的筹码。再后来，从封闭的媒体听到的是"血腥的华尔街"，"黑色的星期一"，股票又成了资本主义的专利，是资本家榨取劳动人民血汗的搅拌器。国人视股如虎，谈"股"色变。

　　1985年冬春之交，乍暖还寒，天空中突响炸雷。上海市民翻开报纸，一则新闻跃然纸上：延中实业公司将向社会公开发行股票。

　　在上海滩绝迹了30年的"鬼怪"，将要冲出潘多拉的魔盒，这消息不啻是于无声处的惊雷。有人欣喜有人愁有人称快有人咒有人退避三舍有人跃跃欲试，更多的则是在犹豫彷徨。

　　"咣当"一声响，谢海清起床时，撞倒了椅子，惊醒了妻子。妻拉开灯，看看钟，说："才二点半。"谢海清边穿衣服边说："心里想着股票睡不着，赶早去，争取排第一。"

　　妻说："这股票有这么俏吗？说不定根本没人要。"

　　这是间只有8.3平方米的小屋，用蓬荜增辉（棚壁增灰）来形容一点不过分。主人谢海清是上海计量局实验工厂的工人。年过不惑的他，是从报上偶然看到延中发股的消息。他不知股为何物，只记得父亲说过的一句话："敢为天下先者，大都是赢家。"他取回了家里全部存款2600块钱，准备去碰碰运气。他把钱装进贴肉的内裤兜里,喝了两口妻子泡在开水瓶里泡饭,便迫不及待披星戴月上了路。

谢海清踩着自行车,碾碎一路薄冰,驶向静安寺的发售点。赶到此处,空无人迹,他看看表,刚好三点,果真排了第一,这是个好兆头。地上有几块大石头,估计是替人充当"排头军"的,正好垫在屁股下。十分钟后,一辆小车戛然而至,跳下两个穿军大衣的小伙子,排在后面。其中一位说:"莫道君行早,更有早行人。"另一位却说:"我说吧,你当不了第一个吃螃蟹的。"

谢海清想:螃蟹那是很贵的,同股票有甚瓜葛?渐渐,人们仿佛从地下冒了出来,排起了一条长龙。天边尚未见鱼肚白,时间还早,后面的小伙子为混时间,聊起了股票的故事,谢海清扯长耳朵倾听着:"你听说'橡皮股'的故事吗?我爷爷就是因此跳了黄浦江。""哦,没听说,只听说买股票有风险,没听说要命的。你买延中,应该跳长江啰。""谁跟你开玩笑,这是真的。1910年,英国人麦边在上海开了家橡皮公司,并公开向社会招股,他鼓吹在南洋群岛种植的橡胶能获巨额利润,蛊惑投资者不惜血本去抢购那些花花绿绿的纸,使橡皮股像橡皮一样被拉长,涨了26倍。麦边却且战且退,将手中的股票抛光后,卷巨款潜回了英国。消息传出,拉长橡皮股票缩回,瀑布般一落千丈,成了用脚踢的废纸,多少人幻灭了,喊天不应,家破人亡,黄浦江涌起尸潮。'橡皮风潮'写进了中国近代史教科书。英国骗子用'橡皮胶',粘走了中国人的血汗钱,也使国人一朝被蛇咬,十年怕井绳……"

谢海清听到这里,打了个寒战,心里一阵发紧。买股票原来有如此大的风险?难怪,他们说什么螃蟹?螃蟹是会钳人的呀!他有些后悔了。

东方破晓,排队买股的长龙已看不见尾。这时,一个戴眼镜的男子,挤到跟前,对谢海清耳语道:"师傅,你这位置让不让?我出200块。"

"什么?"谢海清有些动心,200块这在当时绝不是个小数,是他养活家人一个月工资。这时,又有一人挤过来,大声喊:"我出400块。""我出500块……"喊的人多了,使谢海清如梦初醒,这个世界上第一个吃螃蟹的,虽然要冒被钳的风险,但最终还是尝到了螃蟹的美味。

"不让。"谢海清声如撞钟:"出多少也不让!"

1985年1月4日原定于八点钟发售的股票,终因购者踊跃,不得不提前半小时发售了。谢海清捷足先得,倾其积蓄买到51股面值50元的延中

股票，成为中国公开发行购股的第一人。当他怀揣着花花绿绿的延中股票，志忑步出发售点时，便被蜂拥而上的记者围住了，俨然像捧了大奖的明星。第二天，包括新华社在内的全国各大媒体都报道了中国首发股票的消息，他做梦也没想到一夜间会成为家喻户晓的人物。一位普通工人，同中国金融冲破坚冰开改革开放的先河一道被载入了史册。

　　1999 年 6 月 30 日证券法实施前夕，在笔者的推荐下，谢海清作为嘉宾被中央电视台邀请进京，参加中国证监会和中央电视台联合举办的《走向证券法》大型晚会，并向全国观众讲述了第一个购买股票的故事。而今，退休在家安享晚年的谢海清再也不炒股票，面对全民炒股热潮，他对后来者的忠告是：做什么事都要赶早，当全民都炒股时，就不是好事了！

来来网网

国人在经历了扫除文盲、法盲后，如今又面临扫除另一种盲——网盲。在网络时代如雷贯耳的今天，一台电脑就能冲破地域、国界、语言的羁绊，去世界周游。网上有什么？网络万花筒无所不包，无奇不有，你甚至能在网上亲睹巨星麦当娜的裸照，并用一种互动的软件，把她干得哇哇直叫。

唐堂是位有五年网龄的网虫，他上网纯属偶然。五年前，因按时交纳电话费，他有幸中得免费上网 200 小时的奖励。去网上溜达了一圈，才发现网上世界很精彩。200 小时的诱饵很快吃光，让他不继续咬钩都不行，只得自费被互联网牢牢网住，成为他除了吃饭、炒股外的第三大生存要素。

唐堂因炒股被套，心中诸多牢骚无处发泄，便提笔写下了一系列嘲讽股市不平的幽默文章，取名为《股坛哈哈镜》，但因笔锋犀利，针砭股弊，发表无门。

唐堂因玩电脑常闹不懂新的软件程序和机内故障，故经常去向在江城信息港做网页设计的同学易凡请教。易凡得知他的文章找不着伯乐，读后感觉十分有趣，且自己制作的网页又毫无新意，便突发奇想，建议他把那些玩意儿搬到网上去，博股民一笑。遂把文章点缀得花花绿绿，制作成醒目的网页，取名为《股坛哈哈镜》，贴在江城热线的网站上。

忽一日，唐堂在一家著名证券报刊上，看到自己的大作刊在显赫的位置上，不过，署名不是他，而变成了笔名：厚脸皮。他想，这人脸皮还真不薄,不知这文章抄自何处?于是,打电话去编辑部质询,得到的反馈是从网上摘来的。他顿时笑出了声,原先这文章寄到贵报,被枪毙了连尸首都收不回,现在挂在网上,倒成了抢手货,这网上真他妈自由得不能再自由了!

唐堂找到易凡,劈头盖脸吼道:"咋弄的,原以为上网没稿费,没想到连版权也得不到保护?"易凡笑答:"稿费算个球呀!只要点击次数增多了,你等着财神爷来敲门吧。要保护版权也很简单,你马上去申请一个域名。"

唐堂回家后,打开电脑,按易凡提供的一个网名,轻松进入了一个提供免费申请国际域名的网站,并很快填完了常规表格。属狗的他,选择了一个叫 lie gou 作为域名,该名中文意为猎狗。他想远有雅虎,近有搜狐,猎狗也差不到哪里去。片刻工夫,服务器传回一封确认信,他旋即加密确认后回复过去,按照国际惯例,3 日后没有他人提出异议,域名便生效了。

数月后,唐堂在电子信箱里翻阅文件,突然发现一封信件中有 lie gou 闪现,他连忙用东方快车软件译成中文,信极短,却相当诱人:"尊敬的先生(女士),你能否将 lie gou 的域名转让给我吗?"

唐堂忙按照来信的伊妹儿用中文回复过去:"亲爱的先生(女士),我愿意转让猎狗,不知你能出什么价钱?"

接下来,双方一来一往,进行回复:

"我能出 1000 元。"

"请问是人民币,还是美元?"

"不是人民币,也不是美元,是欧元。"

唐堂有些按捺不住内心喜悦,他想欧元比美元还高,一万多元人民币那是一部长篇小说的稿酬啊!

"请问转让费如何支付!"

"很简单,你只需告知国内长城卡账号,收到款后,再告知我域名密码和办移交确认。"

"要是我收到款后不办移交呢?"

"这也很简单,我会用黑客攻击你,直到 lie gou 在互联网上消失。"

"好,明天给你最终答复。"

唐堂马不停蹄赶到易凡处,向他报告了特大喜讯,谁知,被兜头泼了一瓢冷水:"傻瓜,1000 欧元,就把你卖了?你知道吗,你的《股坛哈哈镜》网页,点击人数已超过了100万。我们正准备把它包装成一个豪华的新网站。"

看到唐堂惊愕,易凡说:"亏你还在炒股,难道不知道中国有6 000万股民,且多数有电脑。"

唐堂又问:"那你们包装成网站干什么?"

易凡狡黠地一笑:"等着上市公司出高价来收购呗,那网站的名字就叫猎狗,眼盯着猎物。"

"你难道没看见中国股票一网就灵,股价都翻了番吗?现在上市公司都饥不择食往网里钻,连狗屎网都舍得出高价去收购。"

"如此网来网去,最后把谁给网住呢?"

"除了你们这些股民,还会有谁……"

火中取栗

　　火中取栗是法国拉·封登写的一则寓言,讲述一只猴子和一只猫看见炉火中烤着栗子,聪明的猴子怕烧着手,要猫去抓。猫虽愚却爪子极灵,不仅取出了栗子,爪子也丝毫无损。其喻为要得到想得到的东西,就得冒风险。殊不知,这则寓言在股市里却有了新的注脚。

　　几乎所有的老股民都记得,中国股市曾冉冉升起了一颗夺目的巨星。如果要评一个股市吉尼斯大全的话,那非亿安科技莫属,该股创出了绝对涨幅和绝对股价两项股坛之最。巨星横空出世,股民万众瞩目,该股成为交易厅中最热门的谈资,其关注程度超过了近日天空中时隐时现的不明飞行物。

　　那日,大户室的三台电脑,自选屏上都无一例外定格着亿安科技,如同茫茫股海中的定海神针。突地,长得精瘦精瘦,外号叫"猴哥"的侯杰尖叫一声:"快瞧,亿安冲上98元了! 深沪股市无百元股的历史就要改写。"

　　"用不着大惊小怪,就只当看海市蜃楼吧。"头大,肚大,喜欢炒高价股,外号叫"高胜寒"的高扬接过话茬:"就是涨上天,你也不敢买。"

　　"这也真怪,"侯杰好奇道:"不知是巧合,还是上苍的安排? 这股先前叫深锦兴,前程似锦,兴旺发达,改为亿安,其意为不赚亿元不安心。而那代码更神,0008,其谐音为通通通发,凡是敢买的,没有一个不发的。"

　　"那你为何不买几手发一通呢?"高扬说:"报上披露,该股的筹码已被庄家通吃，想往哪拉就往哪拉。没准你买进就跌停，像湘证基金一样被关门打狗，卖都卖不出去。"

"提到湘证基金我却有个创意，"侯杰笑道："建议上头给亿安来个紧急扩募，让它1配6.5股，配股价50元，使流通盘变成2个亿，让庄家统统爆仓。湘证基金涨了10倍，结果招来横祸，庄家和散户都同归于尽。亿安也涨了10倍，也该为中国股市冲关夺隘奉献出血肉之躯。"

"这你就错了。"高扬道："湘证算老几呀，人家亿安是股评家吹出来的高科技网络领头羊。"

"我怎么左看右看都不像。"侯杰敲着键盘，"这F10资料库里怎么只有万燕VCD？再说我天天上网，也没发现亿安的影子？"

"让你发现了庄家吃啥？"高扬反驳："有消息传闻，亿安同清华大学合作，开发世界领先的碳纳米技术，生产电动车。炒股不就是炒未来，你难道没听说如今的新理念市梦率吗？"

"不过，我总觉得有点悬。"侯杰说："梦中数钞票醒来后会不会是南柯一梦？"

"莫打嘴巴官司了。"坐在一旁一直未表态的方太语出惊人："你们不买，我买！"这位年逾半百，却烫着一头卷发，并像年轻女郎一样染得金黄，背地里被人称为"波斯猫"的她麻利地敲着键盘查看成交回报。

"买不得，火中取栗，会烧了手！"侯杰说。

"虎口拔牙，风险太大！"高扬说。

"成交已经回来了。"方太脸不变色心不跳。

侯杰目瞪口呆望着成交回报：成交500股，成交价98元。他不解地问："你是不是有消息？"

"等我赚了，再告诉你们奥妙吧。"方太笑道。

方太买了亿安后，就再没来证券部出勤，那股却像刹不住车的推土机，一口气冲上百元。

三日后，侯杰在家收看雷打不动的央视《中国财经报道》，陡然看到研究碳纳米技术的权威清华大学梁吉教授在侃侃而谈，他说该技术运用到生产还有相当长的距离，且从未听说亿安，合作更是天方夜谭……侯杰关了电视就风风火火跑到交易厅，进门后冲着方太就喊："穿帮了，百元气球吹

爆了,看亿安跌停吧。"

方太却满面春风:"吼啥,电视我也看了,不过,亿安我在120元的价格卖了。"

"啊!"侯杰惊叹:"你人没来,咋卖的?"

"在家里电话委托的。"方太得意地把交割单铺在茶几上:"我在心里设了止盈点,赚20元就走人。感谢亿安的庄家,送给我万元厚礼。"

"火中取栗不烧手,你究竟是何奥妙?"

"很简单。这叫越是危险的地方越安全。50元我不敢买,但98元应该坚决买。你想想看万里长征已走了九千九百九十九,就差一步之遥了,拼了命也得挺下去。亿安不冲上百元,怎么吸引散户去追?怎么对得起制造神话,憋得腮帮子发胀吹捧的股评家呢?"

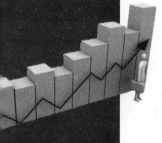

第五章
二刻拍案惊奇

股指期货概念上市公司面面观

　　股指期货渐行渐近，哪些公司能分得头杯羹，就引起了投资者广泛关注，日前中国金融期货交易所（下称"中金所"）批准10家期货公司为该所首批会员单位。具体来看，其中仅有2家公司具有券商背景，这与目前近50家期货公司有券商股东的说法出现差距。国泰君安期货和银河期货两公司股权变更较早且准备充分，因此先行获得证监会金融期货业务牌照，并一举成为中金所首批券商背景的会员。而其他券商则由于收购期货公司，涉及股权转让和增资扩股，因而耽搁了会员申请进度。

　　与此同时，证监会还公布了一批券商系期货公司获准从事金融期货业务，其中包括鲁证期货、广发期货、中信建投期货几家公司，如进展顺利，以上公司有望随后获得中金所会员资格。

　　中金所公布的10家会员中有3家交易会员，这似乎出乎市场之前普遍的预期。业内人士分析，由于同行竞争关系，仅做交易的期货公司宁愿承受相对较高的费用找银行结算，也不愿找其他全面结算类型的期货公司结算，而在中金所会员管理办法中规定，期货公司申请交易会员，需向中金所提交其与结算会员签订的结算协议文件，因此业内估计中金所首批会员里面不会有交易会员。

　　然而出乎意料的是，黑龙江省天琪期货、瑞达期货、重庆先融期货成为中金所首批交易会员，但从公司注册地分布来看，一家地处东北，一家地处东南、一家地处西南,离全面结算会员南华期货(杭州)和国泰君安期货(上海)的注册地甚远,公司业务上冲突较小且易形成地域互补和品种合作。业内人士指出,如若期货公司——期货公司结算模式可行,必然为未来行业的横向整合埋下伏笔。

毫无疑问,随着股指期货的推出,市场上又诞生了股指期货概念股。自市场疯狂炒作券商概念股之后,期货概念股也不甘寂寞。2006 年底以来,每逢金融期货备战取得重大进展,期货概念股总有突出表现,10 家会员公布后,就有厦门国贸、弘业股份、新黄浦等连续涨停。而从公布的会员单位来看,市场之前追逐的美尔雅、西北化工、高新发展、中大股份等上市公司控股的期货公司并未上榜,唯厦门国贸旗下的厦门国贸期货独获中金所交易结算会员。厦门国贸期货注册资本 1 亿元人民币,为厦门国贸全资控股子公司。根据证监会网站信息,截至 2007 年 6 月底,厦门辖区期货经营机构保证金余额 4.17 亿元。其中厦门国贸期货公司资产总额 2.67 亿元,净资产 11152.51 万元;2007 年 1~6 月,厦门辖区期货经营机构代理交易额 1481.95 亿元,比 2006 年同期增长 3.16 倍;实现利润总额 511.14 万元,是 2006 年同期的 4.61 倍。

业内人士指出,相对母公司上市公司而言,期货公司业务不仅权重较小,且历史利润贡献也有限,虽然股指期货推出后,未来期货公司想象空间巨大,但理论合理估值不应超过券商,希望投资者保持理性。

据悉,中金所会员分为全面结算会员、交易结算会员和交易会员 3 种。此次批准的全面结算会员包括 2 家:国泰君安期货经纪有限公司、南华期货经纪有限公司;交易结算会员 5 家:浙江新世纪期货经纪有限公司、银河期货经纪有限公司、厦门国贸期货经纪有限公司、经易期货经纪有限公司、格林期货经纪有限公司;交易会员 3 家:黑龙江省天琪期货经纪有限公司、瑞达期货经纪有限公司、重庆先融期货经纪有限公司。

首批 10 家会员单位都经过了中金所严格的审核。据相关人士介绍,期货公司在申请中金所会员资格时,除了要提交中国证监会金融期货相关业务资格许可的批复文件,还要提交会员资格申请书、业务准备情况报告、技术系统准备情况报告。此外,中金所还专门组织人员赴上述期货公司进行了现场检查和验收。

据了解,按照"高标准、稳起步"的指导原则,中金所还将进一步推进会员审核工作,成熟一家,发展一家,陆续批准新的会员单位。

业内人士表示,中金所会员诞生是股指期货上市准备中的阶段成果。同时也是继 2006 年 9 月中国金融期货交易所挂牌成立、2007 年 4 月《期货交易管理条例》等规则办法正式施行、6 月中金所公布《交易规则》及实施细则、7 月首批期货公司获金融期货业务资格之后的又一标志性事件。

根据监管部门的思路,股指期货需要从制度上、技术上和投资者教育 3 个方面进行准备。目前,以《期货交易管理条例》为核心,证监会部门规章、规范性文件为主体,期货交易所、期货保证金监控中心和期货业协会自律规则为补充的期货市场法规体系已初步形成,股指期货推出具备了法律基础。

技术准备也已基本到位。其中硬件设备方面,自 2006 年底中金所推出股指期货仿真交易以来,期货公司纷纷投入巨资,添置系统设备,在仿真交易测试中进行反复调试。日前中金所公布了会员的技术标准,正式明确了期货公司成为中金所会员所需要达到的技术条件,大多数实力期货公司均能符合技术细节要求。据向包括国际期货、南华期货、国泰君安期货等在内的多家公司了解,新上线系统在仿真交易测试中表现稳定可靠,并可承载大量客户同时在线交易。在软件方面,通过一年多来的仿真交易正常测试与特殊情况应急演练,期货公司与中金所相关交易、结算、风控等岗位业务流程熟悉,券商 IB 部门与期货公司的对口业务也在逐步磨合。

投资者教育也在持续深入进行。在股指期货准备推出的过程中,监管部门、证券期货行业协会、中金所、期货公司、券商等不断加强对投资者的教育工作,各路媒体也积极配合,从广度和深度上,都覆盖到普通投资者和专业机构。另外,自 2006 年以来,不少机构把推出股指期货的影响作为市场策略进行分析,本身的专业能力也不断提高和强化。作为普通投资者,也因为预期未来期、现货市场的相互作用,而去主动学习股指期货的相关知识,并了解期货交易所独特的风险收益特征。

附:参股期货公司的上市公司一览

600755 厦门国贸占厦门国贸期货总股本 95%

000897 津滨发展占津滨期货总股本 51%

000628 倍特高新占成都倍特期货 80%股份

000702 正虹科技占湖南湘正期货 95%股份

000791 西北化工占甘肃陇达期货总股本 71.8%

600107 美尔雅入主美尔雅期货（占 90%股份）

000720 鲁能泰山投资鲁能金穗期货公司

600128 江苏弘业参股 40%江苏弘业期货

600704 中大股份出资设立浙江中大期货

000430 张家界占湖南天通期货 70%的权益

000878 云南铜业云晨期货经纪

600084 新天国际控股股东与香港华懋集团合作投资期货项目

000559 万向钱潮上海万向期货

其他间接参股期货或与期货公司有关联的上市公司

中信期货　与(600030)中信证券皆为中信集团成员公司

长城伟业　长城证券持股比例 15%

国联期货　该公司、国联证券与(600475)华光股份控股股东同为无锡国联集团

金迪期货　与金信信托、金信证券和博时基金同属金信控股成员企业

汉唐期货　与汉唐证券存在关系

齐鲁期货　与天同证券、天同基金存在关联

天富期货　控股方吉林信托参股东北证券、天治基金

安泰期货　与国元证券、国元信托和长盛基金同属国元控股集团

中航期货　大股东航空证券与(600038)哈飞股份、(600391)成发科技、(600372)昌河股份等上市公司同属中国航空工业第二集团

广发期货　与广发证券、广发华福、广发北方和广发基金有关联关系

鹏鑫期货　大鹏证券控股

万恒期货　银河证券控股，并拟与荷兰银行将其重组为中外合资期货公司

中天期货　广东证券拥有公司 28%股份

华夏期货　华夏证券控股

新华期货　公司与金通证券同属浙江国信控股成员公司

祁年期货　湘财证券控股

平安期货　平安保险集团拥有该公司及平安证券绝对控股权

泰阳期货　泰阳证券控股

正大期货　原由闽发证券控股；目前公司70%股份即将拍卖

和融期货　渤海证券参股

中期期货　(600331)宏达股份出资1.72亿持有28.65%股权，与宏达集团合并持有公司总股份46.9%，(600188)兖州煤业股东兖矿集团保持出资额不变

中大期货　(600704)中大股份持有85.71%的股权

实达期货　中国五矿集团为实际控制人；集团拥有(600058)五矿发展71.7%股权及五矿海勤多家上市公司股份

鲁能金穗公司与(000720)鲁能泰山、(000537)*ST戈德、(000602)金马集团，实际控制人同为鲁能集团

大有期货　湖南鸿仪投资控股；"鸿仪系"拥有(000156)嘉瑞新材、(000430)张家界、(600286)国光瓷业等控制权

大陆期货　股东大恒集团为(600288)大恒科技子公司

弘业期货　公司与(600128)弘业股份同属江苏弘业国际集团

北亚期货　(600705)北亚集团控股子公司

金瑞期货　江铜集团控股；集团同时拥有(600362)江西铜业47.9%股份

金源期货　股东铜陵有色金属集团拥有(000630)铜都铜业控股权

首创期货　首创集团成员企业；集团下属成员有(600008)首创股份(600733)前锋股份、银华基金等

倍特期货　(000628)高新发展控股子公司

文峰期货　股东文峰集团下属"文峰连锁"A股发行申请已通过发审委审核通过

万向期货　股东万向创投、深圳万向与(000559)万向钱潮同属万向集团控制

美尔雅期货　(600107)美尔雅控股

万杰鼎鑫　股东万杰集团持有(600223)万杰高科54.41%股份

云晨期货　由云铜集团控股；集团同时控股(000878)云南铜业

国贸期货　　（600755）厦门国贸出资 1 亿元人民币成立

华闻期货　　实际控制人华闻控股拥有（000793）燃气股份、中泰信托、国元信托和联合证券控股权

（600638）新黄浦出资 1.42 亿元收购华闻期货 100%股权已获证监会通过

天鸿期货　　天鸿集团控股；集团拥有（600376）天鸿宝业和（600175）美都控股股份

东航期货　　东航集团金融类企业；集团为（600115）东方航空 61.64%股份持有人

陇达期货　　（000791）西北化工持有公司 71.8%股份

寰球期货　　（000010）深华新拥有其 95%股权

津投期货　　参股股东海泰控股是（600082）海泰发展实际控制人

民安期货　　与（000636）风华高科存在关系

中粮期货　　大股东中粮集团拟受让（000031）深宝恒 59.63%股权

附：股指期货概念相关证券公司和个股

期货公司　　相关期货公司的公司清单（含上市公司）

中信期货　　与（600030）中信证券，皆为中信集团成员公司

长城伟业　　长城证券持股比例 15%

国联期货　　该公司、国联证券与（600475）华光股份控股股东同为无锡国联集团

金迪期货　　与金信信托、金信证券和博时基金同属金信控股成员企业

汉唐期货　　与汉唐证券存在关系

齐鲁期货　　与天同证券、天同基金存在关联

天富期货　　控股方吉林信托参股东北证券、天治基金

安泰期货　　与国元证券、国元信托和长盛基金同属国元控股集团

中航期货　　大股东航空证券与（600038）哈飞股份（、（600391）成发科技、（600372）昌河股份，等上市公司同属中国航空工业第二集团

广发期货	与广发证券、广发华福、广发北方和广发基金有关联关系
鹏鑫期货	大鹏证券控股
万恒期货	银河证券控股,并拟与荷兰银行将其重组为中外合资期货公司
中天期货	广东证券拥有公司28%股份
华夏期货	华夏证券控股
新华期货	公司与金通证券同属浙江国信控股成员公司
祁年期货	湘财证券控股
平安期货	平安保险集团拥有该公司及平安证券绝对控股权
泰阳期货	泰阳证券控股
正大期货	原由闽发证券控股;目前公司70%股份即将拍卖
和融期货	渤海证券参股
中期期货	(600331)宏达股份,出资1.72亿持有28.65%股权,与宏达集团合并持有公司总股份46.9%,(600188)兖州煤业,股东兖矿集团保持出资额不变
中大期货	(600704)中大股份,持有85.71%的股权
实达期货	中国五矿集团为实际控制人;集团拥有(600058)五矿发展,71.7%股权及五矿海勤多家上市公司股份
鲁能金穗	公司与(000720)鲁能泰山、(000537)广宇发展、(000602)金马集团,实际控制人同为鲁能集团
大有期货	湖南鸿仪投资控股;"鸿仪系"拥有(000156)嘉瑞新材、(000430)张家界、(600286)国光瓷业,等控制权
大陆期货	股东大恒集团为(600288),大恒科技子公司
弘业期货	公司与(600128),弘业股份同属江苏弘业国际集团
北亚期货	(600705)北亚集团,控股子公司
金瑞期货	江铜集团控股;集团同时拥有(600362)江西铜业(47.9%股份
金源期货	股东铜陵有色金属集团拥有(000630)铜都铜业控制权
首创期货	首创集团成员企业;集团下属成员有(600008)首创股份、(600733)前锋股份、银华基金等

倍特期货　　　　(000628)高新发展控股子公司

文峰期货　　　　股东文峰集团下属"文峰连锁"A 股发行申请已通过发审委审核通过

万向期货　　　　股东万向创投、深圳万向与(000559)万向钱潮,同属万向集团控制

美尔雅期货　　　(600107)美尔雅控股

万杰鼎鑫　　　　股东万杰集团持有(600223)万杰高科 54.41%股份

云晨期货　　　　由云铜集团控股;集团同时控股(000878)云南铜业

国贸期货　　　　(600755)厦门国贸出资 1 亿元人民币成立

华闻期货　　　　实际控制人华闻控股拥有(000793)华闻传媒、中泰信托、
　　　　　　　　国元信托和联合证券控股权(600638)新黄浦已获准收购
　　　　　　　　100%股权

天鸿期货　　　　天鸿集团控股;集团拥有(600376)天鸿宝业和(600175)
　　　　　　　　美都控股股份

东航期货　　　　东航集团金融类企业;集团为(600115)东方航空 61.64%
　　　　　　　　股份持有人

陇达期货　　　　(000791)西北化工持有公司 71.8%股份

寰球期货　　　　(000010)深华新拥有其 95%股权

津投期货　　　　参股股东海泰控股是(600082)海泰发展实际控制人

民安期货　　　　与(000636)风华高科存在关系

中粮期货　　　　大股东中粮集团拟受让(000031)中粮地产 59.63%股权

以"股"为鉴，成熟市场股指期货推出前后走势剖析

　　股指期货已进入倒计时阶段,证监会尚福林主席在中国金融衍生品大会上说,积极推动中国金融衍生品市场与资本市场等各种金融市场的协调发展,稳妥推进金融期货市场建设,对于扩大金融现货市场规模,丰富交易品种,改善市场结构,完善市场功能,优化资源配置,乃至对于稳定资本市场,增强国民经济的抗风险能力,具有重要的意义。他说,证监会按照"高标准,稳起步"的原则,积极筹建金融期货市场,修改和制订了相关的法规规章;成立了中国金融期货交易所;开展了股指期货的投资者教育活动。另外尚福林还说,下一步,证监会将本着"把风险讲够,把规则讲透"的原则,继续做好包括机构投资者和管理者等在内的股指期货投资者的知识普及和风险教育工作,确保股指期货的平稳推出。

　　随着中国金融期货交易所正式宣布 10 家期货公司获准成为该交易所首批会员单位,推出股指期货进入正式启动阶段。作为一个全新的金融品种,股指期货推出后,大盘是涨还是跌,谁都无法预测,但我们还是能以"股"为鉴,从历史的角度,考察美国、日本、韩国和中国香港等国家和地区成熟市场在股指期货推出前后,股指走势作为参考:

一、美国：推出前涨，推出后跌，随即进入慢牛上升市

美国是世界上最早推出股指期货的国家，堪萨斯期货交易所(KCBT)于 1982 年 2 月 16 日推出价值线指数期货(VLF)，这是世界上最早的股指期货。但目前交易最为活跃的是在芝加哥商业交易所上市的标普 500 指数期货合约。该合约 1982 年 4 月推出，现在与相应的迷你合约(E-mini 标普 500 指数期货合约)一同成为美国交易量最大的指数期货合约品种。

剖析：美国股市在股指期货推出前涨，这多少有几分像当前的 A 股市场，股指期货推出前为争夺话语权大盘权重指标股涨，目前大机构持仓量已超过 50%以上，可以说出货极难。股指期货推出后，机构多半会反手做空，一方面做空赚钱，一方面达到出货的目的，可谓一箭双雕。因而，股指期货推出后股指会下跌，但不会是单边反转下跌，在人民币不断升增的背景下，调整到一定点位后，机构会卷土重来，形成单边上升势。

二、日本：牛市途中，推出前平稳，推出后下跌

日经 225 指数期货(Nikkei225)上市时间是 1986 年 9 月 3 日，推出指数后的一个多月内，日经 225 指数从 18695 点跌至 15820 点，跌幅为 15%。但是从长期趋势来看，从广场协议签订开始，日本股市就形成了一个明显的长期上涨趋势，这种趋势并没有因为股指期货的推出而改变。根据日经 225 指数从 1984 年到 1989 年的月收盘可以看出，股指期货推出造成的指数下跌在日本股市的长期趋势中的幅度甚微。

剖析：日本股市在股指期货推出后同美国有不同之处，推出前没大涨，推出后却大跌，日经 225 指数从 18695 点跌至 15820 点，跌幅为 15%。随后就形成了一个明显的长期上涨趋势，看来股指期货助涨功能大于助跌功能。

三、韩国：熊市途中，推出前涨，推出后大跌

韩国 KOSPI200 指数期货于 1996 年 5 月 3 日上市。韩国的股指期货是在指数长期下跌的趋势中推出的。1995 年，韩国的总外债达到了 784 亿美元，而当时韩国的外汇储备才 327 亿美元。巨额外债使得指数从 1995 年下半年开始下跌，KOSPI200 指数在 1996 年全年下跌超过 20%。此时，股指期货的推出让 KOSPI200 指数在期货上市前上涨 17.%，并于 4 月 29 日达到了 110.7 的高点。股指期货上市后，指数又恢复下跌趋势

剖析：韩国在熊市推出股指期货，原本想摆脱颓市，推出前的确促使了股市上涨 17%，但推出后，并未由熊转牛，并加速了原有趋势，股指期货成了做空套利工具。然而，中国股市处在起伏跌宕的牛市中期，韩国对 A 股参照意义不大。

四、香港地区：牛市途中，推出前涨，推出后跌

香港的恒生指数期货于 1986 年 5 月 6 日上市。当时香港经济受到内地的支持，恒生指数处于长期上涨阶段。在股指期货推出之前，4 月 25 日恒生指数就突破新高。期货上市时，恒生指数创下了 1865.6 点的历史性高点，接下来就开始了两个月的回调。其后，恒生指数又恢复了上涨的长牛趋势。

剖析：香港地区股指期货几乎就是美国股指期货推出前后的翻版，内地机构正是按照香港模式在进行战前演习，沪深 300 成份股成了机构通吃的对象，由于连续拉抬，大大透支了这些个股未来的业绩，二八现象结构性分化愈演愈烈，这也是大蓝筹泡沫不断膨胀但并未破裂的原因。当然这也就给指数期货推出后下跌埋下了伏笔。指数期货推出后下跌已成定局，投资者一定要遵循这一趋势顺势操作。不过，即使权重股下跌，前期涨幅不大有业绩支撑的小市值和超跌个股会精彩缤纷，走出独立行情。指数期货推出后，只有当大市值权重股回落到有投资价值时，股指又会重新走牛，2008 年后，可能直追香港，直到整个牛市行情终结。

股市惊天大"忽悠"，投资者"买拐"要小心

　　相信大多数中国人都看过赵本山的经典小品《卖拐》，其中诞生的"忽悠"一词，一夜间风行天下。"忽悠"也成了坑蒙拐骗的代名词。中国股坛历来都不缺乏"忽悠"，即使在市场化进程大踏步的今天，谣言满天飞，小道消息不胫而走。如果说广大股民曾经为得不到"消息"而恼火的话。那么，而今却抱怨"消息"像垃圾一样太多太滥了。在东西南北的任何一个证券交易厅，在亲朋好友煲电话粥中，都流传着一个永恒的主题，那就是不可告人的"悄悄话"："某某庄已大举进入某某股"；"某某券商又借某某股壳上市"；"某某上市公司正准备整体上市"；"某某股正在资产重组"；"某某股参与券商、期货"；"这消息绝对可靠"，传得不亦乐乎。

　　打开电视，股评家在绘声绘色讲述着，某证券公司借壳某亏损公司上市的动听故事，一时间券商借壳的上市公司超过百家，有的股价翻了几倍，有的连拉 24 个涨停板，连面临退市的 ST 亏损股都鸡犬升天，而真正具备资格借壳上市的公司不足十家，忽悠得让人不得不信。而打开上市公司公开披露信息的媒体，每天都少不了有澄清辟谣公告。

　　忽悠的源头在哪里？有的惊天大忽悠来源于某个上市公司，杭萧钢构曾公告说签下了安哥拉一单 350 亿的大合同，也使其股价摧枯拉朽般的连拉 10 个涨停，350 亿占安哥拉全年 GDP 的 10%，不管该合同是否真假？但其签合同的中介公司国际基金公司，是在香港注册，注册资金只有 100

万港元，且只有两个办公人员，拿下如此大的合同，让人想到会不会是个世界级的大忽悠，国际玩笑开大了。目前，该股已停牌接受调查，高位接盘的投资者看来"买拐"是逃不掉了。有的忽悠是庄家、股评家、上市公司联手操纵股价，牟取暴利。另一只连续上涨的股票鲁能泰山，公司公告澄清：没有参与任何金融、期货，媒体的报道纯属谣言。对于天天编故事的黑嘴，证监会也挥出重拳。证券分析师蔡国澍于 2007 年 3 月 7 日登出《青海明胶：渤海证券借壳上市的最佳选择》一文，宣称"青海明胶存在被渤海证券借壳上市的强烈预期"。3 月 12 日，蔡国澍又刊登《辽源得亨：东莞证券借壳上市的最佳平台》一文，认为"辽源得亨自然而然地成为东莞证券借壳上市当仁不让的选择"。以上信息严重失实，对公司股价造成了影响，蔡国澍涉嫌违法违规，被证监会立案稽查。随着券商借壳上市的门槛提高；新规定硬指标包含以下三个条件，拟借壳上市证券公司净资本不低于 8 亿元；最近两年累计盈利不低于 1 亿元；至少一项主要业务指标进入行业前 20 名。这样也使那批炒高得离谱的"壳"们，成为烫手"山芋"。

　　如果简单地把"消息"同谣言画等号，那就错了。消息也有真伪等级之分，那些"封了铅"的"前端消息"绝对地真实可靠，甚至成了某些人行贿的新贿种，让其赚了黑钱还能睡个安稳觉。不过，传到散户耳朵里的"终端消息"，尽管动听，但大多是庄家出货的前奏曲了。原因很简单，散户无职无权，你拿什么同内幕消息持有者等价交换？无疑，对付那些传得有鼻子有眼的"故事"，你唯一的办法就是这个耳朵进那个耳朵出。面对形形色色的惊天大"忽悠"，投资者一定要擦亮双眼，不要轻易去"买拐"，否则会将自己好好的双腿给弄残了。

一种新的坐庄模式

　　杭萧钢构在 2007 年 4 月 4 日正常交易一分钟后即被上海证券交易所实施了紧急停牌。44 不是一个吉利的数字，是"死死"的谐音，之所以这么说，是该公司涉嫌存在违法违规行为，被证监会立案调查。在这之前笔者曾在杭萧钢构第一次停牌时，告诫投资者《股市惊天大"忽悠"，投资者买"拐"要小心》，但由于杭萧钢构在复牌时的公告"看上去很美"，诱得投资者奋不顾身地冲上涨停板。抛开杭萧钢构的超级大合同的真假不说，无论该合同真假，杭萧现象都在二级市场诞生了一种新的坐庄模式。为弄清这一点，我们看看老的坐庄模式：①近两年大幅炒作，翻了一番乃至数番。②筹码高度集中，成交稀少，暴跌中能水落石出，异常抗跌。③有巨大的除权缺口，经连续送股填权，股价看似像平原，实为险峰高耸。④大多做过整容手术，有一个神秘的概念或换了一个好听的名字。其坐庄模式为：庄家利用资金、信息和筹码的优势，通过打压、锁仓、拉抬三部曲，快速翻番，然后利用除权、重组、改名等利好，采用对倒、操纵等手法，制造虚假的成交量，诱骗散户去高位追捧而功成身退。然而，多年熊市，老的坐庄模式已不灵验了。无可奈何"庄"落去，庄股在大熊市里终结。

　　庄股的花儿谢了，但不会完全死掉，当春天来临时，花儿还会再开。于是，我们看到了又一种全新的模式：上市公司与境外大庄在远离国土的神秘国度拿到了一个 350 亿的超级大合同，与全世界标准合同不同的是，这份合同没有违约责任,能否履行只能是雾里看花。于是,有先知先觉者,在低位通吃筹码,上市公司随后公开公告,由于筹码事先被锁定,股价便一步登天地无量连续涨停,使庄家和上市公司牟取暴利。以前上市公司是不关心二级市场的股价的,而今从来没有像现在一样关心,因为股价被炒高后,大非、小非能高价减持,上市公司成为最大赢家。这就是新的坐庄模式的核心所在。在杭萧钢构的示范下,目前又有中工国际等六家公司公告在国外拿到订单,股价也随之涨停,这种现象在二级市场有蔓延之势。这一新的坐庄现象给我们的启示:

(1)希望监管部门,对那些举着神秘大合同题材,暴炒股价,使价格严重远离其内在价值的上市公司进行调查,看有没有类似的内幕交易和假重组真坐庄的违规行为。所有的境外合同应该有政府相关部门参与。

(2)希望打算在二级市场买壳的公司,一定要擦亮眼睛,看其财务状况和债务是否无可救药。谨防掉进精心设计的重组陷阱。这里有一个例子值得借鉴,美国通用和德国宝马同时都准备收购韩国现代,谁知在调查了其财务状况后,宁可承担违约责任,都英雄所见略同地选择了急流勇退,他们无疑都看清了收购后要付出的代价。

(3)希望广大散户不要轻信"超级合同"的神话,特别是对那些没有能力完成的公司一定要看清其究竟有多大含金量。也希望杭萧钢构能拿出真金白银回报投资者。

(4)希望广大的散户对于任何一只炒高的庄股,要从记忆中将其删除到"回收站"并彻底"清空",坚决不接最后一棒,让庄家自拉自唱,直到它弦断声嘶力竭。

(5)希望市场人士要改变认为庄家是活跃股市,能够推动股指攀升的陈旧观念。从杭萧钢构暴涨对股指没有贡献就能证明,同时也希望市场内大大小小的庄家一定要弃恶从善,因为这才是在一个逐渐走向规范的市场里能够生存的唯一出路。

赵本山在《卖拐》的续集中,将骗来的范伟的自行车改装成轮椅,继续"忽悠",但愿投资者不要再去坐"轮椅"了。

操纵市场,美丽的罂粟花即将凋谢

为促进证券市场稳定健康发展,中国证监会近日就内幕交易和市场操纵案件调查及认定组织了专题培训。中国证监会党委副书记、副主席范福春在培训班讲话中指出,近一段时期以来,证券市场十分活跃,违法违规现象有所抬头,内幕交易案件增多,操纵手段花样翻新,严重扰乱市场秩序,损害广大投资者利益。对此,必须依法严厉查处,坚决遏制案件高发的态势,确保资本市场健康稳定发展。

内幕交易和操纵市场,如同证券市场美丽的罂粟花,开得十分诱人,其股价灿烂无比,高得出奇,但是只能看,不能摸,一摸就会终身遗憾。

首先,我们来看看内幕交易的典型:ST金泰庄家利用内幕交易在低位吃足货后,连拉40多个涨停,刷新了中国股市涨停板记录,然而这船载满黄"金"的"泰"坦尼克最终因内幕信息难以兑现而撞上了冰川,连续跌停了。

其次,我们来看看操纵市场的典型:

一、近两年大幅炒作,翻了一番乃至数番。股价高至100元,甚至200元。

二、筹码高度集中,成交稀少,暴跌中能水落石出,异常抗跌。但成交每天只有几千手,庄家完全控盘。

三、有巨大的除权缺口,经连续送股填权,股价看似像平原,实为险峰高耸。

四、大多做过整容手术,改了一个好听的名字。莎士比亚说:无瑕的名字是纯粹的珍珠。名字,作为一种符号,原本无所谓美与丑,好与坏。叫阿呆的未必就不能成为伟人,叫伟业的未必就不会堕为囚犯。公司名字亦然,叫冰熊的未必就沦为熊股,叫金牛的也未见成为牛股。然而,深沪股市近来改名却蔚然成风。像沪东重机,改名为中国船舶,股价就上了220元,成为市盈率高达百多倍第一高价股。上市公司改名和资产注入并没错,错的是庄家利用其改名疯狂炒作。任何股票,只要加了中国定语,股价便能增值,市盈率高达百倍也只是小儿科,中国平安、中国铝业、中国远洋、中国卫星哪只股没大放"卫星"?照这样发展下去,恐怕深沪股市不叫中国的公司真要成为莎翁所言的"纯粹的珍珠"了。

第三,再来看坐庄模式:庄家利用资金、信息和筹码的优势,通过打压、锁仓、拉抬三部曲,快速翻番,然后利用除权、重组、改名等利好,采用对倒、操纵等手法,制造虚假的成交量,诱骗散户去高位追捧而功成身退。

随着牛市的深入,我国证券市场发生了深刻变化,但市场违法违规行为也有新的表现:股份"全流通"后,相关各方对股价更为关注;公司并购、资产重组越来越多,各种内幕信息自然会增多;市场规模扩大,投资者交投活跃,通过各种方式影响股价并从中获利的动机随之增强。近一个时期,内幕交易和市场操纵的案件有增加趋势,并呈现内幕交易更隐蔽、市场操纵形式更多样、各种违法犯罪行为交织一起等新的特点,给证券执法工作带来了巨大挑战,证券执法任务十分艰巨。范福春指出,必须以高度的使命感和责任感,认真履行法律赋予的职责,秉公执法、铁面无私,大力查处内幕交易和市场操纵行为。《市场操纵认定办法》将一些典型的操纵手法,如虚假申报、抢先交易、蛊惑交易、特定交易、尾市交易操纵等行为纳入了认定范围。同时,证券执法部门要积极研究更好地配合公安、司法部门开展工作,共同建立适应我国资本市场需要的执法协作体制,提高对证券违法犯罪行为的查处效果。三是要坚定信念,不断提高办案水平。坚持以事实为根据,以法律为准绳,每一个调查事项,都必须严格依法进行,做到认真、准确、细致,务必办成铁案。

无可奈何"庄"落去,随着《内幕交易认定办法》的落实,将晒裂庄股得以生存的土壤。高价庄股,这证券市场美丽的罂粟花也即将凋谢,广大投资者一定要擦亮眼睛,不要被高价和美丽的外表所诱惑,远离罂粟,你才能免受其伤害!

股市职业病

  留美归来的医学博士古克先生,开了一家专治疑难杂症的专家门诊。该门诊因毗邻证券交易厅多如牛毛的金融一条街,故前来应诊的股民患者居多,且应诊的峰值同股市波动成反比,股市上涨,病人稀少(偶尔有极个别的患上西方的疯牛病而引发高血压中风等);股市下跌,患者满堂。久之,这位在留美时玩过几天股票的博士,也摸索出一些与股市有关的常见病、多发病的规律。他发现人的喜、怒、忧、思、悲、恐、惊七情唯股民体验得最为深刻。他读过的祖国医学宝典《内经》认为:"大怒伤肝,大喜伤心,大思伤神,大悲伤胃,大惊伤肾。"遂总结出一套从生理到心理医治股市病的独特疗法。

  红眼病——股民目不交睫地盯着电脑,伸长脖子扫描大盘,用眼过度,眼底充血,结膜发炎,易患红眼病。然而,常来看眼疾的却是另一种红眼病,他们在问诊时常反问:"为什么我买的股票跌,别人买的涨?"一次,一位患者问博士道:"为什么香港股市涨,我们的股市却天天跌?"古博士笑答:"这叫一国两制,懂吗?香港股市是港币在炒,我们是人民币,你知道比值是多少吗?"患者还不死心:"为什么我们的经济年年涨,我们的股市却年年跌?"博士却开导道:"这叫股民有爱心,人人作奉献,我们政府每年能从股市融资千亿元,锅里有了,碗里当然有,不是一天比一天好吗?"

  针对这一类病人,古博士除了心理开导,还会千篇一律地开上一支红霉素眼膏,希望股民上药后,眼前能红色一片,以暂时缓解看惯了太多绿盘留下的后遗症。

  胃肠病——此乃股民最常见的职业病。炒股者以股市为家,午餐只能凑合吃廉价盒饭,饥一顿,饱一餐。同时,饱受套牢煎熬,精神压抑,焦虑伤胃。加之，众多股民受庄家愚弄，遭上市公司做假暗算，心中愤愤不平，牢骚满腹，怨声载道，引发肠道功能紊乱，愁肠寸断。

针对这一职业病，古博士医嘱：注意膳食平衡，少吃盒饭，即使要吃，也不能吃两元一盒的猪狗食，超码应吃五元以上的，才对得起自己的胃。少发牢骚，"牢骚太盛防肠断"，应该学大肚罗汉，大肚能容天下不平之事。此外，为防止病从口入，疾从腹生，加强肠胃功能，请切记那句响亮的广告：肠胃不好，请服昂立一号。

肝病——股民易患肝病，这应该是现代医学的一大新发现，原因是此肝病并非流行的甲肝、乙肝或丙肝、丁肝，而是中医所言的"怒肝"，通俗地说也称酒精肝。有的股民或听信了股评家的虚假信息，或接到了庄家出货的飞刀，或不小心踩上了年报地雷，造成巨额亏损，怒火中烧，肝火攻心，伤及肝脏。有的股民为解愁肠百结，便借酒浇愁，自我麻醉，饮酒过量，损坏了肝功能，引起肝硬化，天长日久，极易诱发肝癌。

针对此病，古博士开出如下方子：①大败毒，多服牛黄类清火药，清除肝内虚火。②息怒。钱财乃身外之物，炒股亏了，就只当支援了国企改革，亏在一时，功在千秋。③戒酒。多听相声或多看赵本山小品，借此驱愁。④提高免疫力，少听股评家谗言，少去追涨杀跌。

肥胖病——能患此富贵病的绝非广大股民，他们要么是操盘的庄家，要么是与庄家联手的超级大户，要么是上市公司年薪数百万的老总。要么是掌握上市大权猛吃回扣的官僚，他们因财源滚滚，或暴饮暴食，摄入了过剩的卡路里，或圈钱有方，搜刮了过多的民脂民膏，落得个大腹便便、脑满肠肥的丰腴体态，成为心血管、糖尿病、癌症的高危人群。

针对此肥胖病，古博士也无特效药，只能提出医疗建议：内服康尔寿减肥冲剂，外用安必信瘦得快脂肪运动机。倘内外夹攻依然无效，古博士还有一秘方，不过，毒副作用甚大，应慎用之。方曰：效仿某些贪官，自曝黑幕，让东窗事发，去"号子"体验一下"套牢"的滋味，既能减去肥膘，亦可保持晚节，去除病灶，延年益寿……

如何战胜"股市亚健康"

何谓股市亚健康：股民长期过度紧张,会引起失眠、焦虑、抑郁、自卑、自闭、疲劳、情绪失常等精神疾病。因股市剧烈波动引发紧张、焦虑导致血流加速、心跳加快、血管收缩,血压升高,极易突发中风、偏瘫、心梗、猝死等。近三个月来,因股市盘中跳水,公开报道的就有 4 位股民突然猝死在股票交易机前。

易感染人群：长期在交易厅炒股一族。

病因：每天目不转睛盯着电脑看盘、每时情绪高度紧张随 K 线走势而波动,因股票盈亏精神压力极大。

症状：长期寝卧难安、头晕眼花、白天没精打采、乏力疲惫、注意力分散、工作无头绪,剪不断,理还乱。

危害：工作学习低迷、投资失误、生活质量每况愈下;百病温床

医治难度系数：求医无门,任何先进医学仪器无法明确病灶,绝症、顽症,几乎无药可医

苏氏"股市亚健康"防治法简介

发明人：苏某人

发明方式：偶然拾得,以身试"法"

暴光理由：健康何尝不是"文化"，与人分享于己快乐，让天下股民一起来关注一下自己，让自己健康起来、自信起来、快乐起来、精神起来、轻"装"起来、运动起来、激情起来、青春起来、高效起来，当然还有赚起来——匹夫有责

施治病理：一分治九分养（独创）；求医不如求己：人生如机器，磨损、折旧、老化在所难免。操控不当、过当、缺乏保养将加速折旧，而生命零件不能更换只能保养。所谓股市亚健康状态犹如汽车发动机声音不正常，吼叫着提醒使用者该"保养"了

适应人群：股市"亚健康症候群"

施治方法：见苏氏"股市亚健康"防治法处方

秘方：变一变自己一点点习惯（含生活习惯、饮食习惯、炒股习惯、思考习惯）

时效：贵在坚持。最早一月、最迟一季显效

疗效：速效、奇效

硬件改变：去将军肚、多余赘肉，熨平皱纹、容光焕发、身轻如燕、思维敏捷、投资得法

软件改变：活力附体、自信满满，马力十足，仿佛梦回童年、少年、青年、壮年（视年龄而定）炒股盈利颇丰

病案分析

患者：老股民苏某，年龄约 50 岁。患亚健康综合症二十余年。既往病史：长期失眠、肥胖症、焦虑症、颈椎病（伏案写作炒股落下的职业病。严重时不能步行、开车。曾差点手术）、习惯性头昏头痛、陈旧性胃溃疡、阵发性冠心病高血压症、脂肪肝。饱尝炒股亚健康苦恼。

其间访尽了大小医院，尝试过各色正方偏方，吃下了按公斤计量的天下药物仍未见好转。

患者于 2007 年 6 月开始接触到美国 F.巴特曼《水这样喝可以治病——排毒饮食计划》《水是最好的药》，美国迈克尔·罗伊森《人体使用手册》等"保养"书籍，于是加入自己对"人体发动机"理念的理解，自创"苏氏股市亚

健康"防治法并勇于实践。患者开始改变不良生活习惯,如长期熬夜,不运动,长期泡电脑看行情等。经两月多实践,现初显奇效:

体重:减轻 7.5 公斤;

排泄:变挣扎为享受;

啤酒肚:消失;

脸部皱纹:要仔细找;

脂肪肝、焦虑症:无踪影;

颈椎病:明显改善,头晕头痛减轻;

睡眠:像猪;

心跳:80 以下;

血压:65—120;

登高:如履平地;

注意力:非常集中,从重庆开车到成都眼不花头不晕;

精神:抖擞;

心情:倍儿好;

信心:满满;

年龄:减去十岁。

感受:

一、久病成良医,良医竟是自己。耶!

二、身体像卸下了不堪重负的"黄金甲"。爽!

三、见证了人生最深刻的一次"返老还童"变化,难以置信。靠!

四、人生最值得得意的"杰作"之一。顶!

五、炒股每每逮住黑马。巧!

苏氏"股市亚健康"防治法处方

食疗:

早餐:矿泉水一瓶(起床上厕所前服用)、苹果一只(带皮)、黄瓜一只(带皮生吃)、牛奶或煨汤或豆浆一杯、粥一碗(或分别加小米、玉米、红薯、黑米、高粱、红枣等),吃十二分饱,禁食:精面类加工食物,宜食:杂粮(股民

早餐在家里用餐,容易做到)

中餐:随意。多吃蔬菜、鱼类;少吃肉、蛋。吃九分饱,禁食:精面食、潲水油(受条件约束股民中餐多半在交易厅吃盒饭,应买贵一点品种多样的)

晚餐:丰俭由人蔬菜水果多种多样,但一定要有汤,最好是煨汤。吃七分饱。禁食:精面食、吃胀(股民晚餐在家用餐做到并不难,特别是其家人应体恤炒股的压力,做一些减压食品)

消夜:禁绝。若有饥饿感,可改吃水果、坚果、牛奶充饥

零食:水果、坚果(核桃、腰果、杏仁、花生、瓜子等)。禁食:糖、含糖饮料

水疗:每天饮水不少于3000毫升(大致六瓶矿泉水量,各种汤也算,记住水才是最好的药)早晨中午饭前一小时及饭后二小时宜大量补水(特别是在交易厅的股民要多喝水、多带水)

体疗:健身:每天散步半小时、有条件可适当游泳,打网球、乒乓球、羽毛球等

强身:每周两次剧烈运动,每次三十分钟内:器械运动、登山攀岩、骑自行车、跑步等

心疗:保持乐观心态,学会控制情绪,遇股市波动不急不躁,不怨天不踩地,不以涨喜不以跌悲

枕疗:晚十一点前准时上床,因此刻肝部开始造血,睡不着没关系,躺着看看投资大师的书,做做股票功课,尽量不看股评电视节目。习惯成自然,很快就会适应。早上不恋枕,醒了就爬起来,若还早,除晨练外,早新闻一定要看,因为国内外重要事件,决定着股市当天走势

药疗:谢绝。可适应补一补钙或盐。因喝大量水会造成钙盐流失加速

代价:仅需改变一下既有习惯(当然也包括既有的炒股习惯)

总结:苏氏"股市亚健康"防治法就像炒股一样就这么几招。关键是要记住:健康是1,炒股是0,赚再多的0,没有了1都等于零。炒股者不妨一试:你会发现你的皮带不停需要打孔收紧,你的睡眠越来越香甜,你的精力越来越充沛,你的烦恼越来越少,你的信心越来越铆足,你的心态越来越好,你的钞票越赚越多……

期待回报:股民健康　股市健康

十年难遇大牛市的十大猜想

中国股市走牛后,给投资者出了些难题,譬如:看跌不跌,想涨不涨,热门不热,冷门不冷,群龙无首,无量创新高,利空助涨等。

一些股友出于信任,要笔者对后市作一个猜想,于是笔者把当下中小散户的流行语总结了一下,竟凑成了如下十大猜想:

一、行情"没完没了"

本轮行情散户看得非常乐观,他们认为绝非所谓的终止于奥运会的结束,而是将不断把历史新高踩在脚下。其理由:一是股改后大股东为了达到高价减持的目的,势必要做多二级市场,不断注入资产,提升股价。二是管理层默认了基金坐庄模式。以前深沪股市一出现像亿安一样 100 元股,管理层又是查又是监管,很快将操纵股价者拿下。现在 100 元满地都是 200 元股也不稀奇。监管者不但不查,还开闸放水。三是散户套住了庄家,庄家被吊在高价股树上,由于散户不去接货,不死不活出不了货,从而提升了市场整个价格中枢。庄家在高位自拉自唱,还要付交易费和交印花税。散户们认为只要大家拧成一股绳,不受所谓的价值主流的诱惑,不碰那些暴炒过的高价股,庄家就出不了局,纸上富贵变不了现,行情就会"没完没了"地延续下去。

二、成交量"不见不散"

价升量增，这是所有股评教科书中铁的定律，倘若量价背离即顶背离，便逃顶要紧。然而，牛市行情中，每次逃顶都逃进了空头陷阱。股指量价背离屡创新高说明了什么？散户却有新的诠释：一是前期第一波冲顶成交量两市达4 000多亿。"5·30"后创新高的个股只有20%大量的80%的筹码被套在高位，锁定性极好。二是高价股庄家出不了货，成交量极度萎缩，像第一高价股中国船舶每天成交量才几千手，价增量缩已成新庄常态。三是散户吃一堑长一智，坚信不追高不杀跌，看好经济持续向好的大背景，套住了不割肉。散户认为倘若某一天成交量陡然放大至5 000亿以上，那些题材股也追赶高价股，高歌猛进了，便昭示免费的流水筵席即将散场，这就叫成交量不"见"放大不"散"。

三、股评家"有话好好说"

"天不怕，地不怕，就怕股评家说涨话。"这则市场民谣并非恶意嘲笑，它揭示了本轮行情的一个市场现象。当股评家一致看多时，市场却用一根大阴棒，打得其晕头转向；当股评家一致看空，说要向下补缺口时，一根大阳棒，撑得其张口结舌。现在散户同股评反向操作，你说大跌时就做多，你说大涨时就做空。你要我去追百元股，我偏要去买4元的低价股。有的股评家（或许只是少数）从香港搬来百元股和一元股两极分化说，指出大蓝筹应该上百元甚至更高，像ST一类的亏损股应跌到一元以下，然而，那些券商买壳专挑ST，ST金泰30个涨停硬是不回头。连深沪第一高价股中国船舶其前身也是ST，一点不给股评家面子。难怪会每每预测失误，甚至连庄家都埋怨：咋个把咱哥们引到房上抽了梯子就走了？看来股评家应该看清行情的性质，把虚话变成实话，"有话好好说"。

四、上市公司"一个都不能少"

假如要散户评选股市最耀眼的一颗明星的话,恐怕得票率最高的不是曾大放异彩的东方明珠,而是面临退市的*ST金泰,这只金光闪闪的泰斗,已经连续有 30 个涨停板。不知是否偶然巧合? 该股代码为 600358(谐音"我发"),在戴帽时的股价是 1.88 元(谐音"要发发")。由于被黄氏大亨相中,就形成了也许是设立涨停板以来最亮丽的一道风景,每天封单有数千万之众,那十分钟才成交一手的成交量极像一个一个感叹号,在叹息谁也买不到,且全周交易那道彩虹驱之不散,只成交了几千手。

本来"退出机制"实施后,上市公司寿终正寝的美梦,被雷震醒了。那些滥竽充数的公司混不下去了,那些占着茅坑不拉屎的公司恐怕不能不挪开屁股了,那些戴着ST桂冠还想坐等花开卖个好价的"壳"们,不得不廉价拍卖。而濒临"退出"公司的当地政府,更是有了危机感,不得不倾其财力背水一战。可以想象,倘若某市的上市公司真被摘牌,珍贵的壳资源丢了是小事,而成为中国证券市场第一个摘牌者那是多么丢脸的大事呀! 谁也不想当这个"出头鸟"。由于没有先例,摘牌清算更是令人头疼,国家股法人股打掉牙往肚里吞还好说,社会公众持股者怎么摆得平? 那还不乱成一锅粥,这不单单是个经济问题,而是一个敏感的社会问题了,最后政府还得花钱来维护安定团结。与其摘牌,还不如下决心重组。这也是那些连续三年亏损去了三板,又经重组回到主板的原因。时下,各地政府都在"退出机制"这把"尚方宝剑"的督促下,开始了紧锣密鼓的重组,使那些亏损公司从根本上脱胎换骨,也使 ST 股票成为市场涨幅最惊人的板块。于是,散户猜想上市公司大都能起死回生"一个都不能少"!

五、新庄家"无知者无畏"

王朔那厮逮着谁骂撰写了《无知者无畏》一书时,原本只想制造轰动效应多捞点印数稿酬,没想到其手法会被另一个市场的庄家悉数仿效了去:逮住什么股就恶炒一通,把无知无畏的风格发挥到了极致。说他们"无知",

并非指学历（这批血气方刚的年轻人大多是刚出校门的博士或硕士），而是因他们没经历过第一代股民像杨百万那样的"早上开皇冠车入市，下午骑自行车出市"的时代。说他们"无畏"是因他们有雄厚的资金作后盾（有的是私募基金的操盘手，有的是中外合资企业或三类企业的"捉刀客"）。他们信奉的是"说你行，你就行，不行也行"的思想。其操作手法是：弱者恒强，一不看题材、二不看流通盘、三不看业绩，专挑冷门股，越冷越好。对于前期被老庄暴炒过的股票，无论业绩有多好，就是刀架在脖子上也坚决不碰。一旦被他们相中的冷门股，便旱地拔葱，涨得让人大跌眼珠（不是眼镜）。譬如，深市的 000826 银星能源，业绩不到一分钱，新庄在 2.5 元吃足了货后，连拉涨停一竿子把股价撑到近 20 元。倘若有幸在低位买到此类新庄股，可一路与庄共舞。倘若手上没有的，千万莫追高，小心接住飞刀。因为新庄拉抬时十分凶悍，出货时也绝不刀下留人，让所有的追高者无一"生还"。甚至连股坛老手杨百万在会晤了一批新庄后，都在报章感叹："后生可畏"！其实，可畏的并非后生，而是他们身后的"弹药库"——充足的社会游资。百万不算富，千万刚起步，亿万才算酷。玩酷的"无知者无畏"也！

六、大盘权重股"看上去浪美"

天有不测风云，但牛市运行总是在阴云之中又迎来"灿烂晴朗的天"，让人感到太阳每天都是新的。怎么看都美。行情让所有的专家都喊看不懂。最难懂的即本猜想开篇提到的"利空助长"。数次提高存款保证金，数次加息，大盘低调"迎亲"，把其娶进家门后又一路上涨。美国股市暴跌为我们的股市溅了几滴血迹后，我们都擦干了血迹又一往无前创出了新高。更让专家看不懂的是，一些大盘蓝筹"大象起舞"出现了翻番的行情。专家看不懂，散户却看懂了。他们认为区别牛市或熊市的分水岭就在于出利空后是跌还是涨，且牛市的力度与利空的承接力成正比。其因是各路庄家手捏着大把热钱，想迫不及待换取廉价筹码。庄家要坐庄，仓里没有粮草，是绝不为他人抬轿的。按以往经验，庄家蚕食筹码有三条渠道：一是漫长的打压吸筹（有时要一年半载）。二是新股上市拉高建仓。三是承销配股。牛市行情，庄家却开拓出一个新的渠道，那就是利用利空来捡便宜筹码，

"利空飞来捷报传,横扫垃圾如卷席"。当投资者听见预亏公告便如同听见了空袭警报,慌不择路不计成本将筹码像倒垃圾一样往外抛。殊不知,垃圾还能发电,是一种新的环保资源哩!庄家却不管是垃圾还是地雷,都照单全收,什么业绩、题材,那都是一种符号,筹码集中才是股价上升的"新能源"。正如一句歇后语所言:光屁股撵狼——胆大不怕羞。深沪股市在提高印花税大利空后,基金却进场大捡便宜。而"大象起舞"正是股指期货推出前,各大机构为争夺话语权而抢筹,从而也使大蓝筹股"看上去很美"!

七、小股东"没事偷着乐"

"蛇吞象"这词儿,从来都是同异想天开贪心的那类贬义词相搭配的。如果我们把上市公司的大股东比作象的话,那小股东自然就是蛇。因为在大股东眼里小股东从来都是"小菜",甚至连小股东自己也没股东意识只有当孙子的份。可在特定小股东不仅不是"小菜",而且还坐上了正席,吃上了海鲜,没事偷着乐了一把。提升小股东地位的起因是股改时山东某上市公司的大股东和二股东两大股东股权之争。二股东在扳手腕感到力不能支时,突然想到了二级市场的股民。于是,在国内破天荒地利用互联网和媒体广告来拉"选票",采用"委托书收购"的形式,向小股东献殷勤,真真假假拉来了 3 000 多万委托股权,想争夺霸主的地位。于是,这只有在香港女作家梁凤仪虚构的财经小说里才能看到的情节,在我们面前真刀真枪活龙活现地再现了。开股东会那天,全国的媒体都把焦距调到了龙虎相争的会场。上市公司还请来了数十名小股东代表参会,同时也享受一下以前只有大股东才能享受的住星级宾馆吃海鲜的滋味。尽管最后结果没能撼动大股东的霸主地位,但委实也让主子们吓出了一身虚汗,这些从未被放在眼里翻不起大浪的散户,真差点让人在小河沟里翻了大船。事后,有股评人士出来指手画脚,称其为闹剧,说小股东被人"当枪使"般利用了。管他是闹剧还是悲剧,既然彩排已经开始,正式上演的喜剧还会一出接一出地拉开帷幕。散户认为,或许有一天,小股东携起手来,舍得一身剐,也要把那些不思进取糟蹋股东钱财的公司(特别是流通股大于国家法人股的)的董事长或总经理拉下马来,使蛇吞象从此不再只是一个不可思议的贬义词,也让小股东"没事偷着乐",变成正大光明的乐,何乐而不为呢?

八、一级市场"一地鸡毛"

自从一级市场诞生那天起,就被机构和大户视为稳赚不赔既能吃鸡肉又能喝鸡汤的美食街。故在一级市场"打新"一族,便被称为"食利阶层"。追溯这一名词,恐怕要把时钟拨回至解放初期。那时在上海和其他工商业较发达的地方,由于政府赎买了一大批私营企业,不得不付出一笔数量不菲的不动款,使那些老板靠"剪息票"来过日子,而成为"食利阶层"。然而,随着那场"史无前例"的文化大革命,这一阶层也被"宁要社会主义的草,不要资本主义的苗"之刀齐刷刷割掉了,然而苗虽死种亦在,一有土壤便会生根发芽。由于一级市场的肥沃土壤,又使新一代食利成长起来。据专家统计,一级市场无风险收益率高出其他投资,真可谓不仅能喝鸡汤,甚至能啃到肯德基味道极好的"吮指原味鸡"。由于一级市场的无险套利,大量的银行理财资金和企业的闲置资金流向于此,使申购资金接近 3 万亿。以最近的新股为例,中签率为 0.2% 左右,要近千万资金才能稳中一个,这一概率比中电脑体育彩票相差不了多少了,加之管理层出台多项措施控制二级市场新股开盘价。弄不好低于国债收入。新股发行制度改革已成必然,食利者很可能只有啃鸡肋,最终只能捡到"一地鸡毛"。

九、权证"玩的就是心跳"

权证由于交易成本低,T+0 交易,不设涨跌停板制度,是真正游走于天堂与地狱的品种。香港投资者把权证称为"天堂与地狱的跷跷板",一头连着天堂一头连着地狱。"5·30"后我们看到了招行和钾肥权证,一天上涨 5 倍的奇迹,也看到了到期归零的现实。权证不知使多少人一夜暴富,也使多少人倾家荡产。请看:南京股民张浩(化名)市价委托成就 1 天 700 倍神话,820 元第二天变 56 万。张浩以 1 厘钱的价格,买到收盘价近 0.70 元的 82 万份海尔认沽权证。转眼之间,820 元变成了 56 万元。1 厘钱能买到权证的概率有多大? 这样的概率比中六合彩还难,但他毕竟中了。再请看:小李看见"末日轮"包钢认沽权证跌到了 0.17 元的时候,他的赌徒心理让他一贪之差,用 65 万元以 0.166 元的价格买进了包钢认沽权证,而后,该权证一直下跌,在跌至 0.13 元的时候,小李用剩下的 15 万元补进了该"末日轮"。当时,小李已是全仓包钢认沽权证了,平均成本 0.16 元。40 万元被"末日轮"吞噬!巨亏之后,小李依然没有死心,又以 0.058 元的价格,用 40 万元全仓买进该"末日轮",赌包钢认沽权证的反弹。但是,反弹一直没有出现,小李随后又割肉出局,账面资金只剩 30 万元!小李辛苦赚的钱,一天就全部"洗白"!

笔者认为,在权证市场入口处,除了应标明"股市有风险,入市应谨慎"之外,还应加句"有心脏病和贪心者莫入",因为权证市场"玩的就是心跳"!

十、"咱老百姓今儿个真高兴"

这是一首非常流行,老百姓最爱唱的通俗歌名。倘若把老百姓的定义缩小到股市,便特指占投资者九成的中、小散户。当然,这里所指的"高兴"也并非指股指上涨,股市涨跌有其自身规律,高兴事却是可遇而不可求。跌也好涨也好高兴更好。

更高兴的是投资环境大改善,牛市形成,全国的证券交易厅都忙着"扩容",装修厅堂,使散户交易环境焕然一新。由于多年来券商亏多盈少,使散户交易环境极差,狭窄昏暗的交易厅,拥挤不堪的人群,即时行情显示大屏前,横着几条长板凳,莫说空调,电扇都没有,空气中满是烟味汗味。散户看行情,只能练"站功",站在后排的还得借助望远镜,只看得眼花脖子酸腿发麻,散户戏称交易厅为"骡马市"。环境差,交易更难,起初,是最原始的排队递单委托,一遇暴涨暴跌就惨了,当散户挤得黑汗水流到柜台前,股价早已时过境迁,成为踏空或套牢的牺牲品。其后,交易厅装上了自动刷卡机,散户想交易,还得交上两元"让机费",散户戏称为"守厕人"。由于股市回暖,券商扭亏为盈,加之行业竞争加剧,为了变恶性竞争(许诺透支)为良性竞争(改善硬件)。各券商都加大了投入,废除了落后的填单委托,使交易真正实现了自动化、无纸化。交易厅增设了大量的 POS 机,触摸屏,电话委托,开通了永不占线的中继设备,安装了中央空调,有的还送电脑,送大智慧软件，除开通了网上交易业务，有的还开通了 WAP 手机上网业务，使股民能在移动中查看即时行情随意下单。

以往散户炒股，不懂理论，不看技术分析，人云亦云，认定"唱歌要唱跃进歌，听话要听股评家的话"。股评家指东就向东，股评家指西就向西，结果被玩得团团转，找不着北。而今却大有长进，对股评家的金口玉言，有时也要用"大智慧"认真读盘，辨其真伪，投资者找着了北，"咱老百姓今儿个真高兴"！

新编股市说文解字

【**套牢**】套字后面一个牢字，表示套在监狱里。这里特指的，不是人套在监狱里，而是钱进了铁窗。难怪被套的股民有一种失去自由之感。

【**涨**】张开的"弓"箭，射向水中，溅起的只能是泡沫。

【**跌**】形象地看，跌倒是因为"失""足"，奔腾咆哮的黑马一旦失足，会跌得更凶。

【**涨停板**】意为上天无路。大家都想吃上帝发的红苹果。然而，上天的路只有一条，只得排排坐，等待吃果果。

【**跌停板**】意为下地有门。谁都不想下地狱，而逃亡的门缝只有一条，谁挤在前面，谁就有希望被红军解救。

【**多头**】多个头聚在一起，可能有两种结果：一种是三个臭皮匠，凑成诸葛亮；一种是三个和尚没水喝。

【**空头**】一顶"八"斤重的帽子（宝盖），压在工薪族头上。难怪股市中被套的多为工薪阶层的散户。

【**骗线**】如此轻薄的东西，也值得骗？其实这里指的是均线，是用均线编织成的漂亮笼子，让你去钻。倘若一不小心写错了偏旁或读走了音，便成了骗钱。

【**凸现**】经过了艰难的十月怀胎，必将得到瓜熟蒂落的回报。

【**泡沫**】一种能使金钱膨胀的催化剂，一旦消失，留下的便只是泡影。

【投机】投机同偷鸡谐音，每当投机时，请多准备一些米。因为，俗语道：偷鸡不成蚀把米。

【业绩】一个分不到手上，但能够充饥的画饼。

【跳水】一种新的体育运动，同样分高台、中台、低台，不同的是，下面没有水池，跳下者非损即伤。

【题材】原指文学和艺术作品的材料。在股市中被曲解为庄家拉抬股票人为制造的借口。

【套现】击鼓传花的游戏中，把风险转嫁给他人的一种手段。

【庄家】股市中掷骰子的主儿。上涨时，股不在多，有庄则灵；下跌时，股不在少，有庄则损。

【止损】倘若你不是一位义务献血者，请慎用此方法。

【割肉】这菜场里的专用术语，最不该进入股市。岂料，股市中却用得最多，且屡试不爽的股民，从没叫过一声痛。

【抬轿】原本是一种非常低贱的力气活，轿上坐的不是达官贵人，便是新媳妇。股市中角色随时在转换，有时轿上坐的是庄家，有时轿上坐的是散户。

【吹牛】不，不是说大话的意思。吹牛是股评家的一种本领，即吹牛股。殊不知，股市中的牛股，哪一只没经股评家吹过？

【人气】一种看不见摸不着的珍贵气体。凝聚时，能移走泰山；涣散时，便失去价值。

【盘子】盛菜的餐具，在股市中专指盛筹码的器皿。有的大如航空母舰，有的小如玉盘。盘子的大小，决定所盛筹码的价值。

【洗盘】留学生热衷的一种勤工俭学的职业。在股市中却常被庄家运用，且并非要洗去盘中油垢，而是要洗出散户手中的筹码。

【操盘】杂技表演中，盘子在空中任意飞来飞去。庄家便是股市中的杂技演员，手握着操纵盘子的遥控器。

【护盘】盘子落地，必然珠损玉碎。可每当盘子下坠时，总有一只呵护的手，稳稳托住。

【翻番】"番"加上"羽"毛，便增值了一倍，推而广之，若想股价涨一倍，请给它插上翅膀。

【拉升】飞机离开地面后的一种强烈冲动。股票离开了地面,请遵空姐吩咐:系好安全带。

【颈线】挂在颈子上的线,不是金项链,就是上吊绳。

【风险】无限"风"光在"险"峰。登高览胜时,请不要忘了,身后是万丈深渊。

【壳资源】不是因为乌龟死了,壳可入药,熬成昂贵的龟胶。而是因为买了壳,就取得了融资的许可证。

【反弹】一种物理实验。将弹簧压紧,然后突然松开,股市中寻找的爆发力,且压得越紧,弹得就越高。

【支撑】托起股指的脚手架,倘若大多数股民的脚手被损,股指将轰然坍塌。

【牛市】只问耕耘,不问收获是牛的品德,但是,当牛形成了市场,人们在股市中看到的却是西班牙似的斗牛表演。

【熊市】熊对冷血者不感兴趣。躲避熊市的最好办法是休眠或"装死"。

【阴线】你不受欢迎的原因,不仅是你铁青的一张毫无生气的脸,而是你音同阴险,让人望而生畏。

【阳线】驱走阴霾,阳光灿烂。股民唱着"太阳最红,阳线最亲",盼着股市走"金光大道",天天都是"艳阳天"。

【扩容】"扩"张之所以"容"易,是因为股民不忘老人家教诲:节约每一个铜板,支援国家建设。

【ST】能获此桂冠的,大多在生产经营上出现了问题。"T"象征此路不通,必须另辟蹊径。"S"象征着道路是曲折的,前途是光明的。

【缺口】缺什么也不能缺"口",因为那是股民吃饭和呼吸的生命通道。

【上影线】每当这高高的"避雷针"在股市中竖起时,便昭示着晴转多云,雷雨即将来临。

【下影线】股市中钻探地下矿藏的钻杆,钻得越深,收获就越丰厚。

【头肩顶】用人的形象来描绘股市走势,再一次证明了:所有的K线图形都留下了人为的痕迹。

【头肩底】头朝地脚朝天的倒立,是一种非常高难的动作,因而,一旦在股市中出现,便会赢得满堂喝彩。

【主力】主字少一点，成了"王"字；力字少一点，成了"刀"字。倘若主力在股市中少了一点仁慈，就成了王者之刀。

【观望】观和望是两种心态。上涨时，坐山"观"虎斗；下跌时，黄鹤楼上"望"翻船。

【炒股】股市之所以火暴，是因为只需用很"少"的"火"，就能把人气点燃。而当大家一起炒时，就成了星星之火，可以燎原。

【垃圾股】某些在生活中视捡破烂为耻的人，在股市中却以收"垃圾"为荣。垃圾股能一次次走俏，是人们看中了其能变废为宝的再生功能。

【潜力股】像潜水艇一样潜在水下，只有操纵的庄家能发现。一旦浮出水面，"潜"去掉了"水"，追逐者就只有"替"庄家出"力"打工的份了。

【股评】股评家是股市的法官，评股时不应带任何私心，"言"辞公"平"，才能赢得股民信任。

【回报】受人滴水之恩，应当涌泉相报，而我们有的上市公司，受股民涌泉之恩，回报的却是滴水。

【预测】假如八卦、易经、星相、占卜术也能预测股市，那么，跳大仙的巫医，也能取得股评资格了。

【黑箱】不是普通的涂有国漆的箱子，而是克隆良种马的密室。不管什么颜色的马，放进黑箱后，跑出来都变成了黑马。

【黄金分割率】一块黄金，众多的股民去分割，分来分去，每人分到手的只有"0.618"。

【最后一棒】体育竞技中，持最后一棒者多为勇于冲刺的胜者。股市中恰恰相反，谁不小心接到最后一棒，谁就成了落伍的败军之将。

【纸上富贵】买了股票捂着不卖，当股价超过面值时，富贵看得见，手持的是真币；当股价跌破面值时，富贵摸不着，手持的便是假钞了。

【贪】股市中最忌讳的字眼。"贪"表示"今"天有"钱"（贝：古时钱为贝）今天赚。因为"贪"过了头，就变成了"贫"，别人要"分"你的"钱"（贝）。

【并购】一方同另一方合并，一方被另一方收购。双方齐心合力的目的，都是为了在融资市场中"勾"到股民的"贝"（钱）。

【想象空间】想象力是股票挣脱地心引力的理由。人有多大胆，地有多高产。敢于想象，股价看涨。想象力成为把股价送上太空的推进器。

【跟风】来无踪，去无影，你越想抓住风，它越使你落空。跟风的结果，只能像风车一样，被煽风的庄家玩得团团转，从终点又回到起点。

【对冲】表面上看是自己同自己开火。主力机构大手笔一边买一边卖自己的筹码，不是要为国库多创印花税，而是想"请君入瓮"，把高价筹码倒给别人。

【加码】增加筹码能多赚钱吗？可往往事与愿违，殊不知，再剽悍的"马"，驮上了过多的"石"头，同样会被压趴下。

【减磅】减去重量是肥胖者求之不得的好事。可在股市中就不同了，因为减去的不是脂肪，也不是"旁"人的结"石"，而是自己的财富。

【从众】四个"人"抬着一个"人上人"，这便是具有从众心理者的真实写照。人云亦云，盲从地跟别人买股票，无意中成了他人的轿夫。

【解套】明眼人不难看出，解套唯一的"解"——是"牛""角""刀"。难怪所有被套的股民，都希望与牛共舞。

【机构】机和构都离不开"木"，双木形成了股市中资金的森林。倘若乱砍乱伐，森林亏空，那么股民在股市中所"勾"的资金，便所剩无"几"了。

【散户】股市中资金量小的散兵游勇。因为散，容易被他人操纵蚕食；也因为散，能灵活机动地打持久战、地道战，做到各自为阵，打一枪换个地方。

【自救】不是唱几句"从来就没有救世主，也不靠神仙皇帝"那么简单。要想拯救自己，需在账户上用钱画一个 SOS。

【申购】用大网捕小鱼，故成功的概率只有零点几。因而要想在深沪网上摇中六合彩，除非有射穿太阳（申为穿日）的勇气和恒心。

【一级市场】众多的资金乐此不疲地拥挤在一条道上，并不完全是追逐稳赚不赔的效应，而是各种来路的钱，在此换成股票增值后，都变得非常干净。

【二级市场】因为没有三级，二级便是最后一级，这就是应验了华尔街的"二八"法则，能在股市中赚钱的人只有二成。

【追捧】股市"追星族"热衷的一项短跑运动。倘若追捧的"手"伸得太长，被折弯后，到头来追到手的可能是最后一"棒"。

【预警】预演的警报提前拉响，是提醒投资者此处有地雷，需绕道而行。

可有人却误认为：警报已经解除，可以放心大胆通行。

【陷阱】陷字和阱字都有一个"阝"，这两个耳朵在告诫我们：在股市中防止掉进陷阱的办法，就是对各种虚假信息采取一个耳朵进一个耳朵出。

【利好】"好"由"女""子"组成，女性的柔韧和稳重，成为炒股比男性更能获"利"的原因。

【利淡】每当股市狂热到"火"上加"火"时，就有人出来泼冷水，让各位少得点"利"。

【低迷】股市跌入低谷，迷失了方向，是因为"米"（资金）被抽走（辶）的缘故。

【破位】破字当头，不破不立。空方想使股票加速下跌，"立"于不败之地，得先消灭坚守在"位"的"人"气。

【选股】选股不是买商品，看谁的广告响亮。男人说：选股如选妻，选对了，娇妻胜万金；女人说：选股如嫁郎，嫁错了，鲜花插在牛粪上。

【落袋为安】把钱装入口袋就平安了吗？除非你系紧袋口，远离股市。否则，就有可能像东郭先生一样，放"狼"出袋，好心得不到好报。

【上升通道】用钞票垒起来的一道人造景观，人们争先恐后往山上攀，并非为了欣赏风景，而是想抢先拿走山顶的一草一木。

【下降通道】从K线图上看，下降通道极像水上乐园的高台滑道。艰难地爬上去，轻松地滑下来。当然，要体验那种心跳的感觉，必需购买非常昂贵的门票。

【减持】减，减少的意思；持，增加的意思，可见是一对矛盾体，且音同减吃。倘减的国有股极少，而增的钞票极多，股市选择暴跌回应，股民也只得节衣缩食"减吃"了。

【增发】一种美其名市场化的新圈钱方法。原本想一增就发，然价太高贪过了头，就发不出去。殊不知，公布增发就黑脸跌停，使之成为真正的"争罚"了。

【委托理财】钱圈多了没地方花，想轻松致富，去变相放高利贷稳赚不赔。于是便有了"你不理财，财不理你"的动听口号。可万没料到股市不是银行，委托如同"委身"，钱扔进去就可能肉包子打狗，而成为"你要理财，财要理（修理）你。"

【多赢】沾了加入 WTO 的光而成为最烫的词语。赌场上,不可能有多赢,股市中多赢的结果也只有一种,上市公司分红大于圈钱,国有股平价减持。否则,股民永远都是输家。

【推倒重来】推倒一座山,需要愚公精神,且推倒了可以重新垒起来。推倒中国股市,只需权贵们的一张嘴,且推倒了不可能重来。故撼山易,撼股市难。

【海龟】因其长寿而象征吉祥,海龟的可爱之处在于从不咬人。然而,有一种从大洋西岸游回的海龟已经变异成咬人的动物了,股民却把他们划成了鲨鱼的另类。

【承销】包销的意思,股票供大于求时,不愁销不出去;当股票供过于求,人人都用脚踢时,承销商就吃不了兜着走,把所有的痛苦都自己扛。承销成了大股东,花钱买个副董事长当当不成问题。

【黑嘴】有一种流行的唇膏是黑色的,姑娘们涂在唇上醒目而性感。不过,要是被股评家涂在了嘴上,不仅不美,还有可能念歪经,胡言乱语变成"黑嘴"。倘污染在裁判哨子上,也就成了"黑哨"。

【黑会】千万不要读成了黑会,不是开会的意思,而是会计的会。注册会计师原本应该最公正,倘黑了良心做假账,不仅黑了自己的牌子,还黑了股市的脸。

【配售】不要误解为搭配销售,而是管理层给二级市场股民恩赐的"奶酪",持有股票的股民能配售新股,可当股民刚刚尝到了一点甜头,"奶酪"便被无故剥夺了,使二级市场股民失去营养,快速"陪瘦"。

【B 股】如同足球甲 A 甲 B 一样,B 股是股市中的弱旅,原先是洋人关着门自己打自己。后又打开门,让体能较弱的同胞去参赛,结果被打得落花流水,让洋人大腹便便满脑肥肠(B)离去。

【教育投资者】毛主席说:严重的问题是教育农民。而今却进化成严重问题是教育投资者。谁让你要来投机炒股?先堵住你的嘴,亏了钱,都是因为你接受再教育不够。

【入世概念】入世是一种预期,擅长炒未来的股市,在入世前把气球吹得很大,飘得很高。岂料入世兑现了,概念也就消失得无影无踪了。

【申奥概念】这一概念之所以深奥,其原因是有八年的预期。然而,申奥成功之日，便是庄家逃之夭夭之时，被深套的股民或许要等八年才能解套。

【统一指数】深股、沪股两个独立王国，股市中的"一国两制"，今也说统一，明也说统一，喊了多少年，却如同吃"统一"方便面，吃了就忘。欧元都统一了，指数还要等到什么时候？

【股指期货】原本是用来避险的一种工具，却被告知是专为机构设立的新品种，散户不宜。看来，散户入市没有风险，即使有险也不能避。

【信用大厦】用诚信的一砖一石筑成的大厦，倘若被硕鼠蛀空了地基，总有一天会坍塌，而要重新建立，股民就得付出沉重的代价。

【救市】从来就没有什么救世主，也不靠神仙皇帝。这首歌不适用股市。因为一项政策可以使股市天天都是黑色的。一项政策的改变，也可使大盘全线涨停，出现"全国山河一片红"的奇观。

【监管年】监和管具有两种含义，既要监，又要管。因而就没有时间概念。监就是要把制假胚胎扼制在萌芽阶段；管就是发现一个惩处一个，这不是一年之计，而是百年大计。

【治理】治和理也有两层含义。治，就应该从源头上堵住泡沫流向股海；理，就是对已被污染的河段综合治理。治理应针对上市公司，而不是股民的钱包。

【创业板】创业最关键是赢得时间，时间就是金钱。倘等白了少年头都圈不了钱，"创业"者就只有挨"板"子的结局了。

【民事赔偿】消费者买了假货，能得到赔偿天经地义，而股民就没那么幸运了。买了假货，自认倒霉吧。去告状法院不受理，上市公司更不会赔一分钱。谁让你在"民"字前面加了一个"股"字？

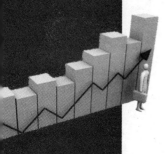

后　记

心理永远装着中小投资者

"嘟嘟……"手机在响,来电显示出一个陌生电话。

我接通手机,旋即传来一个捏腔变调的声音:"是苏渝吗？"

"是的"。我回答:"请问你是谁？"

"我是你爷"。对方出言不逊,放开了连珠炮:"快停下你的臭笔,不要再去揭什么黑幕,丑化庄家股评家了。你不要吃不着葡萄就说牙酸,更莫想去充当散户救世主的角儿。你要是不停笔,出门多请几个保镖好了。"对方不等我回答,野蛮地摔断电话。这只有在港台警匪片里才能看到的情节,却实实在在的发生在自己身上。无独有偶,回想 17 年前,我在大型月刊《红岩》1990 年 3 期发表了揭露中国超人气功师严新的长篇报告文学《"气"吞山河》后,也接到过类似的电话:对方称,气功大师一发功,你家会无火自燃,不出三月将会身患癌症。好在十七年过去了,这一切都没应验,我也越活越悠哉。

打恐吓电话的是何方神圣？有一点是可以肯定的,绝不是中小散户。我估计,跟近期发表的两篇文章有关。一篇是《国际金融报》发表的《高价庄股,美丽罂粟花即将调谢》,一篇是《证券时报》的《股市中的"厚黑学"》。前者揭露了庄家操纵股市的"劣迹",后者揭露了上市公司制假的罪恶勾当。对于任何威胁我都会处之泰然,出门也绝不会请什么保镖,当然,更不会因此而搁笔。

15年前,中国证券市场刚起步时,我成为了中国早期股民中的一员。伴随着中国股市的牛熊演义,经历了从散户到大户,又从大户到散户的多次循环,也饱偿了股市的酸甜苦辣。在目睹了众多散户因读不懂股市语言而屡屡在股市中输钱,被人鱼肉的现实后,决定来个"战略转移",把写小说的笔,变成写证券文化的笔。于是,我在《金融时报》主办的《金证券》开辟了一个讲述投资者故事的专栏《今"股"奇谈》,用通俗形象的故事,为在茫茫股海中漂泊的散户指明投资方向。这些故事经著名漫画家徐鹏飞先生插图,图文并茂,很快受到投资大众的欢迎。一位资深证券报刊的编辑认为:用文化的观照,文学的形象描绘,来写股评文章,有一种"语言"的贡献,好读、耐看,有收藏价值。一次,我出差下榻在成都岷山饭店,晚餐时,无意中提到《今"股"奇谈》,岂料,站在一旁的餐饮部经理竟像遇见了明星一样惊喜,称她是该栏目的忠实读者,篇篇必读,并执意要由她来买单以表敬意。

我的《围股》一文发表后,编辑接到了众多股民的电话,要求同作者交朋友,并希望参加类似民间私募基金的"围股合作社"。

《股民入市必须牢记的二十一条军规》发表后,有位股民在QQ上同笔者聊天时称:他们将"军规"放大装媒后挂在大户室墙上,每天炒股前大声朗读几遍。

下面是留在笔者博客的几条真实的留言,笔者原封不动的复制粘贴如下:

2007-04-17 16:02:04 [匿名]耕读传家:好文章,我是涨也不开心,想更多;跌也不开心,缩水了;向你学习! 如果能交到真正的益友,即使亏空也快乐

2007-04-23 16:13:11 [匿名]新浪网友:真是美文,读后让人看清大牛市面目。一箭中的

2007-09-18 16:14:52 新浪网友:阅读博主的文章已经成了一种习惯,赞!

2007-09-17 21:40:46 子嫣:我本人比较喜欢看笔者的文章,比较"真",是真挚的真。我觉得敢说真话也是他作品的一大亮点——这年头敢说真话的人是越来越少了!在股坛上触角也比较前卫,也颇有古风,能先天下之

忧而忧!很好!

2007-07-17 10:05:223[匿名]新浪网友:苏老师读了你的"不动股"理论,我买了深万科,一路持有,现已翻番,不知怎样感谢你。你如来上海,一定请你吃正宗阳澄湖大闸蟹。

2007-09-13 10:05:52 [匿名]新浪网友:作者就有一双X射线般的火眼金睛。

2007-09-13 16:32:37 [匿名]新浪网友:善良的股民们,应时该警惕:入市有风险,选马当谨慎!应时刻警惕,不是应时该警惕。爽,一个字,从脚底到头顶一股热气上升状态般的爽,并且爽得沁出了些微的汗。

2007-09-12 11:20:31[匿名]新浪网友:每天看作者的文章,仿若每天看到亲亲兄弟般的温暖。另作者的文笔非常的优美。

2007-09-11 15:12:301[匿名] 新浪网友:苏老师,感谢你在今天中国证券报上发表的《中小投资者在调整市道中操作的八字方针》,让我在今天上午成功逃顶,下午暴跌百分之五终于没有我。真心给你磕一个响头了!

2007-09-11 15:11:09[匿名] 新浪网友:博主在咋天的《八字方针》一文中,预测股市要大跌,让我成功逃顶,躲过一劫,感谢呀,愿苍天赐你好运,好人有好报!

2007-09-06 13:48:17[匿名]新浪网友:做好人难,做一个敢说真话的人更难。感谢作者,用心撰文!

2007-09-03 23:19:13 伊戈:呵呵,苏渝的博客就好像杂烩汤,但营养可不小。配料齐全,褒得恰到火候,看完会心一笑,仔细再想想还能收获不少道理,表示感谢!

2007-08-31 09:10:08[匿名]新浪网友:又是一篇好文妙文,建议作者尽快结集出书,我相信几千万中小散户一定会不吝追棒,我们想看到一个完整的思路。拜托!

2007-08-30 09:02:29[匿名]新浪网友:篇篇精品,作者为何不结集出一本书,如果出的话,一定比易中天的销得好!!!

够了,不一一例举了,通过成千上万的留言,使我清楚地意识到,中国有数千万股民,那里有取之不尽、用之不竭的"矿藏"。他们拿出有限的血汗钱来投资,在两眼一抹黑的股市里摸爬,更需要有人站出来为其说话。

中国最不缺的是股评家,最缺的是代表中小投资者利益的股评家。于是,我把数年来的心血凝聚成这样一本市,一本从股民中来,又回到股民中去的奇书。心理永远装着中小投资者是写这本书的宗皆和驱动力。现在这本专集已经摆在投资者面前了,倘若这本书能为在茫茫股海中的股民指明航向,我愿把所有的热血都化作一束光亮。读一本用热血凝聚成的《股市战无不胜的军规》,你绝对不会后悔!